Chiarissimo Uno

Bruna Petrarca Boyle
John Giovanelli

Wayside
PUBLISHING

Printed in the USA

7 8 9 10 KP 18

Print date: 274

Softcover ISBN 978-1-938026-74-4

Hardcover ISBN 978-1-938026-73-7

FlexText® ISBN 978-1-938026-67-5

BENVENUTI IN ITALIA!

Preface

Welcome to the first edition of *Chiarissimo Uno*, a clear, simple, and proficient textbook designed for novice learners of the Italian language and culture. *Chiarissimo Uno* introduces students to the Presentational, Interpretive, and Interpersonal Modes of communication. It presents authentic and current context in an engaging fashion. It gives students the initial foundation and preparation for the AATI National Italian Contest Examination, the AP Italian Language and Culture Course/Exam, and the SAT II in Italian.

Features of *Chiarissimo Uno*

Chiarissimo Uno is divided into 12 Siti. It begins with a Sito Preliminare (Preliminary Lesson) based on general cultural information about Italy and the Italian language. Siti 1 through 11 expose the novice learner to differentiated instruction that enhances performance in the three modes: Presentational, Interpretive, and Interpersonal. In addition, the novice learner has an opportunity to explore and learn about the geography, history, food, cities, celebrations, monuments, industries, and famous people of (11) Italian regions. *Chiarissimo Uno* is student-centered with written and spoken communicative activities that are culturally and linguistically authentic. Sito 12 is structured to review and assess the students' overall performance of all the previous siti.

The structure of each Sito in *Chiarissimo Uno* includes:

- an Italian region
- an Italian proverb
- introductory discussion
- student-friendly grammar explanations
- integrated grammar and vocabulary
- an abundance of listening, reading, writing, speaking, and cultural exercises/activities
- formative/summative assessments
- online Explorer with an audio component

Acknowledgments

The authors and publisher would like to express their sincere appreciation to everyone who participated in the development of the first edition of *Chiarissimo Uno*. A special thanks to Rosario Tramontana and Greg Gonsalves, Italian teachers at West Warwick High School in Rhode Island for their input, suggestions, editing and for piloting *Chiarissimo Uno* for many years. The authors also extend a special thank you to Daniela Johnson and Rosalie Giovanelli for their careful and thoughtful editing and to our present and former Italian students who have made us the teachers we are today.

We would like to express our sincere gratitude to Gregory Greuel for publishing *Chiarissimo Uno*, a unique novice Italian textbook. Its distinctiveness is due to the devotion, dedication, and artistic team at Wayside Publishing which includes Denise Gallagher, Derrick Alderman, Rachel Ross, and Eliz Tchakarian.

Greg, thank you for believing in us and for making *Chiarissimo Uno* the first Italian textbook at Wayside Publishing.

A special thanks to Dr. Pascal Viglionese and the late Dr. Remo Trivelli for their inspiration, love, encouragement and instilling their love of the Italian language and culture in us.

In addition, the authors would like to acknowledge the following people for their input, support, and suggestions:

- our families and friends here and in Italy
- Rhode Island Teachers of Italian
- Lucy Borges, West Warwick High School, RI
- Louis D'Aleno and Palma Trombino, RI
- Patrizia Dewey, University of Rhode Island
- John Felice, University of Rhode Island
- Dianne Fonseca, Rhode Island Teachers of Italian
- Michelangelo LaLuna, University of Rhode Island
- Lucrezia Lindia, Eastchester High School, NY
- Joan Machado, West Warwick High School, RI
- Maria Mansella, Community College of Rhode Island
- Alyssa Nota, University Studies of Torino, Italy
- Matthew Papino, Nelson W. Aldrich Junior High School, RI
- Dora Waters, University of Rhode Island
- Ida Wilder, Greece Athena High School, NY
- Sabrina Zirilli, Deering Middle School, RI

Objectives for *Chiarissimo Uno:*

At the completion of *Chiarissimo Uno* students will ...
- speak with the correct pronunciation and intonation.
- greet people informally and formally.
- ask and answer questions using short phrases or sentences.
- understand basic information such as time, dates, days, months, seasons, numbers, and weather expressions.
- understand simple words, phrases, sentences, and paragraphs.
- describe people, places, and things.
- describe likes and dislikes.
- communicate with Italian speakers in a simplistic manner.
- share limited information.
- make short spontaneous presentations on familiar topics.
- present information about cultural topics in Italian and/or in English.
- read and summarize passages briefly.
- engage in conversations in the present and past tenses.
- discuss some Italian proverbs.
- be prepared to compete on the Level I, AATI National Italian Contest Examination.
- have an initial foundation and familiarization with the AP Italian Exam and SAT II in Italian.

Chiarissimo Uno has everything for the learner! It assists the student in meeting all of the objectives listed above and by doing so, it strengthens the student's confidence, enthusiasm and interest in the Italian language and culture. It encourages the student to continue to pursue the study of this valuable language and culture.

Chiarissimo Uno has everything for the instructor! The authors took into account the difficulties that students and instructors encounter in learning and teaching a second language. Teachers will no longer need to utilize multiple texts and develop material for their students. They can now focus on pedagogy and methodology because *Chiarissimo Uno* has everything prepared and organized for instructors.

Chiarissimo Uno meets all of the specifications of the Level I, AATI National Italian Contest Examination listed below.

1. **Nouns**	Gender and number, some irregular nouns (la città, lo sport, il bar, la mano, il cinema, la foto, l'uomo, il poeta, etc.)	
2. **Adjectives**	Agreement/position, possessive, demonstrative, descriptive, quantity	
3. **Articles**	Definite and indefinite	
4. **Prepositions**	Simple and contracted	
5. **Verb tenses**	Infinitive, present and present perfect of regular and irregular verbs (mi chiamo, ti chiami, si chiamano, mi piace/piacciono, ti piace/piacciono)	
6. **Irregular verbs/ present tense**	to have; to do/to make; to be; to go; to be able; to go out; to give; to want; to have to; to know	
7. **Numbers**	Cardinal, ordinal, time of day, dates	
8. **Weather**	Expressions	
9. **Interrogatives**	How, when, why, who, what, where, how long, how many, how much, which, etc.	
10. **Adverbs**	Of time, place, quantity	
11. **Pronouns**	Subject, direct object (recognition)	
12. **Negation**	Word order	
13. **Idioms**	With avere and fare	
14. **Culture**	General questions on geography, history, art, music, food, and literature	

BENVENUTI IN ITALIA!

Objectives:

- Identify some common Italian terms.
- Discuss some historical and contemporary Italians and Italian-Americans.
- Introduce Italian language, culture, art, and history.
- Name and recognize some major geographical features of Italy.

Per chiacchierare:

- What is culture?
- What do you already know about Italy?
- Who are some famous Italians and/or Italian-Americans?
- Are you planning to travel to Italy in the future? Where?

Discuss the proverb:

Paese che vai usanza che trovi.

When in Rome do as the Romans do.

PER COMINCIARE...
(TO BEGIN...)

guardare quante parole conoscete già in italiano. Scrivere ogni parola in inglese.
(look at how many words you already know in Italian. Write the English of each word.)

1. il cinema _____
2. il poeta _____
3. il poema _____
4. la televisione _____
5. il vulcano _____
6. curioso _____
7. famoso _____
8. nervoso _____
9. invitare _____
10. l'idea _____

11. aprile _____
12. lo zero _____
13. servire _____
14. arrivare _____
15. la giraffa _____
16. viola _____
17. preferire _____
18. secondo _____
19. il colore _____
20. vendere _____

la Toscana

il vulcano Stromboli

Perché studiare la lingua e la cultura italiana?/ Why study the Italian language and culture?

For music, cuisine, sports, art, industry, cinema, exploration, literature, fashion, architecture, history, science, and much more...

 ESERCIZIO A: Discutere le seguenti parole con un compagno/una compagna e poi scrivere il significato di ogni parola in inglese. Fare una ricerca su Internet se necessario.
(Discuss the following terms with a classmate and then write the meaning of each term in English. Do Internet research if necessary.)

Musica/Music

allegro	il maestro
bravo	l'opera
il concerto	il pianoforte
crescendo	solo
il flauto	il violino

Cibo e bevande/Food and beverages

l'antipasto	il parmigiano
i biscotti	il pecorino romano
il caffè	la pizza
i calamari	il prosciutto
i cannoli	il provolone
il cappuccino	i ravioli
l'espresso	la ricotta
le fettuccine	il salame
gli gnocchi	le sfogliatelle
le lasagne	gli spaghetti
la mozzarella	il tiramisù
il panino	

Sport/Sports

il calcio	la pallacanestro
il ciclismo	la pallavolo
il motociclismo	lo sci
il nuoto	il tennis

ESERCIZIO B: Per i seguenti nomi scrivere una frase descrittiva in inglese. Fare una ricerca su Internet se necessario.

(For the following nouns, write a descriptive sentence in English. Do Internet research if necessary.)

Arte/Art

Sandro Botticelli	Leonardo daVinci
Michelangelo Buonarroti	Donatello
Caravaggio	Raffaello Sanzio

un'opera di Sandro Botticelli

Automobili e motociclette/Cars and motorcycles

l'Alfa Romeo	la Fiat	la Maserati
la Ducati	la Lamborghini	la Vespa
la Ferrari	la Lancia	

una Ferrari

Cinema/Cinema

Roberto Benigni	Federico Fellini
Nicoletta Braschi	Sofia Loren
Vittorio De Sica	Giuseppe Tornatore

Roberto Benigni

Città/Cities

Bari	Milano	Perugia	Torino
Bologna	Napoli	Pisa	Venezia
Firenze	Palermo	Roma	Verona

Milano

Esplorazione/Exploration

Giovanni Caboto	Giovanni Verrazzano
Cristoforo Colombo	Amerigo Vespucci
Marco Polo	

Amerigo Vespucci

un panorama di Assisi

Italo-americani/Italian-Americans

Jon Bon Jovi	Fiorello La Guardia
Madonna Ciccone	Al Pacino
Roberto DeNiro	Frank Sinatra
Joe DiMaggio	Sylvester Stallone

Madonna

Letteratura/Literature

Dante Alighieri	Grazia Deledda
Giovanni Boccaccio	Alberto Moravia
San Francesco d'Assisi	Francesco Petrarca

Dante Alighieri

Moda/Fashion

Armani	Gucci
Benetton	Prada
Dolce e Gabbana	Valentino
Fendi	Versace

Dolce e Gabbana

Monumenti-Piazze-Luoghi/Monuments-Squares-Places

il Colosseo	la Piazza San Marco
il Duomo di Milano	la Piazza San Pietro
la Fontana di Trevi	la Piazza della Signoria
il Foro Romano	la Torre Pendente

il Colosseo

Musica/Music

Andrea Bocelli	Giacomo Puccini
Laura Pausini	Eros Ramazzotti
Luciano Pavarotti	Giuseppe Verdi

Andrea Bocelli

Scienze/Science

Enrico Fermi	Rita Levi-Montalcini
Galileo Galilei	Evangelista Torricelli
Guglielmo Marconi	Alessandro Volta

Galileo Galilei

ESERCIZIO C: Accoppiare la Colonna A con la Colonna B.
(Match Column A with Column B.)

Colonna A	Colonna B
1. _____ il cibo	A. fashion/style
2. _____ le bevande	B. music
3. _____ la moda	C. monument
4. _____ la musica	D. city
5. _____ il monumento	E. beverages
6. _____ la città	F. food

Frank Sinatra

ESERCIZIO D: Scegliere la risposta che si riferisce alla parola in neretto.
(Select the answer that relates to the word in bold.)

1. **moda:**	Madonna	concerto	Armani	biscotti
2. **cibo:**	crescendo	tiramisù	violino	nuoto
3. **sport:**	motociclismo	Vespa	Donatello	allegro
4. **automobile:**	pallacanestro	Fendi	gnocchi	Lancia
5. **arte:**	Stallone	Valentino	Caravaggio	La Guardia
6. **musica:**	solo	provolone	calcio	ciclismo

ESERCIZIO E: Scegliere la parola che non appartiene a ciascuna categoria.
(Select the word that does not belong in each category.)

1. A. il pecorino	B. il salame	C. il parmigiano	D. la mozzarella
2. A. Deledda	B. Ferrari	C. Lamborghini	D. Alfa Romeo
3. A. i ravioli	B. gli spaghetti	C. i calamari	D. le fettuccine
4. A. l'antipasto	B. il flauto	C. il maestro	D. il pianoforte
5. A. Bari	B. Palermo	C. Napoli	D. Sinatra
6. A. Dante	B. Colombo	C. Boccaccio	D. Petrarca
7. A. Volta	B. Marconi	C. Galilei	D. Benigni
8. A. Versace	B. Verona	C. Prada	D. Gucci
9. A. DiMaggio	B. DeNiro	C. Pacino	D. Raffaello
10. A. lo sci	B. la pallavolo	C. l'opera	D. il tennis

Venezia

ESERCIZIO F: Accoppiare la Colonna A con la Colonna B. Fare una ricerca su Internet se necessario.
(Match Column A with Column B. Do Internet research if necessary.)

Colonna A	Colonna B
1. _____ la Piazza di San Marco	A. Firenze
2. _____ la Fontana di Trevi	B. Roma
3. _____ la Torre Pendente	C. Venezia
4. _____ la Piazza della Signoria	D. Pisa
5. _____ il Foro Romano	
6. _____ il Colosseo	

la Torre Pendente a Pisa

ESERCIZIO G: Accoppiare la Colonna A con la Colonna B.
(Match Column A with Column B.)

Colonna A	Colonna B
1. _____ Puccini	A. una bevanda
2. _____ la Maserati	B. un cantante
3. _____ Verdi	C. una pasta
4. _____ la ricotta	D. un formaggio
5. _____ il cappuccino	E. un'automobile
6. _____ Bocelli	F. un compositore
7. _____ la FIAT	
8. _____ le lasagne	

ATTENZIONE!

A cognate is a word that is similar and easily recognized in two or more languages. In the reading "L'Italia e l'italiano" on the next page, you will encounter some cognates. Note the similarities between the following Italian and English terms from the reading.

confina – borders; confines   **lingua** – language
deriva – derives   **politicamente** - politically
forma – form; shape   **regioni** – regions
francese – French   **stato** – state
isola – island   **ufficiale** – official

la Piazza della Signoria a Firenze

L'Italia e l'italiano

L'italiano è una lingua romanza che deriva dal latino. Altre lingue romanze sono lo spagnolo, il francese, il portoghese e il rumeno. L'italiano si parla in molte parti del mondo ed è la lingua ufficiale d'Italia.

L'Italia si trova in Europa e confina al nord con la Francia, la Svizzera, l'Austria e la Slovenia. È circondata dal Mar Adriatico, dal Mar Ionio, dal Mar Tirreno e dal Mar Ligure. L'Italia ha la forma di uno stivale. La capitale è Roma. L'Italia è divisa in venti regioni. Due di queste regioni, la Sicilia e la Sardegna, sono isole. Tra le altre isole italiane ci sono Capri e Ischia che si trovano nella Baia di Napoli. In Italia ci sono due stati indipendenti (enclavi): lo Stato del Vaticano a Roma e la Repubblica di San Marino nelle Marche. L'Italia ha due catene montuose: le Alpi e gli Appennini. Ha tre vulcani: l'Etna, lo Stromboli e il Vesuvio. Tra i fiumi principali ci sono: il Po, l'Adige, l'Arno e il Tevere. Al nord ci sono tre grandi laghi: il Lago di Garda, il Lago Maggiore e il Lago di Como e al centro si trova il Lago Trasimeno, il quarto lago più grande d'Italia.

L'Italia ha una storia molto antica, ma politicamente è stata unificata solo nel milleottocentosettanta (1870). L'Italia fa parte dell'Europa Unita (EU) e nel duemiladue (2002) ha adottato l'euro come la moneta ufficiale.

Italy and Italian

Italian is a romance language that derives from Latin. Other romance languages are Spanish, French, Portuguese and Rumanian. Italian is spoken in many parts of the world and it is the official language of Italy.

Italy is located in Europe and borders France, Switzerland, Austria and Slovenia to the north. It is surrounded by the Adriatic, Ionian, Tyrrhenian and Ligurian seas. Italy is shaped like a boot. The capital is Rome. Italy is divided into twenty regions. Two of these regions, Sicily and Sardinia, are islands. Among other Italian islands are Capri and Ischia that are found in the Bay of Naples. In Italy there are two independent countries (enclaves): Vatican City in Rome, and the Republic of San Marino in the Marche region. Italy has two mountain ranges: the Alps and the Apennines. It has three volcanoes: Etna, Stromboli, and Vesuvius. Among the major rivers are: the Po, Adige, Arno and Tiber. In northern Italy there are three large lakes: Lake Garda, Lake Maggiore and Lake Como and in central Italy there is Lake Trasimeno, the fourth largest lake.

Italy has a very long history, but politically it was unified only in 1870. Italy is part of the European Economic Community and in the year 2002 it adopted the euro as its official monetary unit.

ESERCIZIO A: Fare una lista di parole italiane simili all'inglese dalla lettura «L'Italia e l'italiano» e scrivere il significato in inglese.

(Make a list of cognates in Italian from the reading "L'Italia e l'italiano" and write their meanings in English.)

1. _____   6. _____

2. _____   7. _____

3. _____   8. _____

4. _____   9. _____

5. _____   10. _____

ESERCIZIO B: Completare le seguenti frasi in italiano secondo la lettura «L'Italia e l'italiano» e poi tradurre ogni frase in inglese.

(Complete the following sentences based on the reading "Italy and Italian" and then translate each sentence into English.)

il Vaticano

1. L'italiano è una lingua _____.

   English: _____.

2. Altre lingue romanze sono lo spagnolo, _____, il portoghese e il rumeno.

   English: _____.

3. _____ si trova in Europa.

   English: _____.

4. L'Italia confina al nord con la Francia, la Svizzera, l'Austria e la _____.

   English: _____.

5. L'Italia è circondata dal Mar _____, dal Mar Ionio, dal Mar Tirreno e dal Mar Ligure.

   English: _____.

6. L'Italia ha la forma di _____.

   English: _____.

7. La capitale d'Italia è _____.

   English: _____.

8. L'Italia è divisa in _____ regioni.

   English: _____.

9. In Italia ci sono due stati indipendenti: lo _____ a Roma e la _____ nelle Marche.

   English: _____.

10. L'Italia è stata unificata solo nel _____.

    English: _____.

11. L'Italia ha adottato _____ come la moneta ufficiale.

    English: _____.

il Lago di Como

ESERCIZIO C: Completare con la parola corretta secondo la lettura.
(Complete with the correct answer according to the reading.)

1. l'Etna   lo Stromboli   _____

2. il Po   _____   l'Adige   l'Arno

3. _____   gli Appennini

4. Garda   Como   _____   Trasimeno

5. Sicilia   _____   Capri   Ischia

la Basilica di San Pietro

Cultura/Culture

Leggere le seguenti informazioni sull'Italia per completare e discutere gli esercizi.
(Read the following information about Italy to complete and discuss the exercises.)

L'Italia...
1. è una nazione in Europa.
2. è una penisola.
3. ha la forma di uno stivale.
4. ha due stati indipendenti (enclavi): lo Stato del Vaticano e la Repubblica di San Marino.
5. ha come capitale la città di Roma.
6. ha una popolazione di quasi sessant (60) milioni di abitanti.

L'Italia confina con quattro nazioni:
1. la Francia
2. la Svizzera
3. l'Austria
4. la Slovenia

L'Italia è bagnata dal:
1. Mar Mediterraneo
2. Mar Ligure *(nord-ovest)*
3. Mar Tirreno *(ovest)*
4. Mar Ionio *(sud-est)*
5. Mar Adriatico *(est)*

il Mar Adriatico

Le venti regioni d'Italia sono: *(il capoluogo di ogni regione è tra parentesi)*

le 8 regioni del nord	*le 6 regioni del centro*	*le 4 regioni del sud*
1. la Valle d'Aosta (*Aosta*)	1. la Toscana (*Firenze*)	1. la Campania (*Napoli*)
2. il Piemonte (*Torino*)	2. le Marche (*Ancona*)	2. la Puglia (*Bari*)
3. la Lombardia (*Milano*)	3. l'Umbria (*Perugia*)	3. la Basilicata (*Potenza*)
4. la Liguria (*Genova*)	4. il Lazio (*Roma*)	4. la Calabria (*Catanzaro*)
5. il Veneto (*Venezia*)	5. l'Abruzzo (*l'Aquila*)	
6. l'Emilia-Romagna (*Bologna*)	6. il Molise (*Campobasso*)	
7. il Trentino-Alto Adige (*Trento*)		
8. il Friuli-Venezia Giulia (*Trieste*)		

le 2 regioni insulari
1. la Sicilia (*Palermo*)
2. la Sardegna (*Cagliari*)

la Sicilia

I tre vulcani in Italia sono:

1. l'Etna
2. il Vesuvio
3. lo Stromboli

Le due catene di montagne principali in Italia sono:

1. le Alpi
2. gli Appennini

I quattro laghi principali in Italia sono:

1. il Lago di Garda
2. il Lago di Como
3. il Lago Maggiore
4. il Lago Trasimeno

I quattro fiumi principali in Italia sono:

1. il Po *(nord)*
2. l'Adige *(nord)*
3. l'Arno *(centro)*
4. il Tevere *(centro)*

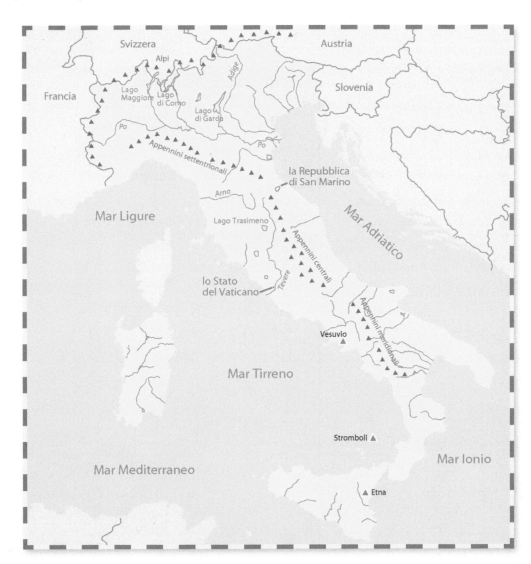

ESERCIZIO A: Scegliere la parola che non appartiene ad ogni categoria e spiegare la ragione.
(Select the word that does not belong in each category and explain the reason.)

1. A. Ischia   B. la Sardegna   C. Roma   D. la Sicilia

2. A. Tevere   B. Garda   C. Maggiore   D. Como

3. A. l'Arno   B. il Vesuvio   C. l'Adige   D. il Po

4. A. lo spagnolo   B. l'italiano   C. il portoghese   D. l'inglese

5. A. il Trasimeno   B. l'Etna   C. lo Stromboli   D. il Vesuvio

6. A. la Francia   B. la Svizzera   C. la Basilicata   D. la Slovenia

7. A. Ionio   B. Atlantico   C. Adriatico   D. Mediterraneo

ESERCIZIO B: Scegliere le risposte corrette. Fare una ricerca su Internet se necessario.
(Select the correct responses. Do Internet research if necessary.)

1. La penisola italiana ha la forma di ... .
   A. una scarpa   B. un euro   C. uno stivale   D. un'isola

2. Le montagne che formano la spina dorsale dell'Italia sono ... .
   A. le Alpi   B. gli Appennini   C. lo Stromboli   D. il Vesuvio

3. La città di Roma si trova nella regione del ... .
   A. Veneto   B. Piemonte   C. Molise   D. Lazio

4. Il Po, l'Adige, l'Arno e il Tevere sono ... .
   A. fiumi   B. laghi   C. mari   D. regioni

5. Il Lago ... è il lago più grande d'Italia.
   A. Como   B. Trasimeno   C. Maggiore   D. Garda

6. L'Etna è un vulcano in... .
   A. Campania   B. Basilicata   C. Sicilia   D. Sardegna

7. Il Ligure, il Tirreno e l'Adriatico sono ... .
   A. montagne   B. mari   C. città   D. film

8. L'Italia è divisa in ... regioni.
   A. diciannove (19)   B. trenta (30)   C. quindici (15)   D. venti (20)

9. L'Italia confina con la Francia, la Svizzera, l'Austria e ... .
   A. la Spagna   B. la Slovenia   C. la Germania   D. il Portogallo

10. L'isola più grande d'Italia è ... .
    A. la Sardegna   B. Ischia   C. la Sicilia   D. Capri

l'Adige

gli Appennini

PRATICA A: Scegliere le risposte corrette. Fare una ricerca su Internet se necessario.
(Select the correct responses. Do Internet research if necessary.)

1. La capitale d'Italia è … .
   A. Napoli   B. Firenze   C. Roma   D. Venezia

2. Lo Stato del Vaticano si trova a … .
   A. Perugia   B. Palermo   C. Bologna   D. Roma

3. La Sicilia e la Sardegna sono due … italiane.
   A. isole   B. vulcani   C. fiumi   D. montagne

4. Il Vesuvio, l'Etna e lo Stromboli sono … in Italia.
   A. laghi   B. vulcani   C. regioni   D. città

5. Il capoluogo della Sicilia è … .
   A. Cagliari   B. Genova   C. Palermo   D. Bari

6. In Italia ci sono … stati indipendenti.
   A. quattro (4)   B. due (2)   C. tre (3)   D. cinque (5)

lo Stromboli

7. Le montagne che dividono l'Italia dalla Svizzera sono … .
   A. le Alpi   B. le Dolomiti   C. gli Appennini D. l'Etna

8. La città di Firenze si trova nella regione della … .
   A. Calabria   B. Campania   C. Liguria   D. Toscana

9. I tre colori della bandiera italiana sono bianco, rosso e … .
   A. giallo   B. celeste   C. azzurro   D. verde

10. Milano è il capoluogo della … .
    A. Lombardia   B. Valle d'Aosta C. Puglia   D. Liguria

ATTENZIONE!
nord - *north*
sud - *south*
ovest - *west*
est - *east*

la Sardegna

il Tevere

PRATICA B: Scegliere le risposte corrette. Fare una ricerca su Internet se necessario.
(Select the correct responses. Do Internet research if necessary.)

1. Galileo Galilei è un famoso ... italiano.
   A. scultore   B. artista   C. pittore   D. scienziato

2. La lingua italiana deriva dal dialetto ....
   A. siciliano   B. napoletano   C. toscano   D. sardo

3. Il padre della lingua italiana è ....
   A. Torricelli   B. Dante   C. Fermi   D. Colombo

4. Il nome America deriva dal famoso navigatore ....
   A. Nobile   B. Pigafetta   C. Vespucci   D. Verdi

5. ... è l'autore di *La Divina Commedia*.
   A. Dante   B. Petrarca   C. Boccaccio   D. Moravia

6. L'inventore del telegrafo senza fili è ....
   A. Vivaldi   B. daVinci   C. Marconi   D. Malpighi

7. Dante, Petrarca e Boccaccio sono grandi ... italiani.
   A. compositori   B. scrittori   C. architetti   D. scienziati

8. L'italiano è una lingua romanza che deriva ....
   A. dal francese   B. dal portoghese   C. dallo spagnolo   D. dal latino

9. L'inventore del barometro è ....
   A. Torricelli   B. Caboto   C. Puccini   D. Caruso

10. ... è lo scrittore del libro *Il Decamerone*.
   A. Boccaccio   B. Dante   C. Petrarca   D. Levi

il barometro

Galileo Galilei

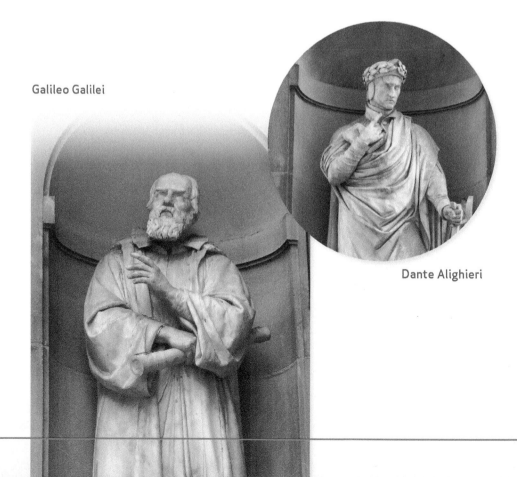

Dante Alighieri

PRATICA C: Scegliere le risposte corrette. Fare una ricerca su Internet se necessario.
(Select the correct responses. Do Internet research if necessary.)

1. Lo Stato del Vaticano e la Repubblica di … sono due enclavi in Italia.
   A. San Marino   B. Assisi   C. San Pietro   D. Padova

2. L'isola che non appartiene all'Italia è la … .
   A. Sardegna   B. Corsica   C. Puglia   D. Sicilia

3. L'isola di Capri è vicino alla città di … .
   A. Bari   B. Matera   C. Napoli   D. Genova

4. Le Dolomiti sono … in Italia.
   A. montagne   B. porti   C. città   D. regioni

5. Genova è il capoluogo della … .
   A. Toscana   B. Liguria   C. Lombardia   D. Campania

6. Una regione dell'Italia centrale che non è bagnata dal mare è… .
   A. il Molise   B. la Toscana   C. l'Umbria   D. il Lazio

7. Il Trasimeno è un … in Umbria.
   A. dolce   B. fiume   C. porto   D. lago

8. Un porto sul Mar Adriatico è … .
   A. Livorno   B. Messina   C. Palermo   D. Bari

9. Il monte più alto d'Italia è il Monte… .
   A. Bianco   B. Cervino   C. Stromboli   D. Etna

10. Un porto dell'Italia del sud è … .
    A. Livorno   B. Ancona   C. Palermo   D. Venezia

San Marino

Capri

PRATICA D: Scegliere le risposte corrette. Fare una ricerca su Internet se necessario.
(Select the correct responses. Do Internet research if necessary.)

1. Gli italiani, in genere, mangiano gli spaghetti come … .
  A. secondo piatto   B. primo piatto   C. contorno   D. antipasto

2. *Il Chianti* è un famoso … italiano.
  A. dolce   B. caffè   C. biscotto   D. vino

3. La carbonara, la marinara e il pesto sono ottime salse per … .
  A. la pasta   B. la pizza   C. il tiramisù   D. il pesce

4. *San Pellegrino* è una marca di una … .
  A. verdura   B. bevanda   C. frutta   D. carne

5. … è un caffè nero molto forte in Italia.
  A. Un cappuccino   B. Un caffellatte   C. Un espresso   D. Un macchiato

6. Il Parmigiano, il Pecorino e il Gorgonzola sono … .
  A. pane   B. succhi   C. paste   D. formaggi

7. … e melone si serve come antipasto.
  A. Il prosciutto   B. Il salame   C. I grissini   D. Il provolone

8. I famosi cioccolatini della città di Perugia si chiamano … .
  A. FIAT   B. San Daniele   C. Baci   D. Bimbo

9. A tavola, prima di mangiare, gli italiani dicono … .
  A. Altrettanto!   B. Buon appetito!   C. Benvenuto!   D. Grazie!

10. A colazione gli italiani prendono … .
  A. la pancetta   B. le uova   C. le patate   D. il cornetto

l'espresso

il prosciutto

il pesto

PRATICA E: Scegliere le risposte corrette. Fare una ricerca su Internet se necessario.
(Select the correct responses. Do Internet research if necessary.)

1. Molte fontane a Roma sono opere di … .
   - A. Cellini
   - B. Bernini
   - C. Donatello
   - D. Manzù

2. Lo scultore delle statue di *il Davide* e *la Pietà* è … .
   - A. Michelangelo
   - B. daVinci
   - C. Giorgione
   - D. Cimabue

la Pietà

3. Il compositore di *Rigoletto* e *La Traviata* è … .
   - A. Mascagni
   - B. Palestrina
   - C. Verdi
   - D. Bellini

4. Gucci, Valentino, Versace e Armani sono noti per … .
   - A. l'arte
   - B. lo sport
   - C. la musica
   - D. la moda

5. *La Primavera* e *La Nascita di Venere* sono pitture famose di … .
   - A. Botticelli
   - B. Giotto
   - C. Bramante
   - D. Palladio

6. Enrico Caruso è un grandissimo … .
   - A. artista
   - B. tenore
   - C. scrittore
   - D. filosofo

7. Il Museo degli Uffizi si trova a … .
   - A. Venezia
   - B. Torino
   - C. Bologna
   - D. Firenze

8. Lo sport nazionale d'Italia è … .
   - A. il ciclismo
   - B. il tennis
   - C. il calcio
   - D. il nuoto

9. A Milano si trova il teatro dell'opera chiamato … .
   - A. San Carlo
   - B. La Scala
   - C. la Fenice
   - D. San Marco

10. Andrea Bocelli è un … famoso.
   - A. novelliere
   - B. dottore
   - C. cantante
   - D. scultore

il calcio

la Fontana di Nettuno a Firenze

Nomi

i fiumi - rivers (pagina 11, Indice 303)
i laghi - lakes (pagina 11, Indice 303)
i mari - seas (pagina 10, Indice 303)
le montagne - mountains (pagina 11, Indice 303)
le nazioni - countries (pagina 10, Indice 303)
le regioni - regions (pagina 10, Indice 303)
i vulcani - volcanoes (pagina 11, Indice 303)
la capitale - capital
il capoluogo - main city
la catena - chain
il centro - center/downtown
la città - city
l'est - east
il fiume - river
l'isola - island
il lago - lake
il luogo - place
il mare - sea
la montagna - mountain
il nord - north
l'ovest - west
la penisola - peninsula
la provincia - province
la regione - region
il sud - south
il vulcano - volcano

La Scala a Milano

la Toscana

IL VENETO

ITALIA

Objectives:

- Recognize common Italian names, greetings, and everyday classroom expressions.
- Recite the alphabet in Italian.
- State "likes" and "dislikes".
- Locate and discuss characteristics of the Veneto region.

Per chiacchierare:

- What do you notice about Italian names?
- Which Italian names do you like/dislike and why?
- What Italian greetings have you heard?
- Why would you visit the Veneto region?

Discuss the proverb:

Se non ti piace, mettici il sale!

If it bores you, spice it up!

Maschili /Masculine

Alberto	Francesco	Maurizio
Aldo	Franco	Mauro
Alessandro	Fulvio	Michele
Alessio	Gaetano	Natale
Alfredo	Giacomo	Nicola
Andrea	Giancarlo	Paolo
Angelo	Gianluigi	Pasquale
Antonio	Gianni	Patrizio
Armando	Gianpaolo	Piero
Arturo	Gianpietro	Pietro
Claudio	Gino	Raffaele
Cosimo	Giorgio	Remo
Cristoforo	Giovanni	Riccardo
Daniele	Giuliano	Roberto
Dante	Giulio	Rocco
Davide	Giuseppe	Rodolfo
Dino	Gregorio	Rosario
Domenico	Guglielmo	Salvatore
Emilio	Guido	Sandro
Enrico	Lorenzo	Sergio
Enzo	Luca	Silvio
Ernesto	Luciano	Stefano
Eugenio	Luigi	Tommaso
Fabio	Marcello	Ugo
Fabrizio	Marco	Umberto
Federico	Mario	Vincenzo
Felice	Matteo	Vittorio
Filippo	Mattia	Zaccaria

Femminili/Feminine

Ada	Emma	Marina
Adriana	Federica	Marisa
Agnese	Filomena	Marta
Alessandra	Fiorenza	Michela
Angela	Franca	Mirella
Anita	Francesca	Monica
Anna	Gabriella	Natalia
Annamaria	Gianna	Nicoletta
Antonella	Gina	Ornella
Barbara	Giovanna	Paola
Bianca	Giulia	Patrizia
Bruna	Giuliana	Pia
Carla	Giuseppina	Pina
Carmela	Grazia	Rita
Carolina	Graziella	Roberta
Caterina	Ida	Rosa
Cecilia	Irene	Rosalia
Chiara	Laura	Sabrina
Clara	Lidia	Sara
Claudia	Liliana	Silvia
Cristina	Lina	Sofia
Daniela	Lucia	Stefania
Diana	Luciana	Stella
Dina	Lucrezia	Susanna
Domenica	Luisa	Teresa
Dora	Marcella	Tina
Elena	Margherita	Valentina
Elisabetta	Maria	Veronica
Emilia	Marianna	Viviana

la Basilica di Santa Maria della Salute a Venezia

le gondole

Saluti ed espressioni/Greetings and expressions

In Italy people are addressed both formally and informally.
- The formal (*formale*) is used to show respect and with people with titles.
- The informal (*informale*) is used with friends and family.

Saluti/Greetings	Espressioni/Expressions
benvenuti - welcome	**arrivederci** - goodbye; bye (*formale e informale*)
buongiorno - good morning; good day	**arrivederLa** - goodbye (*formale*)
buonasera - good afternoon; good evening	**a presto** - see you soon
buonanotte - good night	**a dopo** - see you later
ciao - hi; hello; goodbye; bye	**a più tardi** - see you later
salve - hi	**ci vediamo** - see you later
	a domani - see you tomorrow

Domande/Questions	Risposte/Answers
Come sta (Lei)? - How are you? (*formale*) **E Lei?** - And you? (*formale*)	**Sto ...** - I am ... **benissimo** – excellent **molto bene** - very well **abbastanza bene** - quite well **bene** - fine; well **non c'è male** - not too badly **così così** - so so **male** - badly **molto male** - very badly **malissimo** - terrible
Come stai (tu)? - How are you? (*informale*) **E tu?** - And you? (*informale*)	
Come si chiama (Lei)? (*formale*) What is your name?	
Come ti chiami (tu)? (*informale*) What is your name?	**Mi chiamo ...** - My name is ...
formale: **Signor ..., capisce l'italiano?** Mr. ..., do you understand Italian? **Signora ..., capisce l'italiano?** Mrs. ..., do you understand Italian? **Signorina ..., capisce l'italiano?** Miss ..., do you understand Italian?	**Sì, capisco l'italiano.** Yes, I understand Italian. **No, non capisco l'italiano.** No, I don't understand Italian.
informale: **(Any first name) ..., capisci l'italiano?** (Any first name) ..., do you understand Italian?	

> ## ATTENZIONE!
> When talking about how people feel, the verb stare (*to be*) is used. Here are the forms:
>
> io sto - *I am*   noi stiamo - *we are*
> tu stai - *you are*   voi state - *you all are*
> lui sta - *he is*   loro stanno - *they are*
> lei sta - *she is*
> Lei sta - *you are*

il Campanile di
Sant'Anastasia a Verona

Espressioni comuni/Common expressions

grazie - thank you	**prego** - you are welcome
mi piace ... - I like ...	**non mi piace** ... - I don't like ...
Le presento ... *(formale)* - I would like you to meet ...	**Piacere** ! Glad to meet you!; It's a pleasure to meet you!
Ti presento ... *(informale)* - I would like you to meet ...	**Piacere mio!** - The pleasure is mine! **Il piacere è mio!** The pleasure is mine!
per favore; per piacere - please	**mi dispiace** - I am sorry
scusi - excuse me *(formale)* **scusa** - excuse me *(informale)*	**permesso** - please let me by; excuse me

Domande in classe/ Classroom questions

Posso andare in bagno, per favore?
May I go to the lavatory, please?

Come si dice...? - How do you say ...?

Come si scrive...? - How do you write ...?; How do you spell ...?

Che significa ...? - What does ... mean?

Che cosa vuol dire...? - What does ... mean?

Direzioni in classe/ Classroom directions

Alzate la mano!
Raise your hand!

Aprite i libri! - Open your books!

Ascoltate con attenzione!
Listen carefully!

Chiudete i libri! - Close your books!

Completate l'esercizio ...!
Complete exercise ...!

Fate i compiti! - Do your homework!

Finite i compiti! - Finish your homework!

Leggete e rispondete in italiano!
Read and answer in Italian!

Ripetete numero ...! - Repeat number...!

Scrivete il nome e il cognome!
Write your first name and last name!

Titoli/Titles

*signore - Mr.; mister; sir	***professore** - male teacher
signorina - Miss; young lady	**professoressa** - female teacher
signora - Mrs.; lady; madam	***dottore** - male doctor
	dottoressa - female doctor

 ATTENZIONE!

*signore, professore, and **dottore** drop the final **-e** when followed by a last name.

Esempi:

Buongiorno, sign**ore**!   Grazie, profess**ore**!   ArrivederLa, dott**ore**!

Buongiorno, sign**or** Rossi!   Grazie, profess**or** Verdi!   ArrivederLa, dott**or** Bianco!

Un dialogo informale.

Marina incontra Franco all'aeroporto Marco Polo a Venezia.
(*Marina meets Franco at Marco Polo airport in Venice.*)

Marina: Buongiorno! Come ti _____?

Franco: Mi _____ Franco. E tu?

Marina: _____ Marina. Piacere.

Franco: _____ mio.

Marina: Come _____?

Franco: Bene, grazie. E _____?

Marina: _____, grazie.

Franco: Benvenuta a Venezia!

Marina: Grazie!

ESERCIZIO B: **In gruppi di due o di tre, imparare a memoria uno dei dialoghi e presentare il dialogo alla classe.**
(*In groups of two or three, learn and present one of the dialogues to the class.*)

Un dialogo informale.

Cristina, Giovanni e Gina sono a scuola.
(*Christine, John and Gina are at school.*)

Cristina: Ciao, Giovanni. Come stai?

Giovanni: Bene, grazie, e tu?

Cristina: Così così, grazie.

Giovanni: Cristina, ti presento Gina.

Cristina: Piacere.

Gina: Piacere mio.

Cristina: Benvenuta in classe.

Gina: Grazie.

Un dialogo formale.

Il dottor Stefani incontra il signor Martino in un ristorante.
(*Dr. Stefani meets Mr. Martino in a restaurant.*)

Dottor Stefani: Buongiorno, signore! Come si chiama Lei?

Signor Martino: Salve. Mi chiamo Davide Martino. E Lei?

Dottor Stefani: Mi chiamo Roberto Stefani.

Signor Martino: Piacere.

Dottor Stefani: Il piacere è mio.

Signor Martino: Come sta Lei?

Dottor Stefani: Sto benissimo, grazie. E Lei?

Signor Martino: Non c'è male, grazie.

ESERCIZIO C: **Completare le seguenti frasi in italiano.**
(*Complete the following sentences in Italian.*)

1. Mi piace leggere _____.

2. Come si chiama _____?

3. Aprite _____!

4. Chiudete _____!

5. Scrivete _____!

6. Completate _____!

Alfabeto/Alphabet

The Italian alphabet has 21 letters. The 5 letters that are not part of the Italian alphabet are: j, k, w, x, y. They are used in words of foreign origin. Repeat the letters after your teacher.

A (a)	**B** (bi)	**C** (ci)	**D** (di)	**E** (e)	**F** (effe)
G (gi)	**H** (acca)	**I** (i)	**L** (elle)	**M** (emme)	**N** (enne)
O (o)	**P** (pi)	**Q** (qu)	**R** (erre)	**S** (esse)	**T** (ti)
U (u)	**V** (vu)	**Z** (zeta)			

J (i lunga)	**K** (cappa)	**W** (doppia vu)	**X** (ics)	**Y** (ipsilon /i greca)

la lettera **maiuscola** *(upper case letter)*: **B** di B̲ari
la lettera **minuscola** *(lower case letter)*: **b** di b̲anana

Pronuncia/Pronunciation

1) **h** = silent	**h**o (*I have*)	**h**ai (*you have*)	**h**a (*he/she has*)
2) **f** = ph	tele**f**ono (*telephone*)	**f**isica (*physics*)	**f**oto (*photo*)
3) **ch** = k	**ch**iave (*key*)	oc**ch**i (*eyes*)	per**ch**é (*why; because*)
4) **gli** = like the *-lli-* in million	fi**gli** (*children*)	lu**gli**o (*July*)	fami**gli**a (*family*)
5) **gh** = **ghe** e **ghi** hard sounds	lar**ghe** (*wide*)	**gh**iaccio (*ice*)	fun**ghi** (*mushrooms*)
6) **gn** = as the "n" in onion	lava**gn**a (*blackboard*)	giu**gn**o (*June*)	ba**gn**o (*bathroom*)
7) **ce/ci** = sounds like (ch)	**ce**na (*supper*)	**ci**nque (*five*)	**ci**liege (*cherries*)
8) **ca/co/cu** = hard sound	**ca**micia (*shirt*)	**co**comero (*watermelon*)	**cu**oca (*cook; chef*)
9) **ge/gi** = soft sound	**ge**neroso (*generous*)	**gi**acca (*jacket*)	**gi**ornale (*newspaper*)
10) **ga/go/gu** = hard sound	**ga**mba (*leg*)	**go**nna (*skirt*)	**gu**anti (*gloves*)
11) double consonants = longer sound	ma**cc**hina (*car*)	ba**ss**a (*short*)	ga**tt**o (*cat*)

Accenti/Accents

• In Italian there are two types of accents:

    1. ` **l' accento grave** (*grave accent*) **is the most common.**
       For example: **è** (*is; it is*), **città** (*city*), **così** (*so*), **più** (*more*)

    2. ´ **l'accento acuto** (*acute accent*) **is seldom used.**
       For example: perch**é** (why; because) , ventitr**é** (23)

• Written accents are used to show where the stress of a word falls or to differentiate the meaning of two words spelled the same way.

       For example: **e** means "and" and **è** means "is "; "it is"
                la means "the" and **là** means "there"

ESERCIZIO A: Pronunciare e/o fare lo spelling delle seguenti parole.
(Say and/or spell the following words.)

A	**aula** *(classroom)*	**acqua** *(water)*	**aranciata** *(orange soda)*
B	**banco** *(desk)*	**biondo** *(blonde)*	**bere** *(to drink)*
C	**cento** *(one hundred)*	**calcolatrice** *(calculator)*	**chiarissimo** *(very clear)*
D	**domenica** *(Sunday)*	**data** *(date)*	**dito** *(finger)*
E	**età** *(age)*	**errore** *(error)*	**elefante** *(elephant)*
F	**farmacia** *(pharmacy)*	**febbraio** *(February)*	**fuoco** *(fire)*
G	**gomito** *(elbow)*	**giovedì** *(Thursday)*	**gelato** *(ice cream)*
H	**ho** *(I have)*	**hanno** *(they have)*	**hotel** *(hotel)*
I	**insalata** *(salad)*	**italiano** *(Italian)*	**isola** *(island)*
L	**leggere** *(to read)*	**lontano** *(far)*	**lunedì** *(Monday)*
M	**matita** *(pencil)*	**mele** *(apples)*	**minestra** *(soup)*
N	**Natale** *(Christmas)*	**nido** *(nest)*	**nero** *(black)*
O	**opera** *(work; opera)*	**olio** *(oil)*	**ottobre** *(October)*
P	**professore** *(teacher)*	**piove** *(it is raining)*	**pantaloni** *(pants)*
Q	**quindici** *(fifteen)*	**questo** *(this)*	**quaderno** *(notebook)*
R	**riviste** *(magazines)*	**rumore** *(noise)*	**regina** *(queen)*
S	**scarpe** *(shoes)*	**sbaglio** *(mistake)*	**studiare** *(to study)*
T	**tuona** *(it is thundering)*	**triste** *(sad)*	**tavola** *(table)*
U	**Uffa** *(Phew)*	**uomo** *(man)*	**undici** *(eleven)*
V	**voto** *(grade)*	**vado** *(I am going)*	**venerdì** *(Friday)*
Z	**zucchero** *(sugar)*	**zoo** *(zoo)*	**zaino** *(backpack)*

ESERCIZIO B: Come si scrive...? Scrivere le lettere delle parole che dice il professore/la professoressa.
(How do you spell...? Write down the letters of the words that your teacher spells.)

1. _____

2. _____

3. _____

4. _____

5. _____

il Ponte di Rialto
a Venezia

There are two ways to say "I like" in Italian: **mi piace** and **mi piacciono.**

- **Mi piace** is used with infinitives or with singular nouns.
- **Mi piacciono** is used with plural nouns.

To express "I don't like", place the word **non** before **mi.**

Note the examples below:

A. Mi piace used with infinitives:	B. Mi piace used with singular nouns:	
1. Mi piace **ascoltare.** *I like to listen.*	Mi piace **la musica.** Mi piace **la canzone.** Non mi piace **la radio.**	*I like the music.* *I like the song.* *I don't like the radio.*
2. Mi piace **bere.** *I like to drink.*	Mi piace **l'acqua.** Mi piace **il caffè.** Non mi piace **il tè.**	*I like water.* *I like coffee.* *I don't like tea.*
3. Non mi piace **giocare.** *I don't like to play.*	Mi piace **il tennis.** Mi piace **il calcio.** Non mi piace **la pallavolo.**	*I like tennis.* *I like soccer.* *I don't like volleyball.*

	C. Mi piacciono used with plural nouns:	
4. Mi piace **fare le spese.** *I like to shop.*	Mi piacciono **i vestiti.** Mi piacciono **i pantaloni.** Non mi piacciono **le scarpe.**	*I like the clothes.* *I like the pants.* *I don't like the shoes.*
5. Mi piace **mangiare.** *I like to eat.*	Mi piacciono **i panini.** Mi piacciono **i biscotti.** Non mi piacciono **le lasagne.**	*I like sandwiches.* *I like cookies.* *I don't like lasagna.*
6. Non mi piace **leggere.** *I don't like to read.*	Mi piacciono **i libri.** Mi piacciono **le riviste.** Non mi piacciono **i giornali.**	*I like books.* *I like magazines.* *I don't like newspapers.*

la Basilica di San Marco a Venezia

ESERCIZIO A: Scrivere "mi piace" o "mi piacciono" per ogni frase.
(Write the correct form of "I like" for each sentence.)

1. _____ il calcio.
2. _____ Venezia.
3. _____ i panini.
4. _____ la Fiat.
5. _____ le lasagne.

ESERCIZIO B: Scegliere la parola corretta in ogni frase.
(Select the correct word in each sentence.)

1. Mi piace **(la pizza/i giornali)**.
2. Non mi piacciono **(le scarpe/la canzone)**.
3. Mi piacciono **(il tè/le riviste)**.
4. Non mi piace **(i pantaloni/la musica)**.
5. Mi piace **(i vestiti/la pallavolo)**.

ESERCIZIO C: Scegliere il verbo corretto in ogni frase.
(Select the correct verb in each sentence.)

1. Non mi piace **(fare/mangiare)** i compiti.
2. Mi piace **(giocare/leggere)** il giornale.
3. Mi piace **(fare le spese/ascoltare)** in classe.
4. Non mi piace **(mangiare/bere)** il cappuccino.
5. Mi piace **(leggere/giocare)** a tennis.

There are two ways to say "you like" or "do you like?" in Italian: **ti piace** and **ti piacciono.**

- **Ti piace** is used with infinitives or with singular nouns.
- **Ti piacciono** is used with plural nouns.

To express "You don't like", place **non** before the **ti.**

To form questions with **ti piace** or **ti piacciono,** simply add a question mark and change the intonation of your voice.

Note the examples below:

A. Ti piace used with infinitives:

1. Ti piace **ascoltare.**
   You like **to listen.**

2. Ti piace **bere.**
   You like **to drink.**

3. Non ti piace **giocare?**
   Don't you like **to play?**

4. Ti piace **fare le spese.**
   You like **to shop.**

5. Ti piace **mangiare?**
   Do you like **to eat?**

6. Non ti piace **leggere.**
   You don't like **to read.**

B. Ti piace used with singular nouns:

Ti piace **la musica.**	You like **the music.**
Ti piace **la canzone?**	Do you like **the song?**
Non ti piace **la radio.**	You don't like **the radio.**
Ti piace **l'acqua.**	You like **water.**
Ti piace **il caffè?**	Do you like **coffee?**
Non ti piace **il tè.**	You don't like **tea.**
Ti piace **il tennis?**	Do you like **tennis?**
Ti piace **il calcio.**	You like **soccer.**
Non ti piace **la pallavolo.**	You don't like **volleyball.**

C. Ti piacciono used with plural nouns:

Ti piacciono **i vestiti?**	Do you like **the clothes?**
Ti piacciono **i pantaloni.**	You like **the pants.**
Non ti piacciono **le scarpe.**	You don't like **the shoes.**
Ti piacciono **i panini.**	You like **sandwiches.**
Ti piacciono **i biscotti?**	Do you like **cookies?**
Non ti piacciono **le lasagne.**	You don't like **lasagna.**
Ti piacciono **i libri.**	You like **books.**
Ti piacciono **le riviste?**	Do you like **magazines?**
Non ti piacciono **i giornali.**	You don't like **newspapers.**

il Lago di Garda

ESERCIZIO A: Rispondere alle cinque (5) domande all'affermativo o al negativo.
(Answer the five (5) questions in the affirmative or in the negative.)

> **Esempio:** **Ti piace ascoltare la musica?**
> *Sì, mi piace ascoltare la musica.*
> *No, non mi piace ascoltare la musica.*

1. Ti piace studiare l'italiano?
2. Ti piace bere l'acqua?
3. Ti piace leggere le mail?
4. Ti piace giocare a calcio?
5. Ti piace fare le spese?

ESERCIZIO B: Rispondere alle cinque (5) domande all'affermativo o al negativo.
(Answer the five (5) questions in the affirmative or negative.)

> **Esempio:** **Ti piace il caffè?**
> *Sì, mi piace.* or *Sì, mi piace il caffè.*
> *No, non mi piace.* or *No, non mi piace il caffè.*

1. Ti piace la rivista *Time*?
2. Ti piacciono le scarpe?
3. Ti piace l'acqua minerale?
4. Ti piacciono i panini al prosciutto?
5. Ti piace l'italiano?

ESERCIZIO C: Con un compagno/una compagna, scrivere quattro domande e risposte con il verbo "piacere"; due al singolare e due al plurale con il vocabolario di questo sito.
(With a classmate, write four questions and answers with the verb "to like"; two in the singular and two in the plural with vocabulary words from this site.)

domande/questions:	risposte/answers:
1. _____	1. _____
2. _____	2. _____
3. _____	3. _____
4. _____	4. _____

ESERCIZIO D: Scrivere "Ti piace" o "Ti piacciono" per ogni domanda.
(Write the correct form of "Do you like" for each question.)

1. _____ gli spaghetti al pesto?
2. _____ ripetere le parole in italiano?
3. _____ la Fontana di Trevi?
4. _____ le riviste italiane?
5. _____ alzare la mano in classe?

Le Cinque Abilità

Ascolto, Lettura, Scrittura, Comunicazione, Cultura

Ascolto 1/Listening 1 Interpretive Mode

Ascoltare la conversazione attentamente e poi scegliere le risposte corrette.
(Listen carefully to the conversation and then select the correct responses.)

1. Com'è la classe d'italiano?

    A. così così   C. facile

    B. orribile   D. terribile

2. Chi è la signora Manchi?

    A. il professore   C. la professoressa

    B. il signore   D. la studentessa

3. Con chi parla Francesca?

    A. con Daniela   C. con la professoressa Manchi

    B. con Lorenzo   D. con Salve

Ascolto 2/Listening 2 Interpretive Mode

Ascoltare la conversazione con attenzione e poi scegliere le risposte corrette.
(Listen carefully to the conversation and then select the correct responses.)

1. Chi è Arturo?

    A. un professore   C. una classe

    B. uno studente   D. una canzone

2. Che cos'è «Chiarissimo»?

    A. una professoressa   C. un libro

    B. gli studenti   D. le parole

3. A che pagina è il vocabolario?

    A. quattro   C. sei

    B. due   D. otto

le gondole sul Canal Grande a Venezia

Leggere le seguenti mail e poi scegliere le risposte corrette.
(Read the following e-mails and then select the correct responses.)

Da:	"Padula, Luigi" lpadula@libero.it
A:	"Professoressa Farina" farina@hotmail.it
Spedita:	giovedì 15 settembre
Oggetto:	**una domanda**

Gentile professoressa Farina,

mi chiamo Luigi Padula e non capisco i compiti di oggi perché sono difficili. Che significano: «scusa», «prego», «per favore», «a presto», «a domani» e «piacere» in inglese? A che pagina sono queste parole? Mi dispiace ma io non ho un dizionario a casa. A proposito, sono uno studente molto diligente e bravo!

ArrivederLa e grazie,
Luigi Padula

Da:	"Professoressa Farina" farina@hotmail.it
A:	"Padula, Luigi" lpadula@libero.it
Spedita:	giovedì 15 settembre
Oggetto:	**R: una domanda**

Caro Luigi,
la lista delle parole in inglese e in italiano è a pagina ventuno (21) e a pagina ventidue (22). Alla fine del libro c'è il vocabolario italiano-inglese con tutte le parole del Sito Uno.

Arrivederci. A domani,
Professoressa Farina

1. Perché Luigi scrive la mail?

    A. Non capisce i compiti.   C. È un professore.

    B. Ha un dizionario.   D. Non è bravo.

2. Secondo la professoressa Farina, dove sono le parole?

    A. nel cognome   C. nel nome

    B. nel quaderno   D. nel libro

3. Che significa l'espressione «a domani»?

    A. good night   C. please

    B. good morning   D. see you tomorrow

Scrittura/Writing Interpersonal Mode

Scrivere un dialogo formale o informale in italiano di otto (8) frasi. Seguire gli esempi a pagina 23.

(Write a formal or informal dialogue in Italian of eight (8) sentences. Follow the examples on page 23.)

Comunicazione Orale/Speaking Interpersonal Mode

ESERCIZIO A: Con un compagno/una compagna, fare e rispondere alle seguenti domande in italiano.

(With a classmate, ask and answer the following questions in Italian.)

1. Con chi ti piace studiare?
2. Che cosa ti piace leggere?
3. Ti piace bere l'espresso o il cappuccino?
4. Cosa ti piace mangiare?

ESERCIZIO B: Fare una conversazione con un compagno/una compagna.

(Converse with a classmate.)

Ti fa una domanda: He/She asks you a question:	Studente 1:	**Come ti chiami?**
Gli/Le rispondi: You answer him/her:	Studente 2:	
Ti parla di un problema: He/She talks to you about a problem:	Studente 1:	**Mi chiamo Ugo, ma non mi piace.**
Gli/Le chiedi perché e commenti: You ask him/her why and comment:	Studente 2:	
Ti dà una spiegazione: He/She gives you an explanation:	Studente 1:	**Non è un nome comune.**

ESERCIZIO C: Con un compagno/una compagna, fare e rispondere alle seguenti domande in italiano.

(With a classmate, ask and answer the following questions in Italian.)

1. Ti piacciono le scarpe Armani o Prada?
2. Ti piacciono i panini al prosciutto o al formaggio?
3. Ti piace la Coca Cola con ghiaccio o senza ghiaccio?
4. Ti piace il colore blu?

Cultura/Culture Interpretive Mode

Leggere le seguenti informazioni sul Veneto per completare e discutere gli esercizi.

(Read the following information about Veneto to complete and discuss the exercises.)

1. **È una regione del nord.**
   It is a region in the north.

2. **Il capoluogo è Venezia.**
   The capital is Venice.

3. **Gli abitanti del Veneto sono chiamati i veneti.**
   The inhabitants of the Veneto region are called Venetians.

4. **Confina con l'Austria, il Trentino Alto-Adige, il Friuli-Venezia Giulia, l'Emilia-Romagna, la Lombardia e il Mar Adriatico.**
   It borders with Austria, Trentino Alto-Adige, Friuli-Venezia Giulia, Emilia-Romagna, Lombardia, and the Adriatic Sea.

5. **È una regione industriale.**
   It's an industrial region.

6. **Il Veneto è popolare per il turismo.**
   Veneto is famous for its tourism.

7. **Il Veneto è famoso per i risi e bisi, la polenta e la zuppa di pesce.**
   Veneto is famous for rice and pea soup, polenta (*cornmeal porridge*), and fish chowder.

la zuppa di pesce

8. **Altre città del Veneto sono Belluno, Cortina d'Ampezzo, Padova, Rovigo, Treviso, Verona e Vicenza.**
   Other cities of the region are Belluno, Cortina d'Ampezzo, Padova, Rovigo, Treviso, Verona, and Vicenza.

9. **Il Carnevale di Venezia è conosciuto in tutto il mondo.**
   The Carnival of Venice is known all over the world.

10. **Venezia, un porto molto importante d'Italia, è chiamata «la Regina dell'Adriatico» o «la Serenissima». È nota anche per il Canal Grande, il Ponte di Rialto, la Basilica di San Marco, il Ponte dei Sospiri e il Palazzo dei Dogi.**
    Venice, an important port of Italy, is referred to as the "Queen of the Adriatic" or the "Most Serene". It is also known for the Grand Canal, the Rialto Bridge, Saint Mark's Basilica, the Bridge of Sighs, and the Doges Palace.

11. **Padova è conosciuta per la Basilica di Sant'Antonio e per la Cappella degli Scrovegni che contiene affreschi famosi di Giotto. A Padova c'è anche una delle università più antiche d'Europa dove insegnava Galileo Galilei.**
Padua is known for the Basilica of Saint Anthony and for the Scrovegni Chapel which has famous frescoes by Giotto. In Padua there is also one of the oldest universities in Europe where Galileo Galilei once taught.

12. **Verona è nota per il suo famoso balcone di Giulietta (*Romeo e Giulietta*).**
Verona is known for its famous balcony of Juliet (*Romeo and Juliet*).

13. **Vicenza è nota per la sua bellissima architettura dell'architetto Palladio.**
Vicenza is known for its beautiful architecture by architect Palladio.

il balcone di Giulietta a Verona

14. **Alcune persone famose del Veneto sono:**
Some famous people from the Veneto region are:

- Marco Polo (*esploratore, 1254–1324*)
- Andrea Palladio (*architetto, 1508–1580*)
- Tintoretto (*artista, 1518–1594*)
- Antonio Vivaldi (*musicista, 1678–1741*)
- G. Battista Tiepolo (*artista, 1696–1770*)
- Canaletto (*artista, 1697–1768*)
- Carlo Goldoni (*drammaturgo, 1707–1793*)

www.regione.veneto.it

Marco Polo

il vetro veneziano

la Basilica di Sant'Antonio a Padova

ESERCIZIO A: Leggere con attenzione e poi scegliere Vero o Falso.
(Read carefully and then select True or False.)

1. Il Veneto è una regione meridionale (del sud).   Vero   Falso

2. Belluno è il capoluogo del Veneto.   Vero   Falso

3. Non ci sono industrie nel Veneto.   Vero   Falso

4. La polenta è una specialità veneziana.   Vero   Falso

5. Verona è una città nel Veneto.   Vero   Falso

6. Marco Polo è nato a Venezia.   Vero   Falso

7. Il Mar Adriatico è all'est del Veneto.   Vero   Falso

8. La Francia confina con il Veneto.   Vero   Falso

9. Molti turisti visitano il Veneto.   Vero   Falso

10. Tintoretto è un musicista veneziano.   Vero   Falso

 ESERCIZIO B: Scegliere le risposte corrette. Fare una ricerca su Internet se necessario.
(Select the correct responses. Do Internet research if necessary.)

1. Marco Polo è ... italiano.
   A. un artista   B. un architetto   C. un esploratore   D. uno scienziato

2. Venezia è ... sull'Adriatico.
   A. un porto   B. una gondola   C. un fiume   D. una regione

3. Un artista veneziano è ... .
   A. Goldoni   B. Palladio   C. Vivaldi   D. Tintoretto

4. La Basilica di San Marco è di stile ... .
   A. gotico   B. bizantino   C. romanico   D. barocco

5. Il capoluogo del Veneto è ... .
   A. Treviso   B. Vicenza   C. Venezia   D. Padova

6. Il balcone di Giulietta è a ...
   A. Verona   B. Belluno   C. Rovigo   D. Venezia

7. Gli affreschi dell'artista Giotto si trovano a ... .
   A. Vicenza   B. Verona   C. Padova   D. Cortina d'Ampezzo

8. «La Regina dell'Adriatico» è un soprannome che si riferisce a ... .
   A. Belluno   B. Treviso   C. Verona   D. Venezia

9. La città di Vicenza è famosa per l'architettura di ... .
   A. Polo   B. Palladio   C. Tiepolo   D. Canaletto

10. La Basilica di Sant'Antonio si trova a ... .
    A. Venezia   B. Verona   C. Vicenza   D. Padova

nomi

l'acqua - water
i biscotti - cookies
il caffè - coffee
la canzone - song
il cappuccino - cappuccino coffee
il cognome - last name
i compiti - homework
il dizionario - dictionary
la domanda - question
il giornale - newspaper
l'inglese - English
l'italiano - Italian
il libro - book
la lista - list
la mail - e-mail
la musica - music
il nome - name
la pagina - page
la pallavolo - volleyball
il panino - sandwich
i pantaloni - pants
le parole - words
la radio - radio
la rivista - magazine
le scarpe - shoes
lo studente - male student
il tè - tea
il tennis - tennis
i vestiti - clothes

aggettivi

blu - navy blue
bravo - good; great; well done
difficile - difficult; hard
diligente - diligent
gentile - dear; kind
queste - these
venti - twenty (20)
ventuno - twenty-one (21)
ventidue - twenty-two (22)

avverbi

adesso - now
anche - also; too
oggi - today

altre parole

a casa - at home
che cosa? che? cosa? - what?
chi? - who?
come? - how?
Com'è ...? - What is ... like?
con chi? - with whom?
dove? - where?
molto - a lot
perché? - why?
perché - because
tutto - all

espressioni

i saluti e le espressioni - greetings and expressions (pagina 21, Indice 306)
le espressioni comuni - common expressions (pagina 22, Indice 306)
le domande e le direzioni in classe - classroom questions and directions (pagina 22, Indice 306)

preposizioni

a proposito - by the way
alla fine - at the end
con - with
secondo ... - according to ...
senza - without

verbi

ascoltare - to listen to
bere - to drink
c'è - there is
ci sono - there are
completare - to complete
comprare - to buy
dormire - to sleep
fare - to do; make
fare le spese - to shop
giocare a - to play a sport
incontrare - to meet
leggere - to read
mangiare - to eat
mi piace/mi piacciono - I like
ti piace/ti piacciono - you like
stare - to be
studiare - to study

LA LOMBARDIA

ITALIA

Objectives:

- Describe yourself in Italian.
- Identify and use interrogative terms.
- Count from 0 to 30 in Italian and use numbers in math expressions.
- Learn classroom terms.
- Utilize nouns in the correct gender and number.
- Recognize and use definite articles.
- Locate and discuss characteristics of the Lombardia region.

Per chiacchierare:

- How would you describe an Italian person?
- Where is your family from? Discuss your heritage.
- Why would you visit the Lombardia region?

Discuss the proverb:

Dimmi con chi vai, ti dirò chi sei.

Birds of a feather flock together.

il Lago di Como

ESERCIZIO A: Leggere la descrizione di Bianca e la descrizione di Joseph ad alta voce in italiano. *(Read Bianca's and Joseph's descriptions aloud in Italian.)*

1. Mi chiamo Bianca.
My name is Bianca.

2. Ho quattordici anni.
I am fourteen years old.

3. Sono nata in Italia.
I was born in Italy.

4. Abito a Milano.
I live in Milan.

5. Sono bassa e bruna.
I am short and brunette.

6. Ho gli occhi e i capelli castani.
I have brown eyes and brown hair.

7. Faccio la studentessa.
I am a student.

8. Studio l'italiano e la storia.
I study Italian and History.

9. Mi piace mangiare la pasta.
I like to eat pasta.

10. Ho una sorella. Lei si chiama Rosa.
I have a sister. Her name is Rosa.

1. Mi chiamo Joseph.
My name is Joseph.

2. Ho tredici anni.
I am thirteen years old.

3. Sono nato negli Stati Uniti.
I was born in the United States.

4. Abito a Chicago.
I live in Chicago.

5. Sono alto e biondo.
I am tall and blond.

6. Ho gli occhi azzurri e i capelli biondi.
I have blue eyes and blond hair.

7. Faccio lo studente.
I am a student.

8. Studio la matematica e l'inglese.
I study Math and English.

9. Mi piace scrivere.
I like to write.

10. Ho due sorelle e un fratello.
Le mie sorelle si chiamano Kelly ed Erica. Mio fratello si chiama Ryan.
I have two sisters and a brother.
My sisters' names are Kelly and Erica.
My brother's name is Ryan.

Bergamo

ESERCIZIO B: Chi sei tu? Adesso scrivere la tua propria descrizione in italiano.
(Who are you? Now write your own description in Italian.)

1. _____
2. _____
3. _____
4. _____
5. _____
6. _____
7. _____
8. _____
9. _____
10. _____

ESERCIZIO C: Con un compagno/una compagna, fare e rispondere alle seguenti domande in italiano.
(With a classmate, ask and answer the following questions in Italian.)

1. Come ti chiami?
2. Quanti anni hai?
3. Dove sei nato/nata?
4. Dove abiti?
5. Come sei?
6. Di che colore sono i tuoi occhi e i tuoi capelli?
7. Che lavoro fai?
8. Cosa studi?
9. Che cosa ti piace mangiare?
10. Quanti fratelli hai?

la Chiesa di San
Francesco a Lodi

ESERCIZIO D: Abbinare le domande della Colonna A con le risposte corrette della Colonna B.
(Match the questions in Column A with the correct answers in Column B.)

Colonna A	Colonna B
1. _____ Come ti chiami?	A. Abito a Los Angeles.
2. _____ Quanti anni hai?	B. Mi piace mangiare la frutta.
3. _____ Dove sei nato/nata?	C. Mi chiamo Francesca.
4. _____ Dove abiti?	D. Ho quattordici anni.
5. _____ Come sei?	E. Ho i capelli castani.
6. _____ Di che colore sono i tuoi capelli?	F. Sono alta e bruna.
7. _____ Che lavoro fai?	G. Studio la storia e l'italiano.
8. _____ Cosa studi?	H. Ho una sorella e un fratello.
9. _____ Che cosa ti piace mangiare?	I. Sono nata in California.
10. _____ Quanti fratelli hai?	J. Faccio la studentessa.

ESERCIZIO E: Scrivere le seguenti domande in italiano.
(Write the following questions in Italian.)

1. What is your name?
   _____

2. How old are you?
   _____

3. Where were you born?
   _____

4. Where do you live?
   _____

5. What are you like?
   _____

6. What color are your eyes and hair?
   _____

7. What type of work do you do?
   _____

8. What do you study?
   _____

9. What do you like to eat?
   _____

10. How many brothers and sisters do you have? What are their names?
    _____
    _____

il Lago di Como

Parole Interrogative/Interrogative Words (G)

An interrogative is a word used to ask a question.
Here is a list of some common interrogative words in Italian and in English with examples:

1. **Che?** - *What?*	**Che** studi?
2. **Che cosa?** - *What?*	**Che cosa** studi?
3. **Cosa?** - *What?*	**Cosa** studi?
4. **Chi?** - *Who?*	**Chi** sei tu?
5. **Come?** - *How?*	**Come** stai oggi?
6. **Dove?** - *Where?*	**Dove** abiti?
7. **Perché?** - *Why?*	**Perché** aprite i libri?
8. **Quale?** - *Which? Which one?*	**Quale** rivista ti piace?
9. **Quali?** - *Which? Which ones?*	**Quali** riviste ti piacciono?
10. **Quando?** - *When?*	**Quando** studi?
11. **Quanto?** - *How much? (singolare)*	**Quanto** espresso bevi?
12. **Quanta?** - *How much? (singolare)*	**Quanta** pasta mangi?
13. **Quanti?** - *How many? (plurale)*	**Quanti** fratelli hai?
14. **Quante?** - *How many? (plurale)*	**Quante** sorelle hai?

ATTENZIONE!
Perché means "why" in a question and "because" in a declarative sentence.

Note that "perché" is written with the accento acuto.

Come and **dove** drop the final -**e** when they are followed by the verb **è** (*is; it is*). The letter –**e** is replaced with an apostrophe **'**. This rule is optional with the interrogative word **cosa**.

Esempi: Come è? > **Com'è?**   **Com'è** la classe?
How is your class?/What is your class like?

Dove è? > **Dov'è?**   **Dov'è** Pavia?
Where is Pavia?

Cosa è? > **Cos'è?**   **Cos'è** questo? **Cosa è** questo?
What is this?

ATTENZIONE!

When the final vowel of **quale** is dropped, an apostrophe is **not** used.

Quale è? > Qual è?   Qual è il capoluogo della Lombardia?
What is the capital of Lombardy?

ESERCIZIO A: Leggere la risposta e poi scrivere la domanda corretta per ogni risposta in modo informale.

(Read the answer and then write the appropriate question for each answer in the informal register.)

Esempio: _____ Dove abiti _____? Io abito in **Italia**.

1. _____? Sono nata in **Lombardia**.

2. _____? Mi chiamo **Simona**.

3. _____? Ho **quattordici** anni.

4. _____? Mi piace mangiare **la pasta**.

5. _____? Ho **tre** sorelle.

ESERCIZIO B: Con un compagno/una compagna, creare una domanda originale per ogni parola interrogativa. Dopo, rispondere alle domande in frasi complete in italiano.

(With a classmate, create an original question for each interrogative term. Then, answer the questions in complete Italian sentences.)

Esempio: *quanti*
        Quanti fratelli hai? Ho due fratelli.

1. come
2. che cosa
3. quali
4. dove
5. quando
6. perché
7. chi

la Basilica di Brescia

Contare in italiano! Leggere i seguenti numeri ad alta voce e imparare la pronuncia corretta.

(Count in Italian! Read the following numbers aloud and learn the correct pronunciation.)

0 zero	**11** undici	**21** ven**tu**no
1 uno	**12** dodici	**22** ventidue
2 due	**13** tredici	**23** ventitr**é**
3 tre	**14** quattordici	**24** ventiquattro
4 quattro	**15** quindici	**25** venticinque
5 cinque	**16** **se**dici	**26** ventisei
6 sei	**17** dicia**ss**ette	**27** ventisette
7 sette	**18** diciotto	**28** ven**to**tto
8 otto	**19** dicia**nn**ove	**29** ventinove
9 nove	**20** venti	**30** trenta
10 dieci		

- numbers 1–19 must be memorized
- numbers 11–16 end with "dici" (ten)
- numbers 17 through 19 start with "dici" and there is a double consonant in "dicia**ss**ette" and "dicia**nn**ove"
- when "uno" and "otto" are attached to the number venti (20), drop the final vowel and then add "uno" or "otto" to the number (ven**tuno**, ven**totto**)
- when "tre" is attached to the number venti, place an acute accent on the final **é** (venti**tré**)

ESERCIZIO A: **Completare con i numeri giusti in italiano.**

(Complete the following number patterns in Italian.)

1. uno, tre, cinque, _____, nove
2. due, quattro, sei, _____, _____
3. dieci, undici, _____, tredici, quattordici
4. venti, diciannove, _____, diciassette, sedici
5. dieci, _____, venti, _____
6. trenta, _____, ventiquattro, _____, diciotto
7. diciotto, _____, quattordici, _____, dieci
8. ventotto, _____, ventiquattro, _____
9. quindici, _____, diciassette, _____, diciannove
10. zero, dieci, venti, _____

l'Isola Bella, Lago Maggiore

Quanto fa...?/How much is...?

The question "Quanto fa...?" means "How much is...?" in English.

The Italian terms for the mathematical symbols are:

- **+** **più** for addition/plus
- **–** **meno** for subtraction/minus
- **x** **per** for multiplication/times
- **÷** **diviso** for division/divided by
- **=** **fa** for equals

ESERCIZIO B: Scrivere tutta l'operazione e la risposta in italiano. Scrivere i numeri in parole. Seguire l'esempio.

(Write the entire equation and the answer in Italian. Write out all the numbers in words. Follow the example.)

> **Esempio:** Quanto fa 5 x 3?
> *Quanto fa cinque per tre? Cinque per tre fa quindici.*

1. Quanto fa 19 – 1?
2. Quanto fa 9 x 3?
3. Quanto fa 20 ÷ 5?
4. Quanto fa 30 ÷ 2?
5. Quanto fa 6 + 8?

ESERCIZIO C: Completare le frasi culturali con il numero (in parole) giusto.

(Complete the following cultural sentences with its correct number written out.)

1. In Italia ci sono _____ stati indipendenti: lo Stato del Vaticano e la Repubblica di San Marino.
2. L'Italia ha _____ regioni. _____ delle regioni sono isole. Sulla penisola ci sono _____ regioni.
3. Ci sono _____ vulcani in Italia: lo Stromboli, il Vesuvio e l'Etna.
4. Ci sono _____ fiumi principali in Italia: il Po, l'Arno, il Tevere e l'Adige.
5. Le Alpi e gli Appennini sono _____ catene di montagne.
6. I _____ laghi principali, il Lago di Como, il Lago Maggiore e il Lago Garda sono in Lombardia.
7. Le _____ isole più grandi in Italia sono la Sicilia e la Sardegna.
8. L'Italia confina con _____ nazioni: l'Austria, la Francia, la Svizzera e la Slovenia.
9. L'italiano è una delle _____ lingue romanze. Le altre _____ lingue sono: il portoghese, lo spagnolo, il francese e il rumeno.
10. Secondo me, Roma, la capitale d'Italia, è la città numero _____ della nazione.

Ecco una lista:/Here is a list:

l'aula - *classroom*	**la matita** - *pencil*
gli appunti - *notes*	**l'orologio** - *clock; watch*
il banco - *desk*	**la pagella** - *report card*
la bandiera - *flag*	**la pagina** - *page*
la calcolatrice - *calculator*	**la parete** - *wall*
il calendario - *calendar*	**la penna** - *pen*
il cancellino - *board eraser*	**il pennarello** - *marker*
la carta - *paper*	**la porta** - *door*
la cattedra - *teacher's desk*	**il portatile** - *laptop*
il cestino - *waste paper basket*	**il professore** - *male teacher*
la classe - *class*	**la professoressa** - *female teacher*
i compiti - *homework*	**il quaderno** - *notebook*
il computer - *computer*	**la riga** - *ruler*
il dizionario - *dictionary*	**la rivista** - *magazine*
l'esame (m.)/**la prova** - *test*	**lo scaffale** – *bookcase*
l'esamino - *quiz*	**la scuola** - *school*
la finestra - *window*	**lo schermo** - *screen*
il foglio di carta - *sheet of paper*	**la sedia** - *chair*
il gesso - *chalk*	**lo studente** - *male student*
la gomma - *pen/pencil eraser*	**la studentessa** - *female student*
la lavagna - *board*	**la tavola** - *table*
la lezione - *lesson*	**il voto** - *grade*
il libro - *book*	**lo zaino** - *backpack; bookbag*
la mappa - *map*	

C'è/There is; Ci sono/There are; Ecco/Here is; Here are

- **C'è** means "**there is**" and is followed by a singular noun.

  Esempi: **C'è** il quaderno.   Non **c'è** la sedia.
  There is the notebook.   *The chair is not there.*

- **Ci sono** means "**there are**" and is followed by a plural noun.

  Esempi: **Ci sono** sei finestre.   Non **ci sono** venticinque studenti.
  There are six windows.   *There aren't twenty-five students.*

- **Ecco** means "**here is**" or "**here are**" and is followed by singular or plural nouns.

  Esempi: **Ecco** lo zaino.   **Ecco** le matite.
  Here is the backpack.   *Here are the pencils.*

ESERCIZIO A: Indicare dove sono cinque (5) oggetti in aula. Studente 1 fa le domande e studente 2 risponde alle domande e indica gli oggetti. Seguire l'esempio.

(Indicate the location of five (5) classroom objects. Student 1 asks the questions and student 2 answers the questions and indicates the objects.)

Esempi:

Studente 1: Dov'è il cestino? Studente 2: Ecco il cestino.

Studente 1: Dov'è la porta? Studente 2: Ecco la porta.

ESERCIZIO B: Scegliere la parola che non appartiene ad ogni gruppo.

(Select the word that does not belong in each group.)

1. A. la penna   B. la matita   C. il gesso   D. il cestino
2. A. il cancellino B. il dizionario   C. il libro   D. il quaderno
3. A. il banco   B. la cattedra   C. il voto   D. la tavola
4. A. la parete   B. la rivista   C. la finestra   D. la porta
5. A. il portatile   B. il computer   C. la calcolatrice D. la professoressa

ESERCIZIO C: Scrivere "c'è" or "ci sono" in ogni frase e poi tradurre le frasi in inglese.

(Write "there is" or "there are" in each sentence and translate the sentences into English.)

1. _____ un orologio in aula. _____

2. _____ tre gomme e tre matite. _____

3. Non _____ i compiti. _____

4. Non _____ una tavola in aula. _____

5. _____ trenta pagine nel (in the) libro. _____

ESERCIZIO D: Leggere e completare il seguente brano.

(Read and complete the following passage.)

L'aula d'italiano è molto grande e bella. Ci sono trenta **(1)**…, molte sedie, due porte e sei finestre. Sulla parete c'è un orologio e una bella **(2)** … a colori d'Italia. Sulla cattedra della professoressa ci sono otto **(3)**… blu, molte matite, cinque riviste italiane e un **(4)**… . C'è anche uno scaffale con molti **(5)**… in italiano e in inglese. Chi non c'è in aula? Non c'è **(6)**… .

1. A. lavagne   B. bandiere   C. banchi   D. scaffali
2. A. riga   B. cattedra   C. matita   D. mappa
3. A. aule   B. penne   C. calendari   D. dizionari
4. A. portatile   B. calcolatrice C. parete   D. lezione
5. A. libri   B. cestini   C. studenti   D. orologi
6. A. la carta   B. la finestra   C. la porta   D. la professoressa

ESERCIZIO E: Con un compagno/una compagna, fare e rispondere alle seguenti domande in italiano.

(With a classmate, ask and answer the following questions in Italian.)

1. Che cosa c'è sulla (on the) cattedra?
2. C'è un cancellino o ci sono tre cancellini in aula?
3. Quanti studenti ci sono nella classe d'italiano?
4. Cosa c'è sulla (on the) parete?
5. Quante finestre ci sono in aula?

A noun (*sostantivo/nome*) is a word used to name a person, place, thing or idea.

Persone/People:	Luoghi/Places:	Cose/Things:	Idee/Ideas:
Laura Pausini	l'Emilia-Romagna	la musica	l'amore (*love*)
Alessandro Volta	Como	la scienza	la teoria
Marco Polo	Venezia	il viaggio (*trip*)	la fortuna
Enrico Caruso	Napoli	l'opera	la passione
Grazia Deledda	la Sardegna	il romanzo (*novel*)	la povertà

Laura Pausini

In Italian, every noun has a gender (**genere**) and a number (**numero**). Gender refers to masculine (**maschile**) or feminine (**femminile**) and number refers to singular (**singolare**) or plural (**plurale**).

Sostantivi (nomi) maschili/Masculine nouns:

- Masculine singular nouns usually end in **-o**. To pluralize a masculine singular noun, the **-o** changes to **-i**. Per esempio:

maschile singolare	maschile plurale
quadern**o** (*notebook*)	quadern**i** (*notebooks*)
vot**o** (*grade*)	vot**i** (*grades*)
zain**o** (*backpack*)	zain**i** (*backpacks*)

Sostantivi (nomi) femminili/Feminine nouns:

- Feminine singular nouns usually end in **-a**. To pluralize a feminine singular noun, the **-a** changes to an **-e**. Per esempio:

femminile singolare	femminile plurale
matit**a** (*pencil*)	matit**e** (*pencils*)
gomm**a** (*eraser*)	gomm**e** (*erasers*)
aul**a** (*classroom*)	aul**e** (*classrooms*)

Altri sostantivi (nomi)/Other nouns:

1. The gender of singular nouns that end in **-e MUST** be memorized. To pluralize these nouns the **-e** changes to **-i**. Per esempio:

maschile singolare	maschile plurale
esam**e** (*test*)	esam**i** (*tests*)
nom**e** (*name*)	nom**i** (*names*)
signor**e** (*gentleman*)	signor**i** (*gentlemen*)

femminile singolare	femminile plurale
paret**e** (*wall*)	paret**i** (*walls*)
class**e** (*class*)	class**i** (*classes*)
calcolatric**e** (*calculator*)	calcolatric**i** (*calculators*)

2. Nouns that end in **–zione** are feminine singular. To pluralize these nouns change the **-e** to **-i**. Per esempio:

femminile singolare	femminile plurale
le**zione** (lesson)	le**zioni** (lessons)
conversa**zione** (conversation)	conversa**zioni** (conversations)
na**zione** (nation)	na**zioni** (nations)

3. Nouns that end in **accented vowels** do not change in the plural. Per esempio:

caff**è** (ms) - (coffee)	caff**è** (mp) - (coffees)
citt**à** (fs) - (city)	citt**à** (fp) - (cities)
universit**à** (fs) - (university)	universit**à** (fp) - (universities)

4. Nouns that end in **consonants** do not change in the plural. Per esempio:

maschile singolare	maschile plurale
fil**m** (film)	fil**m** (films)
spor**t** (sport)	spor**t** (sports)
compute**r** (computer)	compute**r** (computers)

5. Nouns that end in **–io** usually drop the **-o** to form the plural. Per esempio:

maschile singolare	maschile plurale
dizionar**io** (dictionary)	dizionar**i** (dictionaries)
calendar**io** (calendar)	calendar**i** (calendars)
fogl**io** (sheet)	fogl**i** (sheets)

6. Nouns that end in **–ca** and **–ga** become **–che** and **-ghe** in the plural. Per esempio:

femminile singolare	femminile plurale
biblio**teca** (library)	biblio**teche** (libraries)
ami**ca** (friend)	ami**che** (friends)
ri**ga** (ruler)	ri**ghe** (rulers)

This saying will help you remember the gender and number of Italian nouns:
Old **I**talian **A**unts **E**at **E**verything **I**talian

	singolare	plurale
maschile	**O** old	**I** Italian
femminile	**A** aunts	**E** eat
maschile o femminile	**E** everything	**I** Italian

ESERCIZIO A: Leggere il genere e il numero e poi scrivere un sostantivo di quel genere e numero.

(Read the gender and number and then write a noun of that gender and number.)

Esempio: maschile plurale - **portatili**

1. maschile singolare -
2. maschile plurale -
3. femminile singolare -
4. femminile plurale -
5. maschile plurale -

6. femminile plurale -
7. femminile singolare -
8. maschile singolare -
9. femminile plurale -
10. femminile singolare -

ESERCIZIO B: Scrivere il genere e il numero dei seguenti sostantivi.

(Write the gender and number of the following Italian nouns.)

Esempio: gesso – **maschile singolare**

1. zaino -
2. matita -
3. classe -
4. scuole -
5. quaderni -

6. lezione -
7. professore -
8. esamino -
9. calcolatrice -
10. tavole -

Articoli determinativi maschili/Masculine definite articles

In English, the definite article "the" modifies nouns and is placed directly before the noun. In Italian, there are seven different ways to express the definite article "the". Each definite article agrees with the noun in gender and in number and, like English, it precedes the noun.

maschile singolare
"the"
il, lo, l'

maschile plurale
"the"
i, gli

ESERCIZIO A: Analizzare i sostantivi maschili singolari e plurali e poi spiegare l'uso degli articoli determinativi.

(Analyze the masculine singular and plural nouns and then explain the usage of the definite articles.)

Esempio:

lo zio/**lo** zero/**lo** zaino. *The three words are masculine singular because they end end in -o and take the definite article lo because they begin with the letter z.*

1. **il** libro/**il** quaderno/**il** cestino _____

2. **lo** studente/**lo** schermo/**lo** scaffale _____

3. **l'**esame/**l'**esamino/**l'**orologio _____

4. **i** compiti/**i** cancellini/**i** voti _____

5. **gli** appunti/**gli** studenti/**gli** zaini _____

il Lago di Como

maschile singolare	maschile plurale

il is used with masculine singular nouns that begin with a consonant.
 	
   Il quaderno è blu.
	i is used with masculine plural nouns that begin with a consonant.
	
	   I quaderni sono blu.

lo is used only with masculine singular nouns that begin with s+consonant or z.
 	
   Lo studente è comico.
   Lo zio di Marco abita a Milano.
	gli is used with masculine plural nouns that begin with s+consonant or z.
	
	   Gli studenti sono comici.
	   Gli zii di Marco abitano a Milano.

l' is used with masculine singular nouns that begin with a vowel.
 	
   L'esame è molto difficile.
	gli is also used with masculine plural nouns that begin with a vowel.
	
	   Gli esami sono molto difficili.

Per ripassare gli articoli determinativi maschili:

maschile	singolare	plurale
	il ⟶	i
	lo ⟶	gli
	l' ⟶	gli

ESERCIZIO B: Scrivere l'articolo determinativo maschile (il, lo, l', i, gli) per ogni sostantivo.
(Write the masculine definite article "the" for each noun.)

1. _____ schermo è grande.
2. Non mi piace _____ caffè.
3. _____ zaino è piccolo.
4. _____ calendario è bello.
5. Non mi piace _____ orologio.

6. Mi piacciono _____ professori.
7. _____ studenti sono molto bravi.
8. Non ci sono _____ portatili.
9. _____ appunti sono di Gianna.
10. Non mi piacciono _____ film.

ESERCIZIO C: Scrivere il plurale delle parole in neretto.
(Write the plural of the words in bold.)

1. Mi **piace lo sport.**
2. Mi **piace lo studente** di Milano.
3. Mi **piace il calendario** di Marisa.
4. Ti **piace il dottore**?

Articoli determinativi femminili/Feminine definite articles

Femminile singolare	Femminile plurale
"the" **la, l'**	"the" **le**

il Teatro La Scala
a Milano

ESERCIZIO A: Analizzare i sostantivi femminili singolari e plurali e poi spiegare l'uso degli articoli determinativi.

(Analyze the feminine singular and plural nouns and explain the usage of the definite articles.)

1. la carta/**la** bandiera/**la** cattedra _____

2. l'aula/**l'**opera/**l'**idea _____

3. le tavole/**le** porte/**le** amiche _____

femminile singolare	femminile plurale
la is used with feminine singular nouns that begin with a consonant.	**le** is used with feminine plural nouns that begin with a consonant.
La studentessa studia oggi.	**Le s**tudentesse studiano oggi.
l' is used with feminine singular nouns that begin with a vowel.	**le** is also used with feminine plural nouns that begin with a vowel.
L'aula non è molto grande.	**Le a**ule non sono molto grandi.

Per ripassare gli articoli determinativi femminili:

femminile	singolare	plurale
	la ⟶	le
	l' ⟶	le

ESERCIZIO B: Scrivere l'articolo determinativo femminile (la, l', le) per ogni sostantivo.
(Write the feminine definite article "the" for each noun.)

1. _____ matita è gialla.

2. Non c'è _____ penna rossa.

3. Non mi piace _____ conversazione.

4. _____ nazioni sono indipendenti.

5. Mi piace _____ università.

6. _____ lavagna non è verde.

7. _____ aula non è grande.

8. Ecco _____ sedie.

9. Mi piace _____ classe.

10. C'è _____ mappa d'Italia sulla parete.

l'Arco della Pace
a Milano

ESERCIZIO C: Scegliere l'articolo determinativo corretto nella Colonna B per ogni sostantivo nella Colonna A.

(Select the correct definite article in Column B for each noun in Column A.)

Colonna A	Colonna B
1. _____ finestre sono chiuse.	il
2. _____ Po è un fiume lungo.	l'
3. _____ aranciata è buona.	lo
4. Mi piacciono _____ libri.	la
5. _____ occhi sono azzurri.	le
6. Mi piace _____ pagella.	i
7. Mi piace _____ bandiera italiana.	gli
8. _____ cognome è Marinello.	
9. _____ studente è bravo.	
10. Mi piacciono _____ lezioni.	

ESERCIZIO D: Scrivere l'articolo determinativo femminile o maschile, singolare o plurale per ogni frase.

(Write the singular or plural feminine or masculine definite article for each sentence.)

1. _____ quaderni sono neri.
2. _____ calcolatrice è piccola.
3. _____ zero non è un bel voto.
4. Non ci sono _____ dizionari italiani.
5. _____ Vesuvio è un vulcano.

6. Non c'è _____ acqua calda.
7. Non mi piacciono _____ città.
8. Ecco _____ foglio di carta!
9. _____ orologio è nuovo.
10. _____ esamini sono difficili.

la città di Mantova

Le Cinque Abilità

Ascolto, Lettura, Scrittura, Comunicazione, Cultura

Ascolto 1/Listening 1 Interpretive Mode

Ascoltare la conversazione attentamente e poi scegliere le risposte corrette.
(Listen carefully to the conversation and then select the correct responses.)

1. **Di dov'è Sandra?**
   A. di Milano
   B. della Slovenia
   C. della Lombardia
   D. di Garda

2. **Quante regioni ci sono in Italia?**
   A. una
   B. quindici
   C. dieci
   D. venti

3. **Secondo Michele, com'è la Lombardia?**
   A. industriale
   B. povera
   C. romantica
   D. originale

la Galleria Vittorio Emanuele II a Milano (fuori)

Ascolto 2/Listening 2 Interpretive Mode

Ascoltare il brano con attenzione e poi scegliere le risposte corrette.
(Listen carefully to the passage and then select the correct responses.)

1. **Di che colore sono gli occhi di Luigi?**
   A. castani
   B. azzurri
   C. biondi
   D. verdi

2. **Di dov'è Luigi?**
   A. di Brescia
   B. della Lombardia
   C. degli Stati Uniti
   D. d'Italia

3. **Com'è la professoressa d'italiano?**
   A. bruna
   B. bionda
   C. alta
   D. famosa

la Galleria Vittorio Emanuele II a Milano (dentro)

Leggere la seguente mail e poi scegliere le risposte corrette.

(Read the following e-mail and then select the correct responses.)

Da:	"Lombardi, Alessio" alombardi@virgilio.it
A:	"Lombardi, Vincenzina" lombardiv@libero.it
Spedita:	lunedì 2 ottobre
Oggetto:	**Saluti da Milano**

Cara nonna,

oggi è lunedì 2 ottobre e sono a Milano con la mia classe d'arte. Noi visitiamo la chiesa di Santa Maria delle Grazie per ammirare il capolavoro di Leonardo daVinci, *il Cenacolo*. Domani, il 3 ottobre, andiamo a visitare il Duomo e la Galleria Vittorio Emanuele II. Dopo, noi andiamo in Via Montenapoleone dove ci sono molti negozi di stilisti famosi come Versace, Valentino, Dolce e Gabbana, Gucci, ecc. Dopodomani, il 4 ottobre, noi visitiamo il teatro dell'opera più famoso d'Italia, *La Scala*. Io sono molto contento perché questa settimana c'è *La Tosca* di Puccini, la mia opera preferita. Io ritorno a casa giovedì 5 ottobre. Che bel viaggio! Che bell'esperienza culturale!

Un abbraccio da tuo nipote,
Alessio

il Cenacolo/l'Ultima Cena di Leonardo daVinci

1. Perché gli studenti vanno in Via Montenapoleone?

A. per ammirare la Chiesa di Santa Maria delle Grazie
B. per ascoltare un'opera
C. per fotografare il Duomo
D. per fare le spese

2. Chi è l'artista del *Cenacolo*?

A. la nonna   C. Vittorio
B. Alessio   D. daVinci

3. Cos'è «La Scala»?

A. una chiesa   C. un gruppo
B. un teatro   D. una regione

4. «La Tosca» è ... di Puccini.

A. un'opera   C. un viaggio
B. una casa   D. una città

il Duomo di Milano

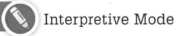
Scrivere una lettera a uno studente/una studentessa che abita a Brescia in Lombardia. Scrivere il tuo nome, quanti anni hai, dove abiti, il tuo numero di telefono, che sei uno studente/una studentessa, di dove sei, come sei (2 aggettivi) e quali lingue capisci o non capisci.

(You are writing a letter to a student who lives in Brescia, Lombardia. Write your name, your age, your address, your telephone number, that you are a student, where you are from, what you are like (2 adjectives), and what language(s) you do or do not understand.)

Caro/Cara _____

_____

_____

_____

_____

_____

_____

_____

_____

_____

_____

_____,

(See you soon, Good-bye, etc.)

_____

(your name)

Brescia

ESERCIZIO A: Con un compagno/una compagna, tradurre le domande all'italiano e poi, fare e rispondere alle domande in italiano. Non scrivere le domande in italiano!

(With a classmate, translate the questions into Italian and then, ask and answer the questions in Italian. Do not write out the questions in Italian!)

1. What is your name?
2. How old are you?
3. Where were you born?
4. Where do you live?
5. What are you like?

6. What color are your eyes and hair?
7. What type of work do you do?
8. What do you study?
9. What do you like to eat?
10. How many brothers and sisters do you have? What are their names?

ESERCIZIO B: Con un compagno/una compagna, leggere la descrizione di Bianca e la descrizione di Joseph. Poi usare le seguenti espressioni per commentare sulle frasi 1 a 6. Ogni persona legge e commenta su ogni frase. Seguire l'esempio.

(With a classmate, read Bianca and Joseph's descriptions. Then use the following expressions to comment on sentences 1 thru 6. Each person will read and comment on each statement. Follow the example.)

Mi chiamo Bianca.
Ho quattordici anni.
Sono nata in Italia.
Abito negli Stati Uniti.
Sono bassa e bruna.
Ho gli occhi e i capelli castani.
Faccio la studentessa.
Studio l'italiano e la storia.
Mi piace mangiare la pasta.
Ho una sorella.
Lei si chiama Rosa.

Mi chiamo Joseph.
Ho tredici anni.
Sono nato negli Stati Uniti.
Abito a Chicago.
Sono alto e biondo.
Ho gli occhi azzurri e i capelli biondi.
Faccio lo studente.
Studio la matematica e l'inglese.
Mi piace scrivere.
Ho due sorelle e un fratello.
Le mie sorelle si chiamano Kelly ed Erica.
Mio fratello si chiama Ryan.

Sono d'accordo perché ... *I agree because ...*	**Non sono d'accordo perché ...** *I disagree because...*
È vero perché... *It's true because ...*	**Non è vero perché ...** *It's not true because ...*
Hai ragione perché ... *You are right because ...*	**Ti sbagli perché...** *You are wrong because ...*

Esempio: Joseph ha dodici anni.
    Non è vero perché Joseph ha tredici anni. **OR**
    Ti sbagli perché Joseph ha tredici anni. **OR**
    Non sono d'accordo perché Joseph ha tredici anni.

1. Bianca ha un fratello.
2. Bianca e Joseph studiano la matematica.
3. Bianca e Joseph sono alti e bruni.
4. Joseph è nato negli Stati Uniti.
5. Bianca e Joseph hanno gli occhi e i capelli castani.
6. Ryan è il fratello di Rosa.

Cultura/Culture Interpretive Mode

Leggere le seguenti informazioni sulla Lombardia per completare e discutere gli esercizi.

(Read the following information about Lombardia to complete and discuss the exercises.)

1. **È una regione del nord.**
   It's a region in the north.

2. **Il capoluogo è Milano.**
   The capital is Milan.

3. **Gli abitanti della Lombardia sono chiamati i lombardi.**
   The residents of Lombardia are called Lombards.

4. **Confina con la Svizzera, il Piemonte, il Veneto, il Trentino-Alto Adige e l'Emilia-Romagna.**
   It borders with Switzerland, Piedmont, Veneto, Trentino-Alto Adige, and Emilia-Romagna.

5. **Malpensa e Linate sono due aeroporti a Milano in Lombardia.**
   Malpensa and Linate are two airports in Milan, in Lombardy.

6. **È una regione industriale e ricca.**
   It is an industrial and wealthy region.

7. **Milano è famosa per la moda.**
   Milan is famous for fashion.

8. **La Lombardia è famosa per il Lago di Garda, il Lago di Como e il Lago Maggiore.**
   Lombardy is famous for lakes Garda, Como, and Maggiore.

9. **Altre città della regione sono Bergamo, Brescia, Cremona, Como, Lecco, Lodi, Mantova, Pavia, Sondrio e Varese.**
   Other cities in the region are Bergamo, Brescia, Cremona, Como, Lecco, Lodi, Mantova, Pavia, Sondrio, and Varese.

10. **Alcune industrie in questa regione sono Armani, Dolce e Gabbana, Prada, Versace, Pirelli, Motta e Mediaset.**
    Some industries in this region are Armani, Dolce and Gabbana, Prada, Versace, Pirelli, Motta, and Mediaset.

11. **Le specialità della regione sono il risotto alla milanese, il minestrone, l'osso buco, il gorgonzola, lo stracchino, il Bel Paese e il panettone.**
    Specialties of the region are rice with saffron, soup with stock and vegetables, veal knuckle, Gorgonzola, Stracchino and Bel Paese cheeses, and cake with candied fruit.

il risotto

12. **Alcuni famosi personaggi lombardi sono:**
    Some famous people from Lombardia are:

    - Veronica Gambara (*poetessa, 1485–1550*)
    - Claudio Monteverdi (*musicista, 1567–1643*)
    - Antonio Stradivari (*violinista, 1644–1737*)
    - Alessandro Volta (*scienziato, 1745–1827*)
    - Alessandro Manzoni (*scrittore, 1785–1873*)
    - Gaetano Donizetti (*musicista, 1797–1848*)
    - Luchino Visconti (*regista, 1906–1976*)

www.regione.lombardia.it

ESERCIZIO A: Leggere con attenzione e poi scegliere *Vero* o *Falso*.
(Read carefully and then select True or False.)

1.	Como è una città e un lago in Lombardia.	Vero	Falso
2.	L'osso buco è una specialità della Lombardia.	Vero	Falso
3.	Un violinista di questa regione è Gaetano Donizetti.	Vero	Falso
4.	Pavia è una poetessa della Lombardia.	Vero	Falso
5.	La Lombardia confina con la Germania.	Vero	Falso
6.	Il panettone è una specie di torta.	Vero	Falso
7.	Il Lago di Garda si trova in questa regione.	Vero	Falso
8.	Prada è una bella città vicino a Milano.	Vero	Falso
9.	Uno scienziato di questa regione è Alessandro Volta.	Vero	Falso
10.	Maggiore è il nome di una regione.	Vero	Falso

ESERCIZIO B: Scegliere le risposte corrette. Fare una ricerca su Internet se necessario.
(Select the correct responses. Do Internet research if necessary.)

1. A Milano c'è il capolavoro *L'Ultima Cena/Il Cenacolo* di ...
    A. Donatello   B. Michelangelo   C. daVinci   D. Raffaello

2. Il Duomo di Milano è un esempio di architettura dello stile ...
    A. gotico   B. bizantino   C. barocco   D. romanico

3. Il teatro dell'opera che si trova a Milano si chiama ...
    A. San Carlo   B. La Scala   C. la Fenice   D. Sant'Ambrosio

4. ... ha costruito i violini italiani più famosi.
    A. Monteverdi   B. Manzoni   C. Visconti   D. Stradivari

5. *Il risotto* è ... milanese.
    A. una specialità   B. un vino   C. una torta   D. un formaggio

6. Un'industria famosa a Milano è quella ...
    A. della pasta   B. dell'olio   C. dell'uva   D. della moda

7. Milano è ... della Lombardia.
    A. il centro   B. il capoluogo   C. il buco   D. l'osso

8. Malpensa e ... sono due aeroporti a Milano.
    A. Linate   B. Benetton   C. Alitalia   D. Brescia

Milano

aggettivi

i numeri da 0 a 30 - numbers 0-30 (pagina 42, Indice 304)
alto - tall; high
azzurro - blue
bello - beautiful; handsome
basso - short
biondo - blond
bruno - brunette
caro - dear; expensive
contento - happy
culturale - cultural
famoso - famous
grande - big
industriale - industrial
ottimo - excellent
preferito - favorite
questa - this

altre parole

ad alta voce - aloud
diviso - divided by (÷)
domani - tomorrow
dopo - after
dopodomani - the day after tomorrow
giovedì - Thursday
lunedì - Monday
meno - minus (-)
oggi - today
ottobre - October
per - for; times (x)
più - more; plus (+)
sono nato/nata - I was born

nomi

gli oggetti in aula - classroom objects (pagina 44, Indice 300)
l'abbraccio - hug
l'amica - female friend
l'amico - male friend
l'arte - art
la biblioteca - library
i capelli - hair
il capolavoro - masterpiece

la casa - house; home
la chiesa - church
la conversazione - conversation
il duomo - large church; basilica
l'esperienza - experience
il fratello - brother
la galleria - mall
la matematica - math
gli occhi - eyes
l'opera - work; opera
la sorella - sister
la storia - history

interrogativi

le parole interrogative - interrogative words (pagina 40, Indice 304)

verbi

abbracciare - to hug
abitare - to live
ammirare - to admire
andare - to go
appartiene - it belongs
c'è - there is
ci sono - there are
confinare - to border
contare - to count
creare - to create
derivare - to derive
domandare - to ask
è - is; it is (essere/to be)
ecco - here is; here are
mostrare - to show
ritornare - to return
tradurre - to translate
visitare - to visit

il Lago Maggiore

IL LAZIO

ITALIA

la Fontana di Trevi a Roma

Objectives:

- Identify and use subjects and subject pronouns.
- Recognize infinitives and verb stems.
- Conjugate regular -are; -ere; and -ire verbs in the present indicative tense.
- Form negative sentences.
- Construct questions.
- Locate and discuss characteristics of the Lazio region.

Per chiacchierare:

- When and with whom are you formal or informal in a conversation?
- How do you ask/form a question in English? Explain.
- What would you like to visit in the Lazio region?

Discuss the proverb:

Tutte le strade portano a Roma.

All roads lead to Rome.

Soggetto/Subject

The **subject** (*soggetto*) of a sentence is the word or group of words that answers the question *who?* or *what?* before the verb. The subject is the person, place, or thing that does the action in a sentence.

Esempi: **Maria** studia l'italiano.
Maria studies Italian.
Who studies Italian?   **Maria** (Maria is the subject)

Anna e **Mia** sono belle.
Anna and Mia are beautiful.
Who is beautiful?   **Anna** and **Mia** (Anna and Mia is the subject)

Io e **gli amici** mangiamo la pizza.
My friends and I eat pizza.
Who eats pizza?   **Io** e **gli amici** (My friends and I is the subject)

Pronomi soggetto/Subject Pronouns

A **subject pronoun** (*pronome soggetto*) is a word that replaces the noun or nouns to eliminate repetition.

Read the following examples of subjects and subject pronouns:

Soggetto/Subject	Pronome soggetto/Subject pronoun
Maria studia l'italiano. *Maria studies Italian.*	**Lei** studia l'italiano. *She studies Italian.* The subject pronoun **lei** (*she*) replaces "Maria".
Anna e **Mia** sono belle. *Anna and Mia are beautiful.*	**Loro** sono belle *They are beautiful.* The subject pronoun **loro** (*they*) replaces "Anna and Mia".
Io e **gli amici** mangiamo la pizza. *My friends and I eat pizza.*	**Noi** mangiamo la pizza. *We eat pizza.* The subject pronoun **noi** (*we*) replaces "my friends and I".

The following chart outlines the subject pronouns in both Italian and English:

Pronomi Soggetto	
singolari/singular	**plurali/plural**
io – I	**noi** – we or io + another person
tu – you (*informal singular*)	**voi** – you (*all*) (*informal/formal plural*) or tu + another person
lui – he **lei** – she **Lei** – you (*formal singular*) -one name (Maria) -singular noun (lo studente)	**loro** – they -two or more names (Anna e Mia) -plural nouns (gli amici)

ATTENZIONE!

In Italian the subject pronoun "it" is understood within the verb, therefore it is not expressed.

È facile!	**È** bello!	**È** chiarissimo!
It is easy!	**It's** beautiful!	**It is** very clear!

In Italian there are four words to express the subject pronoun "**you**".

tu – informal singular (talking to one person) is used with a family member, a friend, a child, a peer, or a pet.
voi - informal and formal plural (talking to two or more people) is used when speaking to and/or addressing more than one person in any situation.
Lei - formal singular (talking to one person) is used with a person you do not know, you meet for the first time, or a person with a title (a teacher, a doctor, a lawyer, an elder, a waiter, a bank teller, etc.)
Loro - formal plural (talking to two or more people) is rarely used. It is now replaced by *voi*. In this text, the *voi* form will be used instead of the *Loro* form.

ESERCIZIO A: Scrivere il pronome soggetto corretto in italiano per ogni situazione.
(*Write the correct subject pronoun in Italian for each situation.*)

se parli di ...
*if you are talking **about** ...*
Esempio: your brother – <u>lui</u>
1. your mom _____
2. your friend Marco _____
3. yourself _____
4. 25 students _____
5. you and your friends _____
6. your Italian teacher _____

se parli a ...
*if you are talking **to** ...*
Esempio: your brother – <u>tu</u>
1. your dad _____
2. your two sisters _____
3. a doctor _____
4. a waiter/waitress _____
5. your Math teacher _____
6. 100 people _____

ESERCIZIO B: Riscrivere le seguenti frasi con i pronomi soggetto per i sostantivi in neretto.
(Rewrite the following sentences with subject pronouns for the nouns in bold.)

Esempio: **Gianna e Adriana** giocano a tennis.
Loro giocano a tennis.

1. **La professoressa** arriva a scuola presto.

_____

2. **Io e Giovanna** invitiamo la famiglia Russo.

_____

3. **Gli studenti** studiano l'italiano.

_____

4. **Tu e Teresa** preparate due panini al prosciutto.

_____

5. **Giancarlo** serve l'antipasto e gli spaghetti.

_____

Presente indicativo/Present indicative tense (G)

The **present indicative tense** (*presente indicativo*) indicates an action or a state of being going on at the present time. It is the verb tense used most frequently in English and in Italian.

Esempi:

I am learning Italian.	Io imparo l'italiano.
She writes well.	Lei scrive bene.
They do open the books.	Loro aprono i libri.

il fiume Tevere a Roma

To **conjugate** means to provide the three (3) singular forms and the three (3) plural forms of the infinitive in a specific tense.

the first person singular *(I)*   **the first person plural** *(we)*
the second person singular *(you)*   **the second person plural** *(you)*
the third person singular *(he,she,it)* **the third person plural** *(they)*

An **infinitive** *(infinito)* is the basic form of a verb that has no subject attached to it. English infinitives consist of the preposition ***to + action word***.

In Italian there are three (3) types of verb infinitives: **-are** (first conjugation); **-ere** (second conjugation); and **-ire** (third conjugation).

English: infinitive: **to learn**   infinitive: **to write**   infinitive: **to open**
Italiano: infinito: impar**are**   infinito: scriv**ere**   infinito: apr**ire**

To conjugate a regular verb in Italian, follow these **three steps**:

1. Drop the infinitive **(infinito)** ending **-are; -ere;** or **-ire** in order to obtain the verb stem/root/base **(radice)**.

Infiniti/Infinitives	Radice/Stem – root – base
impar**are**	**impar-**
scriv**ere**	**scriv-**
apr**ire**	**apr-**

2. Identify the subject or subject pronoun (*I, you, he, she, we, you, they*)

3. Attach the appropriate **–are, -ere,** or **–ire** ending to the verb stem. The ending **MUST** correspond to the subject or subject pronoun.

Here are the endings of regular **-are** *(first conjugation)*; **-ere** *(second conjugation)*; and **-ire** *(third conjugation)* verbs in Italian.

Soggetti/Subjects	Desinenze -are/-are endings	Desinenze -ere/-ere endings	Desinenze -ire/-ire endings
io (I)	-o	-o	-o
tu (you)	-i	-i	-i
lui, lei, Lei (he, she, you) (1 name or singular noun)	-a	-e	-e
noi (we) (io + a name)	-iamo	-iamo	-iamo
voi (you) (tu + a name)	-ate	-ete	-ite
loro (they) (2 + names or plural nouns)	-ano	-ono	-ono

ATTENZIONE!

When "it" is the subject in English, it is understood in Italian. "It" is not translated in Italian.

Esempio:

The laptop works well.
Il portatile funziona bene.

It works well.
Funziona bene.

la Piazza di Spagna a Roma

Here is the conjugation of a regular **-are** verb in the present indicative tense in Italian with the English equivalents for each form.

infinito: imparare radice: impar-	Infinitive: to learn (Verbs in English do not have a stem.)
io impar**o** • I learn • I am learning • I do learn	noi impar**iamo** • we learn • we are learning • we do learn
tu impar**i** (*informale*) • you learn • you are learning • you do learn	voi impar**ate** (*informale/formale*) • you learn • you are learning • you do learn
lui/lei impar**a** • he/she learns • he/she is learning • he/she does learn Lei impar**a** (*formale*) • you learn • you are learning • you do learn	loro impar**ano** • they learn • they are learning • they do learn

Here is the conjugation of a regular **-ere** verb in the present indicative tense in Italian with the English equivalents for each form.

infinito: scrivere radice: scriv-	Infinitive: to write (Verbs in English do not have a stem.)
io scriv**o** • I write • I am writing • I do write	noi scriv**iamo** • we write • we are writing • we do write
tu scriv**i** (*informale*) • you write • you are writing • you do write	voi scriv**ete** (*informale/formale*) • you write • you are writing • you do write
lui/lei scriv**e** • he/she writes • he/she is writing • he/she does write Lei scriv**e** (*formale*) • you write • you are writing • you do write	loro scriv**ono** • they write • they are writing • they do write

Here is the conjugation of a regular **-ire** verb in the present indicative tense in Italian with the English equivalents for each form.

infinito: aprire radice: apr-	Infinitive: to open (Verbs in English do not have a stem.)
io apr**o** • I open • I am opening • I do open	noi apri**amo** • we open • we are opening • we do open
tu apr**i** *(informale)* • you open • you are opening • you do open	voi apr**ite** *(informale/formale)* • you open • you are opening • you do open
lui/lei apr**e** • he/she opens • he/she is opening • he/she does open Lei apr**e** *(formale)* • you open • you are opening • you do open	loro apr**ono** • they open • they are opening • they do open

ATTENZIONE!

The present indicative tense in Italian can be translated in three different ways in English. The English words "**do**" and "**are**" are not translated in Italian. They are already part of the Italian verb.

le vigne nel Lazio

Some -ire verbs are referred to as "-isc-" verbs. To conjugate an "-isc" verb:
- add the letters **-isc** to the stem of the forms *io, tu, lui/lei/Lei*, and *loro*.
- do not add the letters -isc to the **noi** and **voi** forms.

Here is the conjugation of an **-isc** verb in the present indicative tense in Italian with the English equivalents for each form.

infinito: capire radice: cap-	Infinitive: to understand (Verbs in English do not have a stem.)
io cap**isco** • I understand • I am understanding • I do understand	noi cap**iamo** • we understand • we are understanding • we do understand
tu cap**isci** *(informale)* • you understand • you are understanding • you do understand	voi cap**ite** *(informale/formale)* • you understand • you are understanding • you do understand
lui/lei cap**isce** • he/she understands • he/she is understanding • he/she does understand Lei cap**isce** *(formale)* • you understand • you are understanding • you do understand	loro cap**iscono** • they understand • they are understanding • they do understand

ATTENZIONE!
Remember that an **–ISC** verb can only be an –ire verb. All **-ISC** verbs MUST be memorized!

 ATTENZIONE!

In Italian subject pronouns (*io, tu, noi, voi, loro*) may be omitted because the verb ending indicates the subject of the sentence.

However, subject pronouns are used to clarify or emphasize the subject.

Here are some commonly used regular -are; -ere; and -ire infinitives in Italian:

Verbi della prima coniugazione (-are)
First conjugation verbs (-are)

1. **abitare** - to live
2. **aiutare** - to help
3. **amare** - to love
4. **ascoltare** - to listen to
5. **aspettare** - to wait for
6. **ballare** - to dance
7. **cantare** - to sing
8. **comprare** - to buy
9. **cucinare** - to cook
10. **giocare a*** - to play a sport
11. **guardare** - to watch; look at
12. **imparare** - to learn
13. **lavorare** - to work
14. **mangiare** - to eat
15. **nuotare** - to swim
16. **parlare*** - to speak; talk
17. **ritornare** - to return
18. **studiare** - to study
19. **suonare -** to play (an instrument)

Verbi della seconda coniugazione (-ere)
Second conjugation verbs (-ere)

1. **chiedere**** - to ask for
2. **chiudere**** - to close
3. **correre** - to run
4. **leggere** - to read
5. **mettere** - to put; place
6. **perdere**** - to lose
7. **prendere**** - to take; to get; to have food/drink
8. **ricevere** - to receive
9. **ridere** - to laugh
10. **rispondere** - to answer
11. **scrivere** - to write
12. **sorridere** - to smile
13. **vedere**** - to see
14. **vendere****- to sell
15. **vincere** - to win

Verbi della terza coniugazione (-ire)
Third conjugation verbs (-ire)

1. **aprire** - to open
2. **dormire** - to sleep
3. **mentire** - to lie
4. **partire** - to leave; depart
5. **seguire** - to follow; take a course /class
6. **sentire** - to hear
7. **servire** - to serve

Verbi -isc/-isc verbs

1. **capire** - to understand
2. **costruire** - to build; construct
3. **finire** - to finish
4. **preferire** - to prefer
5. **pulire** - to clean
6. **spedire** - to send
7. **starnutire** - to sneeze
8. **suggerire**- to suggest

***The definite article is not used after "giocare a" with sports, and after "parlare" with a language!**

****Watch spelling!*

1. _____

2. _____

3. _____

4. _____

5. _____

6. _____

7. _____

8. _____

9. _____

10. _____

11. _____

12. _____

13. _____

14. _____

15. _____

16. _____

ESERCIZIO B: Scrivere frasi complete in italiano con ogni forma di questi sei verbi con i sostantivi sotto elencati.

(Write complete Italian sentences using each form of these six verbs with the nouns listed below.)

il panino	le scarpe	il formaggio	i biscotti	la pallacanestro	la camicia
il calcio	il caffè	il cibo	la mozzarella	i libri	il giornale
l'acqua minerale	la ricotta	i vestiti	i compiti	l'aranciata	le bevande
la composizione	l'antipasto	la mail	il baseball	la pallavolo	il golf
il parmigiano	la Vespa	il provolone	i pantaloni	il cappuccino	le riviste
la lezione	l'espresso	la radio	il tennis	la pizza	le lasagne
il football americano	il menù	i cannoli	il pecorino romano	il prosciutto	il salame

1. comprare

Io <u>compro</u> la pizza.
Tu
Lui/Lei
Lei
Noi
Voi
Loro

2. prendere

Io
Tu
Lui/Lei <u>prende</u> l'aranciata.
Lei
Noi
Voi
Loro

3. servire

Io
Tu
Lui/Lei
Lei <u>serve</u> l'antipasto.
Noi
Voi
Loro

4. giocare a

Io
Tu
Lui/Lei
Lei
Noi <u>giochiamo</u> a golf.
Voi
Loro

5. leggere

Io
Tu
Lui/Lei
Lei
Noi
Voi <u>leggete</u> la lezione.
Loro

6. finire

Io
Tu <u>finisci</u> i compiti.
Lui/Lei
Lei
Noi
Voi
Loro

il Campidoglio
a Roma

ESERCIZIO C: Leggere con attenzione e poi scegliere il verbo corretto in parentesi.
(Read carefully and then select the correct verb in parentheses.)

1. Tu (**assaggio/assaggi**) la pasta.

2. Io e Margherita non (**pago/paghiamo**) molto.

3. Tu e Stefania (**ascoltate/ascolti**) la musica italiana.

4. Il dottor Angioli (**ritorni/ritorna**) a Roma.

5. La famiglia di Giulia (**abita/abitano**) a Frascati.

6. Io non (**capisco/capisce**) bene l'italiano.

7. Elena (**dormi/dorme**) bene ogni notte.

8. Voi (**correte/corrono**) in via Dante.

9. Chi non (**senti/sente**) bene?

10. Noi (**puliamo/pulite**) la cucina ogni giorno.

ESERCIZIO D: Scrivere la forma corretta del verbo in parentesi.
(Write the correct form of the verb in parentheses.)

1. La professoressa (**sorridere**) _____ quando arrivano gli studenti.

2. Gli studenti (**seguire**) _____ un corso d'italiano.

3. Desidero (**mangiare**) _____ un'insalata.

4. Noi (**aprire**) _____ le mail.

5. Chiara e Rocco (**rispondere**) _____ al cellulare.

ESERCIZIO E: Scrivere la forma corretta del verbo in parentesi.
(Write the correct form of the verb in parentheses.)

1. I dottori (**work**) _____ in un ospedale.

2. Io (**live**) _____ negli Stati Uniti.

3. I ragazzi (**read**) _____ il giornale a casa.

4. Lui e lei (**are leaving**) _____ per Roma domani.

5. Noi non (**win**) _____ sempre.

un panorama di Roma

ESERCIZIO F: Scegliere le traduzioni corrette in inglese.
(Select the correct English translations.)

1. **Noi preferiamo scrivere con le matite.**
   A. We prefer to buy pencils.
   B. We prefer to use pencils.
   C. We prefer to write with pencils.

2. **Io chiudo la finestra.**
   A. I am closing the window.
   B. I am cleaning the window.
   C. I am opening the window.

3. **Lei capisce la professoressa.**
   A. She sees the teacher.
   B. She understands the teacher.
   C. She listens to the teacher.

4. **Voi aspettate in aula.**
   A. You do wait in the classroom.
   B. You do dance in the classroom.
   C. You do work in the classroom.

5. **Elisa e Caterina mettono i quaderni nello zaino.**
   A. Elisa and Caterina look at the notebooks in the backpack.
   B. Elisa and Caterina put the notebooks in the backpack.
   C. Elisa and Caterina read the notebooks in the backpack.

un panorama della
Basilica di San Pietro

ESERCIZIO G: Scegliere le traduzioni corrette in italiano.
(Select the correct Italian translations.)

1. I like to run with Sofia.

    A. Mi piace correre con Sofia.

    B. Mi piace cantare con Sofia.

    C. Mi piace starnutire con Sofia.

2. The young lady and I speak in Italian.

    A. Io e la signorina ridiamo in italiano.

    B. Io e la signorina leggiamo in italiano.

    C. Io e la signorina parliamo in italiano.

3. You and Massimo do not lie.

    A. Tu e Massimo non mentite.

    B. Tu e Massimo non scrivete.

    C. Tu e Massimo non lavorate.

4. Carlo and Bianca are buying two sandwiches.

    A. Carlo e Bianca guardano due panini.

    B. Carlo e Bianca chiedono due panini.

    C. Carlo e Bianca comprano due panini.

5. Do you like to dance?

    A. Ti piace giocare?

    B. Ti piace ballare?

    C. Ti piace ridere?

 ESERCIZIO H: Leggere e completare il seguente dialogo con le risposte corrette. Poi, con un compagno/ una compagna, presentare il dialogo davanti alla classe.

(Read and complete the following dialogue with the correct responses. Then, with a classmate, present the dialogue in front of the class.)

(Rita (1)... al telefono)

Rita: Gianna, a che ora comincia la partita di calcio?

Gianna: Alle venti. Io e Valentina **(2)**... allo stadio alle 19.00.

Rita: Senti, dopo la partita, perché non prendiamo una **(3)**... vicino allo stadio? In via Giuseppe Garibaldi **(4)**... una pizzeria dove lavora Enzo, il mio amico. Lui fa buone pizze e i prezzi sono ottimi.

Gianna: Certo! **(5)**... l'idea. Allora, mangiamo bene stasera.

1. A. impara   B. vede   C. parla   D. pulisce

2. A. arrivo   B. arrivi   C. arriva   D. arriviamo

3. A. porta   B. pizza   C. matita   D. carta

4. A. c'è   B. ci sono   C. è   D. sono

5. A. Mi piace   B. Ti piace   C. Mi piacciono   D. Ti piacciono

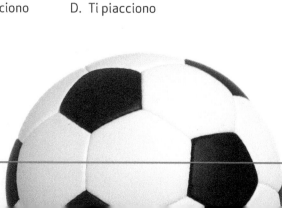

ESERCIZIO I: Leggere ogni frase con attenzione e poi scegliere il verbo corretto.
(Read each sentence carefully and then select the correct verb.)

1. I bambini non **(bevono/corrono)** la limonata.

2. Quando ho caldo, **(chiudo/apro)** le finestre.

3. Voi **(capite/vendete)** la professoressa d'inglese.

4. Non mi piace **(leggere/pulire)** il giornale ogni mattina.

5. Mi piace il pecorino romano, ma **(finisco/preferisco)** il parmigiano.

ESERCIZIO J: Leggere ogni domanda con attenzione e poi scegliere le risposte corrette.
(Read each question carefully and then select the correct responses.)

1. **Antonietta, cosa prendi questa mattina?**
   A. Prendiamo un cappuccino.
   B. Prende un cappuccino.
   C. Prendo un cappuccino.

2. **Dove abitano Susanna e Tommaso?**
   A. Abitano a Frascati.
   B. Abita a Frascati.
   C. Abitate a Frascati.

3. **Con chi studia Federica?**
   A. Lui studia con Emilia.
   B. Tu studi con Emilia.
   C. Lei studia con Emilia.

4. **Quali strumenti suonate?**
   A. Suoniamo la chitarra e il clarinetto.
   B. Suonate la chitarra e il clarinetto.
   C. Suonano la chitarra e il clarinetto.

5. **Adele, quante ore dormi la notte?**
   A. Dormite otto ore la notte.
   B. Dormo otto ore la notte.
   C. Dormi otto ore la notte.

ESERCIZIO K: Completare il seguente dialogo con la forma corretta degli infiniti elencati. Poi, imparare e presentare il dialogo alla classe con un compagno/una compagna.

(Complete the following dialogue with the correct form of the infinitives listed below. Then, learn and present the dialogue to the class with a classmate.)

studiare   preferire   capire   guardare   studiare

Enza: Franco, domani c'è l'esamino di matematica. Con chi **1.** _____?

Franco: Con Marco.

Enza: Dove **2.** _____ voi?

Franco: In aula venticinque.

Enza: Ti piace studiare con Marco?

Franco: Sì, infatti **3.** _____ studiare con lui perché lui **4.** _____ bene la matematica. E tu, quando studi?

Enza: Stasera con mia sorella. Prima studiamo e poi **5.** _____ la partita di calcio alla televisione.

Presente indicativo di altri verbi della prima coniugazione/ Present indicative tense of other first conjugation verbs (G)

Here are the conjugations of verbs that end in –ciare and –giare in Italian.

The conjugation of verbs that end in **-ciare** or **-giare** do not require a second *i* in the **tu** and **noi** forms. For example:

cominciare - to start radice: cominci-		mangiare - to eat radice: mangi-	
singolare	**plurale**	**singolare**	**plurale**
comincio	cominc**i**amo	mangio	mangiamo
cominc**i**	cominciate	mang**i**	mangiate
comincia	cominciano	mangia	mangiano

Verbs like *cominciare* and *mangiare*:

abbracciare - *to hug*

bruciare - *to burn*

baciare - *to kiss*

lasciare - *to leave (behind)*

assaggiare - *to taste*

festeggiare - *to celebrate*

parcheggiare - *to park*

viaggiare – *to travel*

ATTENZIONE!
The **tu** and **noi** forms of **-ciare** and **-giare** verbs have **ONLY** one **-i**.

ESERCIZIO A: Scrivere la forma corretta del verbo in parentesi.

(Write the correct form of the verb in parentheses.)

1. Tu non **(bruciare)** _____ i biscotti.

2. Noi **(cominciare)** _____ la lezione alle nove.

3. Io **(abbracciare)** _____ il bambino.

4. Vincenzo **(parcheggiare)** _____ la motocicletta.

5. Io e Giovanna **(festeggiare)** _____ il compleanno di Elena.

Here are the conjugations of verbs that end in –care and –gare in Italian.

The conjugation of verbs that end in **–care** or **–gare** require the letter **"h"** in the **tu** and **noi** forms before the verb ending to retain the hard "c" and "g" sounds. For example:

giocare (a) - to play a sport radice: gioc-		pagare - to pay for radice: pag-	
singolare	**plurale**	**singolare**	**plurale**
gioco	gio**ch**iamo	pago	pag**h**iamo
gio**ch**i	giocate	pag**h**i	pagate
gioca	giocano	paga	pagano

Verbs like *giocare* a and *pagare*:
cercare - *to look for*   **toccare** - *to touch*
dimenticare - *to forget*   **pregare** - *to pray; to beg*

ATTENZIONE!
Remember that the letter **"h"** is required in the **tu** and **noi** forms **ONLY** of -care and -gare verbs!

ESERCIZIO B: Scrivere la forma corretta del verbo in parentesi.
(Write the correct form of the verb in parentheses.)

1. Noi **(giocare)** _____ a tennis ogni giorno.
2. Loro **(pregare)** _____ spesso.
3. Tu **(cercare)** _____ il gatto bianco e nero.
4. Io e Fabrizio non **(dimenticare)** _____ le date importanti.
5. Tu e Maurizio **(pagare)** _____ dieci dollari.

ESERCIZIO C: Scrivere frasi complete in italiano con ogni forma di questi due verbi con sostantivi diversi dai siti precedenti.
(Write complete Italian sentences using each form of these two verbs with different nouns from the preceding sites.)

Esempio: assaggiare	**Esempio: cercare**
Io	Io
Tu	Tu
Lui/Lei <u>assaggia</u> le fettuccine.	Lui/Lei
Lei	Lei
Noi	Noi
Voi	Voi
Loro	*Loro <u>cercano</u> la professoressa.*

In Italian, to make a statement negative, place the word **non** directly in front of the conjugated verb form.

Esempi:

(Io) parlo italiano.	*I **speak** Italian.*	(affirmative)
(Io) **non** parlo italiano.	*I **do not** speak Italian.*	(negative)
Clara capisce bene.	*Clara **understands** well.*	(affirmative)
Clara **non** capisce bene.	*Clara **doesn't** understand well.*	(negative)

When answering a question in the **negative** in Italian, begin the sentence with the word **no** and place the word **non** before the verb.

Esempi:

Abiti (tu) a Nettuno?	*Do you live in Nettuno?*
No, (io) **non** abito a Nettuno.	*No, I do not live in Nettuno.*
(Loro) lavorano in città?	*Do they work in the city?*
No, (loro) **non** lavorano in città.	*No, they do not work in the city.*

ESERCIZIO A: Tradurre le seguenti frasi in italiano.
(Translate the following sentences into Italian.)

1. We do not work with Domenico.
2. Why doesn't he study a lot?
3. You and Giuliana do not read much.
4. They do not write badly.
5. Luca and I do not prefer to travel.
6. No, I do not sleep very well.

ESERCIZIO B: Riscrivere le seguenti frasi al negativo.
(Rewrite the following sentences in the negative.)

1. Tu capisci bene.
2. La famiglia prepara la pasta.
3. Io chiudo la finestra.
4. Emilio e Rosa sorridono molto.
5. Voi partite per Ostia Antica domani mattina.

 ESERCIZIO C: Con un compagno/una compagna, fare e rispondere alle seguenti domande in italiano.
(With a classmate, ask and answer the following questions in Italian.)

1. Giochi a baseball?
2. Dove parli italiano?
3. Con chi ti piace viaggiare?
4. Che cosa dimentichi spesso?
5. Ti piace vincere o perdere?
6. Quale giornale leggi?

il Forte Sangallo a Nettuno

Questions are a means of obtaining information.

In Italian two key elements of questions are:

- the use of the question mark *(il punto interrogativo)* at the end of the sentence in writing
- the raising of your voice (intonation) at the end of the question in speaking

In Italian, questions are formed by using any of the following formats:

Does Gianni study a lot?

1. **Gianni** <u>studia</u> *molto?* **subject** + <u>verb</u> + *other information* ?
2. <u>Studia</u> **Gianni** *molto?* <u>verb</u> + **subject** + *other information* ?
3. <u>Studia</u> *molto* **Gianni**? <u>verb</u> + *other information* + **subject** ?

Follow the formats below when answering questions in the positive or negative. Note that many of the words in the question can be reused in the answer.

- **affirmative: Sì, subject + verb + answer.**
  Sì, Gianni studia molto.
  Yes, Gianni studies a lot.

- **negative: No, subject + non + verb + answer.**
  No, Gianni non studia molto.
  No, Gianni does not study a lot.

Answering questions in Italian can be challenging at times. Here is a helpful chart for asking and answering questions.

The left side indicates the subject of the question and the right side indicates the subject required to answer the question.

Domande/Questions		Risposte/Answers	
io	Dove abito **io**? *(seldom used)*	**tu**	**Tu** abiti a Tivoli.
tu	Come stai **tu**?	**io**	**Io** sto bene.
lui	Chi è **lui**?	**lui**	**Lui** è Marcello.
lei	Cucina molto **lei**?	**lei**	Sì, **lei** cucina molto.
Lei	Come sta **Lei**?	**io**	**Io** sto benissimo.
noi	Che classe seguiamo **noi**?	**noi**	**Noi** seguiamo l'italiano.
voi	A che ora partite **voi**?	**noi**	**Noi** partiamo alle tre.
loro	Quale giorno preferiscono **loro**?	**loro**	**Loro** preferiscono il violino.

Scrivere tre domande per ogni frase. Seguire l'esempio.
(Write three questions for each sentence. Follow the example.)

> **Esempio:** *Marta prepara la lezione.*
>
> > 1. ***Marta prepara la lezione?***
> > 2. ***Prepara Marta la lezione?***
> > 3. ***Prepara la lezione Marta?***

1. Anita segue quattro corsi.
2. Il signore non mangia i ravioli.
3. Loro preferiscono il tè.
4. Io e Gianni lavoriamo in centro.
5. Voi non prendete i carciofi.
6. Tu fai i compiti ogni giorno.

i carciofi

ESERCIZIO B: **Leggere le risposte e poi scrivere le domande corrette con le parole interrogative.**
(Read the answers and then write the correct questions with interrogative words.)

> **Esempio:** _____**Che cosa** compra lui_____ ? Lui compra **il portatile.**

1. _____ ? Pulisco **la casa.**
2. _____ ? Abitiamo **nel Lazio.**
3. _____ ? Lei è **mia sorella.**
4. _____ ? Il giornale costa **due dollari.**
5. _____ ? Emma sta **così così.**

il Palazzo Papale a Viterbo

Le Cinque Abilità
Ascolto, Lettura, Scrittura, Comunicazione, Cultura

Ascolto 1 Interpretive Mode

Ascoltare la conversazione con attenzione e poi scegliere le risposte corrette.
(Listen carefully to the conversation and then select the correct responses.)

1. Gilda preferisce i film italiani perché desidera ... .
   A. capire l'inglese
   B. perdere il dizionario
   C. imparare l'italiano
   D. insegnare la lingua

2. Con chi guarda i film Gilda?
   A. con i professori
   B. con l'amico Carlo
   C. con altri studenti
   D. con la famiglia

3. Il regista del film *La vita è bella* è ... .
   A. Nicoletta Braschi
   B. Roberto Benigni
   C. il padre di Gilda
   D. l'amico di Gilda

Roberto Benigni

Ascolto 2 Interpretive Mode

Ascoltare la conversazione attentamente e poi scegliere le risposte corrette.
(Listen carefully to the conversation and then select the correct responses.)

1. Chi abita a Frascati?
   A. Laura
   B. Giovanna
   C. Roma
   D. Gianluigi

2. Perché Gianluigi è molto contento?
   A. Ci sono molti parchi a Frascati.
   B. Vede Laura Pausini.
   C. La mamma canta molto bene.
   D. I concerti sono eccezionali.

3. In che mese è il concerto?
   A. in dicembre
   B. in novembre
   C. in aprile
   D. in agosto

Laura Pausini

Frascati

Leggere il seguente brano con attenzione e poi scegliere le risposte corrette.
(Read the following passage carefully and then select the correct responses.)

Avete intenzione d'imparare a parlare bene l'italiano?

VENITE A ROMA QUEST'ESTATE!

Il nostro liceo offre molti corsi a Roma. Molti studenti americani vengono a Roma per trenta giorni per seguire dei corsi di lingua, di storia, di cultura e di architettura. Arrivano il due agosto e partono il tre settembre. Frequentano le lezioni tre o quattro volte alla settimana. Il venerdì non ci sono lezioni per permettere agli studenti di visitare altre città italiane o di andare in Francia, in Svizzera, in Slovenia o in Austria durante il fine settimana. Questo programma è un'esperienza indimenticabile perché offre agli studenti l'opportunità di studiare, viaggiare e allo stesso tempo d'incontrare studenti di altre nazionalità.

1. **Dove studiano gli studenti?**
   A. in Francia
   B. in Svizzera
   C. in Austria
   D. in Italia

2. **Quando finisce il programma?**
   A. in settembre
   B. in agosto
   C. il quindici agosto
   D. l'otto settembre

3. **Secondo questo brano, alcuni studenti ... durante il programma in Italia.**
   A. viaggiano
   B. cucinano
   C. suonano la chitarra
   D. studiano matematica

4. **Quanti giorni alla settimana ci sono lezioni?**
   A. due
   B. quattro
   C. sei
   D. cinque

dentro il Colosseo

Scrittura Interpretive Mode

**Scrivere della tua vita in dieci (10) frasi complete in italiano using una varietà di verbi di
-are, -ere e -ire.**

*(Write about your life in ten (10) complete Italian sentences using a variety of -are, -ere and
-ire verbs.)*

Comunicazione Orale 🗨 Interpersonal Mode

**ESERCIZIO A: Con un compagno/una compagna, fare e rispondere
alle seguenti domande in italiano.**

(With a classmate, ask and answer the following questions in Italian.)

1. A chi scrivi molte mail?
2. Preferisci ballare o cantare?
3. Quante ore dormi ogni notte?
4. Che cosa fai dopo la scuola?
5. Dove parli in italiano?

il Foro Romano

ESERCIZIO B: Fare una conversazione con un compagno/una compagna.

(Converse with a classmate.)

Ti fa una domanda: He/She asks you a question:	Studente 1:	**Cosa cerchi?**
Gli/Le rispondi: You answer him/her:	Studente 2:	
Ti parla di un problema: He/She talks to you about a problem:	Studente 1:	**Anch'io desidero uno zaino, ma non ho abbastanza soldi.**
Gli/Le chiedi perché e commenti: You ask him/her why and comment:	Studente 2:	
Ti dà una spiegazione: He/She gives you an explanation:	Studente 1:	**Costa trenta dollari e io ho venti dollari.**

il Colosseo

Cultura Interpretive Mode

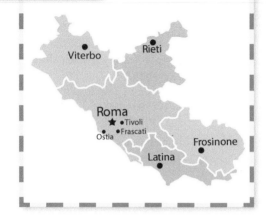

Leggere le seguenti informazioni sul Lazio per completare e discutere gli esercizi.

(Read the following information about Lazio to complete and discuss the exercises.)

1. **È una regione del centro.**
   It is a central region.

2. **Il capoluogo è Roma.**
   The capital is Rome.

3. **Roma è anche la capitale d'Italia.**
   Rome is also the capital of Italy.

4. **Il Lazio confina con la Toscana, l'Umbria, le Marche, gli Abruzzi, il Molise e la Campania. Ad ovest il Lazio è bagnato dal Mar Tirreno.**
   Lazio borders Toscana, Umbria, Marche, Abruzzi, Molise and Campania.
   To the west Lazio is bathed by the Tyrrhenian Sea.

5. **Il Lazio è famoso per le fettuccine, gli gnocchi alla romana, l'abbacchio, la porchetta e per i carciofi alla giudia.**
   Lazio is famous for fettuccine, Roman style gnocchi, roast lamb, roast pork, and for fried artichokes.

le fettuccine

6. **Altre città della regione sono Frascati, Frosinone, Latina, Ostia, Rieti, Tivoli e Viterbo.**
   Other cities in the region are Frascati, Frosinone, Latina, Ostia, Rieti, Tivoli, and Viterbo.

7. **Alcune persone famose del Lazio sono:**
   Some famous people from Lazio are:

   - Vespasiano (*imperatore romano, 9–79 AD*)
   - Antonio Gherardi (*artista, 1638–1702*)
   - Alberto Moravia (*scrittore, 1907–1990*)
   - Giulio Andreotti (*politico, 1919–2013*)
   - Alberto Sordi (*attore, 1920–2003*)
   - Antonello Venditti (*cantante, 1949–*)
   - Francesco Totti (*giocatore di calcio, 1976–*)

Ostia Antica

www.regione.lazio.it

Il Castel Sant'Angelo a Roma

Leggere le seguenti informazioni su di Roma per completare e discutere gli esercizi.
(Read the following information about Rome to complete and discuss the exercises.)

1. **È chiamata «la città eterna» per la sua lunga storia gloriosa.**
   It is called "the eternal city" for its long and glorious history.

2. **È il centro politico d'Italia.**
   It is the political center of Italy.

3. **Il fiume Tevere passa per la città di Roma.**
   The Tiber river passes through the city of Rome.

4. **La Città del Vaticano è uno stato indipendente che si trova nel centro della città di Roma. È la sede principale della Chiesa Cattolica.**
   Vatican City is an independent country/state that is found in the center of the city of Rome. It is the center of the Catholic church.

5. **Alcuni musei sono:**
   Some museums are:

   a. i Musei Capitolini *(the Capitoline Museums)*
   b. i Musei Vaticani *(the Vatican Museums)*
   c. la Galleria Borghese *(the Borghese Gallery)*

6. **Alcune basiliche sono:**
   Some basilicas are:

   a. San Giovanni in Laterano *(St. John Lateran)*
   b. San Pietro *(St. Peter's Basilica)*
   c. San Paolo fuori le Mura *(St. Paul outside the Walls)*
   d. Santa Maria Maggiore *(St. Mary Major)*
   e. San Lorenzo fuori le Mura *(St. Lawrence outside the Walls)*

le Terme di Caracalla

7. **Alcuni monumenti e altri luoghi sono:**
   Some monuments and other sites are:

   a. il Colosseo *(Coloseum)*
   b. il Foro Romano *(Roman Forum)*
   c. la Colonna di Traiano *(Trajan's Column)*
   d. la Statua di Marco Aurelio *(Marcus Aurelius statue)*
   e. l'Arco di Tito *(Arch of Titus)*
   f. il Panteon *(Pantheon)*
   g. le Terme di Caracalla *(Baths of Caracalla)*
   h. la Via Appia Antica *(Appian Way)*
   i. la Piazza Venezia/ il Palazzo Venezia *(Venice Square/Venice Palace)*
   j. la Villa Borghese *(Borghese Villa)*
   k. la Piazza Navona *(Navona Square)*
   l. la Scalinata di Trinità dei Monti *(Trinity of the Mountains Staircase)*
   m. la Piazza di Spagna *(Spain Square)*
   n. il Campidoglio *(Capitol)*
   o. la Fontana di Trevi *(Trevi Fountain)*

il Panteon

ESERCIZIO A: Leggere con attenzione e poi scegliere *Vero* o *Falso*.
(Read carefully and then select True or False.)

1. Ci sono pochi monumenti a Roma.	Vero	Falso
2. Il Vaticano è uno stato indipendente.	Vero	Falso
3. Il fiume che passa per la città di Roma è l'Arno.	Vero	Falso
4. Roma è il capoluogo del Lazio.	Vero	Falso
5. Una delle specialità romane è l'abbacchio.	Vero	Falso
6. Lo scrittore Alberto Moravia è nato a Roma.	Vero	Falso
7. Frascati è una città e anche un vino italiano.	Vero	Falso
8. Roma, <<la città eterna>>, ha una lunga storia.	Vero	Falso
9. Il Lazio confina con il Piemonte.	Vero	Falso
10. Roma è il centro politico d'Italia.	Vero	Falso

ESERCIZIO B: Scegliere le risposte corrette. Fare una ricerca su Internet se necessario.
(Select the correct responses. Do Internet research if necessary.)

1. La Città del Vaticano si trova a ... .
    A. Viterbo   B. Frascati   C. Roma   D. Castel Gondolfo

2. Una compagnia aerea italiana è ... .
    A. Alitalia   B. Lamborghini   C. Vespa   D. Modena

3. La capitale d'Italia è ... .
    A. Milano   B. Torino   C. Roma   D. Venezia

4. La città di Roma si trova nella regione del ... .
    A. Lazio   B. Molise   C. Veneto   D. Piemonte

5. Il fiume che passa per Roma si chiama ... .
    A. il Tevere   B. l'Arno   C. l'Adige   D. il Po

6. Frascati, Bolla e Valpolicella sono ... .
    A. città   B. capoluoghi   C. vini   D. antipasti

7. La stazione ferroviaria a Roma si chiama ... .
    A. Viterbo   B. Frosinone   C. Trastevere   D. Termini

8. *La Stampa, l'Osservatore Romano* e *il Corriere della Sera* sono ... .
    A. riviste   B. giornali   C. libri   D. novelle

9. Il capo del governo italiano è ... .
    A. il re   B. il presidente   C. la regina   D. la principessa

10. Uno stato indipendente a Roma è ... .
    A. San Marino   B. il Vaticano   C. la Corsica   D. la Sicilia

Via Condotti a Roma

ESERCIZIO C: Scegliere le risposte corrette. Fare una ricerca su Internet se necessario.
(Select the correct responses. Do Internet research if necessary.)

1. La lotteria italiana è ... .
   A. la Stampa   B. la Juventus   C. il Campidoglio   D. il Totocalcio

2. La ... di Trevi è a Roma.
   A. Statua   B. Squadra   C. Fontana   D. Chiesa

3. La residenza del presidente della Repubblica Italiana è ... .
   A. il Vaticano   B. San Pietro   C. il Quirinale   D. La Scala

4. Per vedere ... andiamo al Vaticano.
   A. il Papa   B. il papà   C. il bisnonno   D. il Presidente

5. Il Colosseo si trova a ... .
   A. Frosinone   B. Tivoli   C. Ostia   D. Roma

6. La Cappella Sistina si trova ... .
   A. nel Vaticano   B. al Foro Romano   C. a Latina   D. al Circo Massimo

7. ... è il simbolo della città di Roma.
   A. Il leone   B. Il leopardo   C. L'aquila   D. La lupa

8. La Villa Borghese è un famoso ... a Roma.
   A. ristorante   B. albergo   C. parco   D. aeroporto

9. Il Panteon è di stile ... .
   A. romanico   B. bizantino   C. gotico   D. barocco

10. La cupola della Basilica di San Pietro è un capolavoro di ... .
    A. da Vinci   B. Raffaello   C. Caravaggio   D. Michelangelo

11. ... è uno scultore contemporaneo.
    A. Totti   B. Manzù   C. Tornatore   D. Benigni

12. ... è l'architetto della Chiesa di Sant'Agnese a Roma.
    A. Borromini   B. Bernini   C. Brunelleschi   D. Palladio

la Piazza Navona a Roma

aggettivi

contento - happy

altre parole

almeno - at least
quasi - almost
secondo me - in my opinion
spesso - often

nomi

la biblioteca - library
la chitarra - guitar
il clarinetto - clarinet
la famiglia - family
l'infinito - infinitive
il presente - present
il pronome - pronoun
la radice - root
il soggetto - subject
lo sport - sport
la televisione - television
il tempo - tense; time; weather

pronomi soggetto

io - I
tu - you (singular, informal)
lui - he
lei - she
Lei - you (singular, formal)
noi - we
voi - you all (informal and formal)
loro - they

verbi

i verbi - verbs (pagina 67, Indice 308-309)
abbracciare - to hug
abitare - to live
aiutare - to help
amare - to love
ammirare - to admire
aprire - to open
arrivare - to arrive
ascoltare - to listen (to)
aspettare - to wait
assaggiare - to taste
baciare - to kiss
ballare - to dance
bruciare - to burn
cantare - to sing
capire - to understand
cercare - to look (for)
chiedere - to ask (for)
chiudere - to close
cominciare - to start; begin
comprare - to buy
correre - to run

costare - to cost
costruire - to build
cucinare - to cook
dimenticare - to forget
dormire - to sleep
festeggiare - to celebrate
finire - to finish
frequentare - to attend
giocare (a) - to play
guardare - to watch
imparare - to learn
insegnare - to teach
lasciare - to leave behind
lavorare - to work
leggere - to read
mangiare - to eat
mentire - to lie
mettere - to put
nuotare - to swim
offrire - to offer
pagare - to pay (for)
parcheggiare - to park
parlare - to talk; speak
partire - to leave
passare - to spend time; pass
perdere - to lose
portare - to bring; wear
preferire - to prefer
pregare - to pray; beg
prendere - to take; to get; to have food/drink
presentare - to present
pulire - to clean
ricevere - to receive
ridere - to laugh
rispondere - to answer; reply; respond
ritornare - to return
scrivere - to write
seguire - to follow
sentire - to hear
servire - to serve
sorridere - to smile
spedire - to mail
starnutire - to sneeze
studiare - to study
suggerire - to suggest
suonare - to play an instrument
telefonare (a) - to telephone
toccare - to touch
trovare - to find
usare - to use
vedere - to see
vendere - to sell
viaggiare - to travel
vincere - to win

la Villa Borghese a Roma

LA SICILIA

ITALIA

Objectives:

- Identify and conjugate the irregular verb "to have" (*avere*).
- Note and use expressions with the verb "to have".
- Recognize and use indefinite articles (*un, uno, una, un'*).
- Count from 31 to 100 and use numbers in math equations.
- Tell time.
- Locate and discuss characteristics of the region of Sicilia.

Per chiacchierare:

- Why are numbers important?
- What is the difference between cardinal and ordinal numbers?
- Why would you visit the island and region of Sicily?

Discuss the proverb:

La lingua non ha ossa, ma rompe il dorso!

The tongue has no bones, but it can break a man's back!

la Baia di Mondello a Palermo

The verb **avere** means "to have" or "to have possession of". It is an irregular verb whose forms need to be memorized. Here is the Italian and English conjugation of the verb **avere** (*to have*).

io **ho** - I have	noi **abbiamo** - we have
tu **hai** - you have (*informale*)	voi **avete** - you have (*informale/ formale*)
lui, lei **ha** - he, she has Lei **ha** - you have (*formale*) 1 name or singular noun - **ha**	loro **hanno** - they have 2+ names or plural nouns - **hanno**

Esempi:

L'Italia **ha** venti regioni. *Italy **has** twenty regions.*

Loro **hanno** gli occhi azzurri. *They **have** blue eyes.*

Io e Gino non **abbiamo** molti compiti. *Gino and I don't **have** much homework.*

ESERCIZIO A: Completare ogni frase con la forma corretta del verbo "avere".
(*Complete each sentence with the correct form of the verb "to have".*)

1. Chi _____ un calendario italiano?
2. Io e Giovanni non _____ un esame oggi.
3. Tu _____ un portatile nuovo.
4. Gli studenti _____ i capelli castani.
5. Io non _____ un giornale.

la Baia a Cefalù in Sicilia

The verb "to have" (*avere*) is also used in many idiomatic expressions in Italian. An **idiomatic expression** is an expression that cannot be translated word for word. Here are some idiomatic expressions that require the verb "to have" (*avere*):

1. **avere caldo**	to be warm	9. **avere ragione**	to be right
2. **avere fresco**	to be (*feel*) cool	10. **avere torto**	to be wrong
3. **avere freddo**	to be cold	11. **avere fretta**	to be in a hurry
4. **avere fame**	to be hungry	12. **avere sonno**	to be sleepy
5. **avere sete**	to be thirsty	13. **avere voglia di...**	to feel like (to want)
6. **avere bisogno di ...**	to need...	14. **avere intenzione di...**	to intend to...
7. **avere ... anni**	to be ... years old	15. **avere mal di ...**	to have a ...
		testa	headache
		denti	toothache
		stomaco	stomachache
		schiena	backache
		gola	sore throat
8. **avere paura**	to be afraid		

Esempi:

Quanti **anni hai**?　　　　　　　　*How old are you?*
(How many years do you have is the literal translation.)

Ho quattordici **anni**.　　　　　　*I am 14 years old.*
(I have fourteen years is the literal translation.)

Abbiamo freddo in dicembre.　　　*We are cold in December.*

Gia e Bina **hanno** molta **fame**.　　*Gia and Bina are very hungry.*

Hai mal di stomaco?　　　　　　　*Do you have a stomachache?*

ESERCIZIO A: Abbinare la Colonna A con la Colonna B.
(Match Column A with Column B.)

Colonna A	Colonna B
1. _____ avere fame	A. to be right
2. _____ avere caldo	B. to be hungry
3. _____ avere sonno	C. to be wrong
4. _____ avere voglia di	D. to be in a hurry
5. _____ avere fresco	E. to be thirsty
6. _____ avere sete	F. to need
7. _____ avere fretta	G. to want; to feel like
8. _____ avere bisogno di	H. to be cool
9. _____ avere torto	I. to be warm
10. _____ avere ragione	J. to be sleepy

Agrigento in Sicilia

ESERCIZIO B: Completare ogni frase con una delle otto (8) espressioni idiomatiche elencate.
(Complete each sentence with one of the eight (8) idiomatic expressions listed.)

ho freddo	avete fame	hai paura	hanno sete
abbiamo ragione	ha ... anni	ha bisogno	hai mal di testa

1. Avete voglia di una pizza. Voi _____.
2. Mia sorella ha cinque libri, quattro quaderni, tre matite e due penne.
   Lei _____ di comprare uno zaino.
3. Tu non stai bene oggi. Tu _____.
4. Le signorine hanno voglia di un'aranciata. Loro _____.
5. Trenta meno venti fa dieci. Noi _____.
6. Perché non hai un cane? Tu _____?
7. È febbraio. Io _____.
8. Oggi è il compleanno di Lorenzo. Lui _____ ventitré _____.

ESERCIZIO C: Scegliere la risposta della Colonna B che risponde o completa la frase della Colonna A.
(Select the response from Column B that answers or completes the sentence in Column A.)

Colonna A

Colonna B

1. _____ Chi ... di un serpente?
2. _____ Perché apri la finestra?
3. _____ Elio e Vito mangiano un panino quando ...
4. _____ Quando tu scrivi, ... di una matita.
5. _____ Le ragazze dormono perché ...
6. _____ Perché tu e Anita prendete una limonata?
7. _____ Perché prendi la medicina?
8. _____ Marta dice "9 + 9 fa diciannove". Lei ...
9. _____ Perché corrono gli studenti?
10. _____ Avete bisogno di una giacca perché...

A. hanno molta fame
B. hanno fretta
C. ho caldo
D. abbiamo sete
E. hanno sonno
F. ho mal di schiena
G. avete freddo
H. hai bisogno
I. ha torto
J. ha paura

ESERCIZIO D: Con un compagno/una compagna, fare e rispondere alle seguenti domande in italiano.
(With a classmate, ask and answer the following questions in Italian.)

1. Quanti anni hai?
2. Che cosa mangi quando hai fame?
3. Hai voglia di un'aranciata o un'acqua minerale adesso?
4. Sei per cinque fa venticinque. Ho ragione?
5. Quando hai mal di stomaco?

ESERCIZIO E: Fare una breve presentazione personale con cinque (5) espressioni idiomatiche con il verbo "avere".
(Make a brief personal presentation with five (5) "to have" idiomatic expressions.)

For example: your age
what you need
etc.

ESERCIZIO F: Leggere ogni domanda attentamente e poi scegliere la risposta corretta.
(Read each question carefully and then select the correct response.)

1. **Cosa fa tuo fratello quando ha fame?**
   A. Prende una mela.
   B. Compra una matita.
   C. Usa uno zaino.
   D. Fa i compiti.

2. **Quando bevi una Coca-Cola?**
   A. quando ho freddo
   B. quando ho sonno
   C. quando ho sete
   D. quando ho paura

3. **Perché gli studenti hanno fretta?**
   A. Hanno bisogno di una penna.
   B. Hanno una lezione.
   C. Hanno paura dell'automobile.
   D. Hanno molto caldo.

4. **Come sta il tuo amico oggi?**
   A. Ha torto.
   B. Ha freddo.
   C. Ha voglia di mangiare.
   D. Ha mal di gola.

5. **Quanti anni ha tua sorella?**
   A. Lei ha fretta.
   B. Lei ha ragione.
   C. ·Lei ha mal di denti.
   D. Lei ha diciotto anni.

Taormina

The **indefinite article** (*l'articolo indeterminativo*) is the word "a" or "an". It is an adjective that modifies a singular noun and is placed directly before it. In Italian, there are four indefinite articles: two are masculine and two are feminine. Study the following charts for proper usage.

maschile singolare
un or **uno**
a, an

a, an	**un** - *is used with masculine singular nouns beginning with vowels or consonants.*	**un** espresso, **un** gelato, **un** panino, **un** quaderno
a, an	**uno** - *is used with masculine singular nouns beginning with s + a consonant or z.*	**uno** studente, **uno** stadio, **uno** zio, **uno** zaino

femminile singolare
una or **un'**
a, an

a, an	**una** - *is used with feminine singular nouns beginning with consonants.*	**una** studentessa, **una** zia, **una** dottoressa
a, an	**un'** - *is used with feminine singular nouns beginning with vowels.*	**un'**amica, **un'**aula, **un'**idea

In summary, remember this chart:

articoli indeterminativi	singolare "a or an"	singolare "a or an"
maschile	**un**	**uno**
femminile	**una**	**un'**

ATTENZIONE!
Never use **un'** with masculine singular nouns beginning with vowels!

il Teatro Greco a Taormina

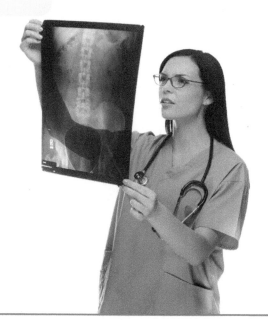

ESERCIZIO A: Scrivere la forma corretta dell'articolo indeterminativo e poi riscrivere ogni frase al plurale con il numero due. Seguire l'esempio.

(Supply the correct form of the indefinite article, and then rewrite each sentence in the plural with the number two. Follow the example.)

> **Esempio:** Ho **una** lezione oggi.
> Ho **due** lezioni oggi.

1. Prendiamo _____ aranciata adesso.

_____.

2. Bevo _____ caffè ogni mattina.

_____.

3. Loro fanno sempre _____ sbaglio.

_____.

4. Mi piace mangiare _____ arancia ogni giorno.

_____.

5. Io ho _____ zio e _____ zia.

_____.

6. Margherita ha _____ amico.

_____.

7. A colazione prendi solo _____ biscotto.

_____.

8. Voi avete bisogno di _____ quaderno.

_____.

ESERCIZIO B: Cambiare i sostantivi dal plurale al singolare e usare l'articolo indeterminativo corretto. Seguire l'esempio.

(Change the nouns from the plural to the singular and use the correct indefinite article. Follow the example.)

> **Esempio:** le crostate **- una crostata**

1. i fogli di carta -   **6.** gli stati -

2. le giacche -   **7.** le stazioni -

3. le porte -   **8.** le aule -

4. le classi -   **9.** i panini -

5. i cestini -   **10.** i cellulari -

ESERCIZIO C: Tradurre le parole in parentesi in italiano per completare ogni frase.

(Translate the words in parentheses in Italian to complete each sentence.)

1. Noi parliamo con (**a man**) _____ di Palermo.

2. L'Italia è (**a nation**) _____ piccola e bella.

3. Mi piace mangiare (**an apple**) _____ e (**a banana**) _____.

4. Lo studente compra (**a backpack**) _____ nuovo.

5. La signora apre (**a window**) _____ perché ha molto caldo.

6. Lidia frequenta (**a university**) _____ in Sicilia.

Contare in italiano! Leggere i seguenti numeri ad alta voce e imparare la pronuncia corretta.

(Count in Italian! Read the following numbers aloud and learn the correct pronunciation.)

0	zero	11	undici	21	**ventuno**	31	**trentuno**
1	uno	12	dodici	22	ventidue	32	trentadue
2	due	13	tredici	23	venti**tré**	33	trenta**tré**
3	tre	14	quatt**or**dici	24	ventiquattro	34	trentaquattro
4	quattro	15	quindici	25	venticinque	35	trentacinque
5	cinque	16	**sed**ici	26	ventisei	36	trentasei
6	sei	17	dicia**ss**ette	27	ventisette	37	trentasette
7	sette	18	diciotto	28	**ventotto**	38	**trentotto**
8	otto	19	dicia**nn**ove	29	ventinove	39	trentanove
9	nove	20	venti	30	trenta	40	quaranta
10	dieci						

50 cinquanta (cinquan**tu**no, cinquanta**tré**, cinquan**to**tto)

60 sessanta (sessan**tu**no, sessanta**tré**, sessan**to**tto)

70 settanta (settan**tu**no, settanta**tré**, settan**to**tto)

80 ottanta (ottan**tu**no, ottanta**tré**, ottan**to**tto)

90 novanta (novan**tu**no, novanta**tré**, novan**to**tto)

100 cento

Per chiacchierare: What words in English have the root cent?

Certain patterns occur with the numbers from **21** to **98**:

1. when "**uno**" and "**otto**" are attached to numbers between 21–98, drop the final vowel and then add "uno" or "otto" to the number (ven**tuno**, tren**totto**, settan**tuno**, settan**totto**)

2. when "tre" is attached to numbers between 23 and 93, place an acute accent (*l'accento acuto*) on the final **é** (quaranta**tré**)

3. Remember that in Italian:
   + is più
   - is meno
   x is per
   ÷ is diviso
   = is fa

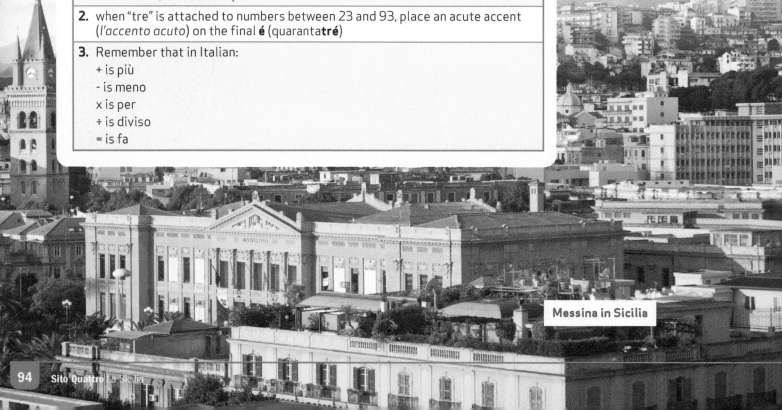

Messina in Sicilia

ESERCIZIO A: Contare da 1 a 50 con multipli di 2, 3 e 4.
(Count from 1-50 by 2's, 3's, and 4's.)

ESERCIZIO B: Contare a 100 con multipli di 5, 10 e 20.
(Count to 100 by 5's, 10's, and 20's.)

ESERCIZIO C: Scrivere ogni operazione e risposta in parole italiane. Seguire l'esempio.
(Write every equation and answer in Italian words. Follow the example.)

> **Esempio:** *Quanto fa 5 x 13?*
>
> *Quanto fa cinque per tredici? Cinque per tredici fa sessantacinque.*

1. Quanto fa 77 – 5?   (72)
2. Quanto fa 9 x 9?   (81)
3. Quanto fa 5 x 4?   (20)
4. Quanto fa 18 ÷ 2?   (9)
5. Quanto fa 16 + 18?   (34)

ESERCIZIO D: Con un compagno/una compagna, fare e rispondere alle seguenti domande.
(With a classmate, ask and answer the following questions.)

1. Quanto fa 87 + 9?   (96)
2. Quanto fa 55 – 8?   (47)
3. Quanto fa 61 + 23?   (84)
4. Quanto fa 100 x 0?   (0)
5. Quanto fa 25 + 33?   (58)

ESERCIZIO E: Con un compagno/una compagna, fare e rispondere alle seguenti domande in italiano.
(With a classmate, ask and answer the following questions in Italian.)

1. Qual è il tuo numero di telefono?
2. Quanti fratelli hai?
3. Quanti anni hai?
4. Quanti studenti ci sono nella tua classe d'italiano?
5. Qual è il tuo numero preferito?

"What time is it?" in Italian is expressed by either **Che ora è?** or **Che ore sono?**

I. To express the hour (l'ora):

- **È l'una** is used to express 1 o'clock.
- **Sono le + a number** is used to express 2:00 o'clock through 24:00 o'clock. Military time (the 24 hour clock) is commonly used in Italy.

Esempi:

È l'una.	It's one o'clock.	**Sono le** sedici.	It's four o'clock pm.
Sono le due.	It's two o'clock.	**Sono le** venti.	It's eight o'clock pm.
Sono le cinque.	It's five o'clock.	**Sono le** ventuno.	It's nine o'clock pm.
Sono le dieci.	It's ten o'clock.	**Sono le** ventitré.	It's eleven o'clock pm.

- **È** is used with one o'clock because the word ora (hour) is singular. **Sono** is used with the hours from two through twenty-four because those hours are all plural.

- The feminine definite articles **l'** and **le** are used with time because the words ora/ore are feminine. **L'** is used with one o'clock and **le** is used with hours from two through twenty-four.

II. To express the minutes 1–59 (i minuti):

- **Write the hour + e + number of minutes**

  A. **È l'una e cinquanta.**   It's 1:50.
  B. **Sono le cinque e quindici (un quarto *).** It's 5:15.
  C. **Sono le nove e trenta (mezza **).**   It's 9:30.
  D. **Sono le ventidue e quattro.**   It's 22:04.

  *un quarto or quindici are both used to express quarter past or fifteen minutes after the hour.

  ** mezza or trenta are both used to express half past or thirty minutes after the hour.

  Un quarto and **mezza** are not used with military time.

III. Another option to express only the minutes 31–59:

- **go to next hour + meno + number of minutes subtracted to make that hour**

  A. **Sono le otto meno venti.**   It's 7:40.
     (It's eight o'clock minus twenty minutes./It's twenty to eight.)
  B. **Sono le undici meno cinque.**   It's 10:55.
     (It's eleven o'clock minus five minutes./It's five minutes to eleven.)
  C. **Sono le tre meno un quarto (quindici).**   It's 2:45.
     (It's three o'clock minus fifteen minutes./It's a quarter to three.)

Castellamare del Golfo in Sicilia

IV. To express a certain time of the day, use the following expressions:

- **di mattina** *in the morning (after midnight to noon)*
- **del pomeriggio** - *in the afternoon (noon to 6 pm)*
- **di sera** - *in the evening (6 pm to 12 pm)*
  These expressions are omitted when using military time.

  A. Sono le sei **di mattina**.   *It's 6:00 in the morning.*
  B. Sono le tre e venti **del pomeriggio**.   *It's 3:20 in the afternoon.*
  C. Sono le otto **di sera**.   *It's 8:00 in the evening.*

V. Other time options are:

È is also used to express 12:00 noon and 12:00 midnight.

A. It is 12:00 noon.
  - È **mezzogiorno**.

B. It is 12:00 midnight.
  - È **mezzanotte**.

VI. To express At what time? use A che ora?

There are three ways to answer this question:
1. use **all'**una to express "at one o'clock"
2. use **alle** to express "at the hours 2 through 24"
3. use the preposition **a** with "noon" and "midnight"

  Esempi:
  A. **all'**una meno venti/**alle** dodici e quaranta   ***at** 12:40*
  B. **alle** otto e dodici   ***at** 8:12*
  C. **a** mezzogiorno   ***at** noon*
  D. **a** mezzanotte   ***at** midnight*

ESERCIZIO A: Scrivere l'ora secondo ogni orologio.
(Write the time according to each clock.)

 1._____

 3._____

 5._____

 2._____

 4._____

 6._____

ESERCIZIO B: Che ora è? A che ora? Scrivere l'ora in italiano.
(What time is it? At what time? Write out the time in Italian.)

1. It's 1:31. (2 ways) _____

2. It's noon. (2 ways) _____

3. It's midnight. (2 ways) _____

4. It's 2:15. (2 ways) _____

5. It's 11:25 am _____

6. at 10:10 _____

7. at 9:00 _____

8. at 6:30 in the evening (2 ways) _____

9. at 3:44 in the morning (2 ways) _____

10. at 8:28 in the morning _____

ESERCIZIO C: Scegliere l'ora corretta secondo l'orologio di 24 ore.
(Select the correct hour by using military time.)

1. It's 3 o'clock in the afternoon.
   A. Sono le tre del pomeriggio.
   B. Sono le quindici.
   C. Sono le tre.

2. It's midnight.
   A. È mezzanotte.
   B. È mezzogiorno.
   C. Sono le ventiquattro.

3. It's 11:30 in the evening.
   A. Sono le undici e mezza di sera.
   B. Sono le ventitré e trenta.
   C. Sono le undici e trenta di sera.

4. It's 5:45 in the afternoon.
   A. Sono le diciotto meno quindici.
   B. Sono le sei meno un quarto del pomeriggio.
   C. Sono le cinque e quarantacinque.

ESERCIZIO D: Scrivere le risposte in frasi complete in italiano.
(Write the answer in complete Italian sentences.)

1. Che cosa fai alle otto di mattina?

2. Che cosa fai a mezzanotte?

3. Che cosa fai all'una del pomeriggio?

4. Che cosa fai alle venti?

ESERCIZIO E: Scegliere le risposte corrette per completare il seguente dialogo.
(Select the appropriate answers to complete the following dialogue.)

Franca: Ciao, Marina. Come **(1)**...?

Marina: Io sto **(2)**... oggi.

Franca: Perché? Cosa hai?

Marina: Ho mal di stomaco e non **(3)**... fame.

Franca: Senti, perché non prendi **(4)**... tè caldo con limone?

Marina: Franca, non mi piace il tè e non ho **(5)**... .

Franca: Allora hai bisogno di una medicina per **(6)**... stomaco.

Marisa: Hai ragione. Aspetto dieci minuti perché la farmacia apre alle otto.

1. A. sto   B. stai   C. sta   D. stiamo

2. A. molto bene   B. bene   C. malissimo   D. abbastanza bene

3. A. prendo   B. mangio   C. bevo   D. ho

4. A. una   B. un'   C. un   D. uno

5. A. sete   B. torto   C. paura   D. fretta

6. A. il   B. lo   C. l'   D. la

 ESERCIZIO F: Con un compagno/una compagna, imparare e presentare il dialogo davanti alla classe.
(With a classmate, learn and present the dialogue in front of the class.)

Gianna: Riccardo, cosa hai intenzione di fare stasera?

Riccardo: Non lo so. Cosa hai voglia di fare tu?

Gianna: Vorrei (*I would like*) andare a vedere la partita di calcio.

Riccardo: Chi gioca? A che ora comincia la partita?

Gianna: Palermo e Catania giocano alle diciotto.

Riccardo: Non mi piacciono quelle due squadre!

la Piazza Pretoria a Palermo

Le Cinque Abilità

Ascolto, Lettura, Scrittura, Comunicazione, Cultura

Ascolto 1 Interpretive Mode

Ascoltare la conversazione attentamente e poi scegliere le risposte corrette.
(Listen carefully to the conversation and then select the correct responses.)

1. **Come si chiama l'opera?**

   A. Barbara

   B. Siracusa

   C. Pasquale

   D. Cavalleria Rusticana

2. **Quale giorno della settimana vedono l'opera?**

   A. martedì

   B. domenica

   C. mercoledì

   D. venerdì

3. **Quanto costano i biglietti?**

   A. 65 dollari

   B. 75 dollari

   C. 20 dollari

   D. 95 dollari

il Teatro Massimo a Palermo

Ascolto 2 Interpretive Mode

Guardare l'immagine, ascoltare le domande e poi scegliere le risposte che corrispondono all'immagine.
(Look at the picture, listen to the questions, and then select the responses that correspond to the picture.)

1. A. Ha ragione. C. Ha fretta.

   B. Ha caldo. D. Ha fame.

2. A. un gelato C. l'antipasto

   B. un panino D. la ricotta

3. A. Non ha sete. C. Non ha paura.

   B. Non ha torto. D. Non ha sonno.

4. A. quaranta C. dodici

   B. tre D. ottantuno

le ceramiche della Sicilia

Leggere la seguente mail e poi scegliere le risposte corrette.
(Read the following e-mail and then select the correct responses.)

Una mail italiana /An Italian e-mail

Ryan received this e-mail from Italy.

Da:	cgiusti@libero.it
A:	"Ryan Burns" ryanb@hotmail.com
Spedita:	30 ottobre
Oggetto:	**Saluti!**

Taormina, 30 ottobre

Caro Ryan,

mi chiamo Carlo Giusti e ho quattordici anni. Sono nato in Sicilia e abito a Taormina. Sono alto e atletico e ho i capelli e gli occhi castani. Sono studente e studio l'italiano e la matematica. Mi piace giocare a calcio. Ho un fratello e una sorella. Mio fratello si chiama Marco. Mia sorella si chiama Sandra.

Come sei tu? Abiti in California? Com'è la California? Ho intenzione di visitare la California perché ho una cugina che abita a Sacramento. Lei è molto sportiva. Gioca a tennis, a pallavolo e nuota ogni giorno. Ama la città di Sacramento!

Ryan, sono le ventidue e ho molto sonno. Scrivimi e mandami una risposta presto.

Buonanotte e grazie mille,
Carlo

1. Chi scrive la mail?
- A. Carlo
- B. Sicilia
- C. Marco
- D. Sandra

2. Dove abita la persona che scrive la mail?
- A. in California
- B. a Sacramento
- C. a Taormina
- D. in America

3. Chi non è italiano?
- A. Ryan
- B. Carlo
- C. Sandra
- D. Marco

4. Perché Carlo ha sonno?
- A. È atletico.
- B. È alto.
- C. È mezzogiorno.
- D. È tardi.

ESERCIZIO A: Rispondere alla mail di Carlo in italiano.
(Respond to Carlo's e-mail in Italian.)

Da:	
A:	cgiusti@libero.it
Spedita:	
Oggetto:	

Caro Carlo,

_____

_____

_____

_____

_____

_____

_____

_____

A presto,

_____

ESERCIZIO B: Trovare o disegnare una cartolina italiana. Poi scrivere la cartolina a una persona in italiano. Scrivere dove sei, con chi, se ti piace, che ora è, cosa fai, cosa vedi, ecc.
(Find or draw an Italian postcard. Then write the postcard in Italian to someone. Write where you are, with whom, if you like it, what time it is, what are you doing, what you see, etc.)

ESERCIZIO A: Con un compagno/una compagna, fare e rispondere alle seguenti domande in italiano.

(With a classmate, ask and answer the following questions in Italian.)

1. Che cosa fai quando hai fame?
2. Che ore sono? Che ora è?
3. Perché prendi un'aranciata?
4. Secondo te, quanti anni ha il presidente degli Stati Uniti?
5. Hai mal di denti o mal di stomaco adesso?
6. A che ora arrivi a scuola ogni giorno?

ESERCIZIO B: Con un compagno/una compagna, usare le seguenti espressioni per commentare su frasi 1 a 5. Ogni persona legge e commenta su ogni frase. Seguire l'esempio.

(With a classmate, use the following expressions to comment on sentences 1-5. Each person will read and comment on each statement. Follow the example.)

Sono d'accordo perché … - *I agree because …*	**Non sono d'accordo perché … -** *I disagree because…*
È vero perché… - *It's true because …*	**Non è vero perché …** - *It's not true because …*
Hai ragione perché …- *You are right because …*	**Ti sbagli perché…** - *You are wrong because …*

Esempio: Il professore ha cinquantatré anni.

È vero perché lui ha cinquantatré anni. **OR**

Non è vero perché lui ha quarant'anni. **OR**

Ti sbagli perché lui ha trentotto anni.

1. Hai voglia di un espresso ora.
2. Sono le venti adesso.
3. Arrivi a scuola alle otto di mattina.
4. Venti più trenta fa novanta.
5. Quando hai fame, prendi sempre un panino al prosciutto.

Siracusa in Sicilia

Cultura Interpretive Mode

Leggere le seguenti informazioni sulla Sicilia per completare e discutere gli esercizi.

(Read the following information about Sicily to complete and discuss the exercises.)

1. **È un'isola italiana e anche una regione del sud d'Italia.**
   It is an island and a region in southern Italy.

2. **Il capoluogo è Palermo.**
   The capital is Palermo.

3. **È bagnata dal Mar Mediterraneo.**
   It's surrounded by the Mediterranean Sea.

4. **Gli abitanti della Sicilia sono chiamati i siciliani.**
   The inhabitants of Sicily are called Sicilians.

5. **È una regione turistica, industriale e agricola.**
   It is a tourist, industrial and agricultural region.

gli arancini

6. **La Sicilia è famosa per *la caponata, lo sfincione, le crocchette , gli arancini, i cannoli* e *la cassata*. Ci sono due vini tipici della regione: il Marsala, il vino siciliano più famoso e il Nero d'Avola.**
   Sicily is famous for *la caponata* (a tasty appetizer salad made with eggplant, olives, capers and celery), *lo sfincione* (a kind of pizza made with tomatoes, onions and sometimes anchovies), *le crocchette* (fried potato dumplings made with cheese, parsley and eggs), *gli arancini* (fried rice balls stuffed with meat or cheese), *i cannoli* (tubular crusts with creamy ricotta and sugar filling) and *la cassata* (a rich, sugary cake). There are two typical wines from the region: Marsala, the most famous Sicilian wine, and Nero d'Avola.

7. **Altre città della regione sono Agrigento, Caltanissetta, Catania, Enna, Messina, Ragusa, Siracusa, Taormina e Trapani.**
   Other cities of the region are Agrigento, Caltanissetta, Catania, Enna, Messina, Ragusa, Siracusa, Taormina, and Trapani.

8. **Alcune persone famose della Sicilia sono:**
   Some famous people from Sicily are:
   - Giacomo da Lentini *(poeta, 1210-1260)*
   - Vincenzo Bellini *(compositore, 1801-1835)*
   - Francesco Crispi *(politico, 1819-1901)*
   - Giovanni Verga *(scrittore, 1840-1922)*
   - Luigi Pirandello *(drammaturgo, 1867-1936)*
   - Giuseppe Tomasi di Lampedusa *(scrittore, poeta 1896-1957)*
   - Salvatore Quasimodo *(poeta, 1901-1968)*
   - Andrea Camilleri *(scrittore, 1925-)*
   - Pippo Baudo *(presentatore televisivo 1936-)*
   - Franco Battiato *(cantante, 1945-)*
   - Domenico Dolce *(stilista, 1954-)*
   - Giuseppe Tornatore *(regista, 1956-)*
   - Maria Grazia Cucinotta *(attrice, 1969-)*

Vincenzo Bellini

Giovanni Verga

Luigi Pirandello

www.regione.sicilia.it

ESERCIZIO A: Leggere con attenzione e poi scegliere *Vero* o *Falso*.
(Read carefully and then select True or False.)

1. Giuseppe Tornatore è un poeta siciliano.   Vero   Falso

2. La Sicilia è agricola, industriale e turistica.   Vero   Falso

3. Cucinotta è una città in Sicilia.   Vero   Falso

4. La Sicilia è famosa per i cannoli.   Vero   Falso

5. La Sicilia è una regione e anche un'isola.   Vero   Falso

6. Palermo è il capoluogo della Sicilia.   Vero   Falso

7. Il vulcano in Sicilia è il Vesuvio.   Vero   Falso

8. Taormina è una città in Sicilia.   Vero   Falso

9. La Sicilia è bagnata dal Mar Tirreno.   Vero   Falso

10. Le crocchette sono vini di Taormina.   Vero   Falso

ESERCIZIO B: Scegliere le risposte corrette. Fare una ricerca su Internet se necessario.
(Select the correct responses. Do Internet research if necessary.)

1. La Sicilia è ... più grande d'Italia.
   A. la regione   B. l'isola   C. la parte   D. la città

2. Il Marsala è un ... siciliano.
   A. dolce   B. formaggio   C. vino   D. olio

3. Il capoluogo della Sicilia è ... .
   A. Agrigento   B. Siracusa   C. Catania   D. Palermo

4. La Sicilia è separata dalla penisola italiana dallo Stretto di... .
   A. Messina   B. Agrigento   C. Trapani   D. Ragusa

Giuseppe Tornatore

5. La Calabria, la Sicilia e la Sardegna sono ... .
   A. regioni   B. isole   C. porti   D. capoluoghi

6. Un porto dell'Italia del sud è ... .
   A. Genova   B. Venezia   C. Palermo   D. Trieste

7. Il vulcano ... si trova in Sicilia.
   A. Stromboli   B. Vesuvio   C. Etna   D. Palermo

8. Il regista del film «Cinema Paradiso» è ... .
   A. Pirandello   B. Tornatore   C. Baudo   D. Bellini

aggettivi

fabbricato - made
mezzo/mezza - half/half past

altre parole

adesso - now
ogni - each; every
ora - now
presto - early

nomi

il cane - dog
il cellulare - cell phone
il compleanno - birthday
il dente - tooth
la descrizione - description
la domanda - question
la farmacia - pharmacy
il gatto - cat
l'immagine - picture
il limone - lemon
il mare - ocean
la mattina - morning
la medicina - medicine
la mezzanotte - midnight
il mezzogiorno - noon
la notte - night
l'ora - hour; time
il pomeriggio - afternoon
il quarto - quarter hour
la sera - evening
lo stato - state
lo stomaco - stomach

numeri

i numeri 0-100 - numbers 0-100 (pagina 94, Indice 304)

verbi

espressioni idiomatiche con "avere" - "to have" idiomatic expressions (pagina 89, Indice 300)
avere - to have
esprimere - to express
mandare - to send
trovare - to find
usare - to use
vorrei - I would like

la cassata

Ragusa in Sicilia

IL PIEMONTE

ITALIA

Objectives:

- Recognize and use days, months and seasons.
- Identify and conjugate the irregular verb to do; to make (*fare*).
- Describe the weather.
- Identify food, drinks, and meals.
- Locate and discuss characteristics of the region of Piemonte.

Per chiacchierare:

- Why do the months September, October, November, and December have the prefixes 7, 8, 9, and 10?
- What are some differences between Italian meals and American meals?
- What is the weather like in Piemonte during the winter?

Discuss the proverb:

Fare, stare e migliorare.

Do and undo to make better.

le vigne nel Piemonte

I sette giorni della settimana/The seven days of the week Ⓥ

Quali sono i sette giorni della settimana? *What are the seven days of the week?*
I sette giorni della settimana sono: *The seven days of the week are:*

Il primo giorno della settimana è **lunedì**. *The first day of the week is Monday.*
Il secondo giorno della settimana è **martedì**.
Il terzo giorno della settimana è **mercoledì**.
Il quarto giorno della settimana è **giovedì**.
Il quinto giorno della settimana è **venerdì**.
Il sesto giorno della settimana è **sabato**.
Il settimo giorno della settimana è **domenica**.

- In Italian, the days of the week are not capitalized unless they begin a sentence.
- Note that **lunedì** means **Monday** or **on Monday**.
- When the definite article is used with the days of the week it shows repeated actions. For example: **Il lunedì** means on Monday**s**. **La domenica** means on Sunday**s**.
- In the United States the week begins on Sunday, whereas in Europe it begins on Monday. The American calendar has the days of the week written at the top; however, the Italian calendar has them written on the side.

ATTENZIONE!
In Italian lunedì through sabato are masculine and domenica is feminine.

 ESERCIZIO A: Imparare e recitare la poesia da solo/sola ad alta voce o lavorare in gruppi di sette persone e ogni persona recita una riga.
(Learn and recite the poem aloud independently or work with a group of seven people and each person recites one line.)

Buon giorno, **lunedì**!	*Good morning, Monday!*
Come stai, **martedì**?	*How are you, Tuesday?*
Bene, grazie, **mercoledì**.	*Fine, thank you, Wednesday.*
E tu, **giovedì**?	*And you, Thursday?*
Sono venuto/Sono venuta da **venerdì**	*I came to Friday*
per dire a **sabato**	*to tell Saturday*
che oggi è **domenica**.	*that today is Sunday.*

la Piazza San Carlo a Torino

Quali sono le quattro stagioni dell'anno? *What are the four seasons of the year?*
Le quattro stagioni dell'anno sono: *The four seasons of the year are:*

La prima stagione dell'anno è **la primavera**.   *The first season of the year is spring.*
La seconda stagione dell'anno è **l'estate** (f.).
La terza stagione dell'anno è **l'autunno**.
La quarta stagione dell'anno è **l'inverno**.

- To say "in" before a season, place "in" or "di" before the Italian season. "Di" can be shortened to "d'" before a season beginning with a vowel.

ESERCIZIO A: Scrivere la stagione dell'anno secondo l'immagine.
(Write the season of the year according to the picture.)

1. Che stagione è? _____   **2.** Che stagione è? _____

3. Che stagione è? _____   **4.** Che stagione è? _____

Quali sono i dodici mesi dell'anno? *What are the twelve months of the year?*
I dodici mesi dell'anno sono: *The twelve months of the year are:*

Il primo mese dell'anno è **gennaio**.
Il secondo mese dell'anno è **febbraio**.
Il terzo mese dell'anno è **marzo**.
Il quarto mese dell'anno è **aprile**.
Il quinto mese dell'anno è **maggio**.
Il sesto mese dell'anno è **giugno**.

Il settimo mese dell'anno è **luglio**.
L'ottavo mese dell'anno è **agosto**.
Il nono mese dell'anno è **settembre**.
Il decimo mese dell'anno è **ottobre**.
L'undicesimo mese dell'anno è **novembre**.
Il dodicesimo mese dell'anno è **dicembre**.

- In Italian, the months of the year are not capitalized unless they begin a sentence.
- To say "in" before a month, place "in" or "a" before the Italian month.

ESERCIZIO A: Imparare e recitare la poesia ad alta voce.
(Learn and recite the poem aloud.)

> Trenta giorni ha **settembre,**
>
> con **aprile, giugno** e **novembre.**
>
> Di ventotto ce n'è uno,
>
> tutti gli altri ne han trentuno.

ESERCIZIO B: Per ogni gruppo di parole, scegliere la parola che non appartiene.
(For each group of words, select the word that does not belong.)

1. A. gennaio　　B. marzo　　C. lunedì　　D. agosto
2. A. inverno　　B. giugno　　C. luglio　　D. aprile
3. A. martedì　　B. giovedì　　C. sabato　　D. maggio
4. A. autunno　　B. ottobre　　C. estate　　D. primavera
5. A. febbraio　　B. settembre　　C. novembre　　D. domenica

ESERCIZIO C: Completare con le parole corrette.
(Complete with the correct words.)

1. martedì, mercoledì, _____

2. marzo, _____, maggio

3. autunno, inverno, _____, estate

4. _____, domenica, lunedì

5. settembre, _____, novembre

ESERCIZIO D: Tradurre in italiano o in inglese.
(Translate in Italian or in English.)

1. summer _____
2. February _____
3. Sunday _____
4. fall _____
5. December _____
6. martedì _____
7. gennaio _____
8. l'inverno _____
9. la primavera _____
10. agosto _____

ESERCIZIO E: Scegliere la risposta corretta per ogni domanda.
(Select the correct answer for each question.)

1. **Che giorno è oggi?**
   A. domenica   B. giugno   C. estate   D. primavera

2. **In che mese siamo?**
   A. novembre   B. estate   C. inverno   D. sabato

3. **In che stagione sei nato/sei nata?**
   A. mercoledì   B. in febbraio   C. in autunno   D. martedì

4. **Quante stagioni ci sono in un anno?**
   A. dodici   B. sette   C. ventiquattro   D. quattro

5. **Qual è un mese d'autunno?**
   A. maggio   B. ottobre   C. gennaio   D. agosto

6. **Quanti giorni ci sono in una settimana?**
   A. cinque   B. otto   C. sei   D. sette

7. **Quanti mesi ci sono in un anno?**
   A. dodici   B. dieci   C. undici   D. nove

8. **Qual è il sesto mese dell'anno?**
   A. febbraio   B. dicembre   C. giugno   D. ottobre

9. **Qual è il quinto giorno della settimana?**
   A. venerdì   B. domenica   C. sabato   D. giovedì

10. **Qual è la prima stagione dell'anno?**
    A. l'inverno   B. la primavera   C. l'autunno   D. l'estate

Fare/To do; to make G

In Italian the verb **fare** (*to do; make*) is an irregular verb. An irregular verb does not follow a pattern; therefore the forms need to be memorized. Here are the forms of the verb **fare** in Italian and in English:

fare - to do; to make	
io **faccio** - *I do; make*	noi **facciamo** - *we do; make*
tu **fai** - *you do; make*	voi **fate** - *you do; make*
lui, lei **fa** - *he, she does; makes* Lei **fa** - *you do; make* 1 name/singular noun	loro **fanno** - *they do; make* 2 + names/plural nouns

Alba

ESERCIZIO A: Scegliere la forma corretta del verbo "fare".
(Select the correct form of the verb " to do"; "to make".)

1. Tu **(fa/fai)** uno sport d'inverno?
2. Io **(fate/faccio)** i panini per il picnic.
3. Monica e Paola **(facciamo/fanno)** lo shopping la domenica.
4. Tu e il professore **(fate/fai)** gli esercizi in classe.
5. Fulvio **(fai/fa)** il caffè a casa.
6. Io e Bruna **(facciamo/faccio)** molto il giovedì mattina.
7. Che **(fai/fa)** tu in marzo?

 ESERCIZIO B: Con un compagno/una compagna, fare e rispondere alle seguenti domande in italiano.
(With a classmate, ask and answer the following questions in Italian.)

1. Che cosa fai il sabato?
2. Ti piace nuotare in estate?
3. Che cosa fai con gli amici dopo la scuola?
4. Quanto fa cento diviso cinquanta?
5. Quali giorni della settimana fai i compiti?
6. A che ora fai i compiti ogni sera?

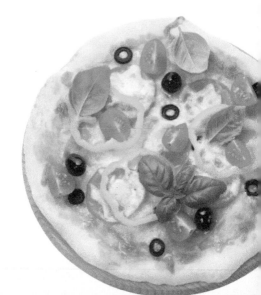

il Duomo a Torino

- The irregular verb *fare* (*to do; make*) is also used with certain weather conditions.
- In Italian **"Che tempo fa?"** means *"How's the weather?"* or *"What's the weather doing?"*

Here are some common Italian weather expressions:

1. Fa bel tempo./Fa bello.

2. Fa brutto (cattivo) tempo./Fa brutto.

3. Fa (molto) caldo.

4. Fa fresco.

5. Fa (molto) freddo.

6. Piove (molto).

7. Nevica (molto).

8. Tuona e lampeggia.

9. C'è il sole./Il sole brilla.

10. È nuvoloso.

11. Tira (molto) vento.

12. C'è la nebbia.

13. È sereno.

lunedì	martedì	mercoledì	giovedì	venerdì

ESERCIZIO A: Completare le seguenti frasi in italiano con un'espressione sul tempo.
(Complete the following sentences with a weather expression.)

1. Ho bisogno di un ombrello quando _____.

2. Andiamo al mare quando _____.

3. Porto una giacca e i guanti quando _____.

4. Lei porta gli stivali quando _____.

5. _____ in ottobre e in novembre.

6. Abbiamo molta paura quando _____.

ESERCIZIO B: Scrivere tre risposte corrette per ogni domanda.
(Write three correct responses for each question.)

1. Che tempo fa in primavera dove abiti?

2. Che tempo fa in estate dove abiti?

3. Che tempo fa in autunno dove abiti?

4. Che tempo fa in inverno dove abiti?

ESERCIZIO C: Leggere ogni domanda attentamente e poi scegliere la risposta corretta.
(Read each question carefully and then select the correct response.)

1. In che mese piove molto?
    A. Piove molto in estate.
    B. Piove molto la domenica.
    C. Piove molto in marzo.

2. Che tempo fa in luglio?
    A. Fa molto caldo.
    B. Nevica.
    C. Fa molto freddo.

3. In che stagione nevica?
    A. in inverno
    B. in gennaio
    C. il lunedì

4. Di solito, in quale stagione fa cattivo tempo?
    A. Fa cattivo tempo in estate.
    B. Fa cattivo tempo in primavera.
    C. Fa cattivo tempo in inverno.

il Monte Bianco

ESERCIZIO D: Leggere con attenzione e poi scegliere le risposte corrette per completare il brano.

(Read carefully and then select the correct responses to complete the passage.)

Oggi è sabato ventuno giugno. Sono contento perché non c'è **(1)...** ed è il primo giorno d'estate. Fa bel tempo. Il sole **(2)...** . Quando fa bello mi piace andare al parco **(3)...** ci sono anche i miei amici. Di solito **(4)...** le bevande fredde e giochiamo a pallone. Quando è l'una io ritorno **(5)...** per il pranzo che prepara la mamma o **(6)...** nonna. Dopo, mi piace andare in piazza Castello, la mia piazza preferita. Che bello! Non ci sono **(7)...**! Non ci sono professori! Niente da leggere! Niente da **(8)...**! Sono libero come un uccello!

1. A. riga	B. bandiera	C. scuola	D. finestra
2. A. piove	B. brilla	C. nevica	D. tira
3. A. dove	B. come	C. quanto	D. che
4. A. lavoriamo	B. corriamo	C. facciamo	D. prendiamo
5. A. a scuola	B. al parco	C. in piazza	D. a casa
6. A. l'	B. il	C. la	D. lo
7. A. gnocchi	B. compiti	C. stagioni	D. mesi
8. A. scrivere	B. mangiare	C. bere	D. alzare

I pasti, il cibo e le bevande/ Meals, food, and drinks Ⓥ

La colazione

La mattina gli italiani fanno colazione presto. La colazione italiana è composta da un espresso, un cornetto/una brioche o un biscotto. Molti italiani preferiscono fare colazione al bar.

Italians have breakfast early in the morning. An Italian breakfast consists of an espresso, a croissant or a cookie. Many Italians prefer to have breakfast at a bar.

Cose da mangiare e da bere a colazione...
(Things to eat and drink at breakfast...)

Prendo/Mangio...
(I have/I eat...)

- **i biscotti** - *cookies*
- **la brioche** - *croissant*
- **i cereali** - *cereal*
- **il cornetto** - *croissant*
- **il pane** - *bread*
- **il pane con marmellata** - *bread with jelly*
- **il pane tostato con burro*** - *toast with butter*

Prendo/Bevo...
(I have/I drink...)

- **il caffè** - *coffee*
- **il caffellatte** - *coffee with hot milk*
- **il cappuccino** - *coffee with foamed milk*
- **la cioccolata calda** - *hot chocolate*
- **l'espresso** - *strong black coffee*
- **il latte** - *milk*
- **il succo di frutta** - *fruit juice*
- **il tè** - *tea*

ATTENZIONE!
*Butter is not commonly used in Italy.

ESERCIZIO A: Leggere e recitare il seguente dialogo con un compagno/una compagna. Presentare il dialogo davanti alla classe.
(Read and recite the following dialogue with a classmate. Present the dialogue in front of the class.)

Angela incontra Vittoria in Corso Spezia.

Angela: Buon giorno, Vittoria. Perché non facciamo colazione insieme?

Vittoria: Mi piace molto l'idea.

Angela: Il bar Stefano è qui vicino.

Vittoria: Perfetto. Prendo una brioche e un cappuccino.

Angela: Io prendo un espresso e un cornetto. Andiamo!

ESERCIZIO B: Scrivere frasi complete in italiano secondo le seguenti immagini.
(Write complete Italian sentences according to the following images.)

Esempio:

Non mi piace mangiare la cioccolata a colazione.

    1   2   3   4   5

1. _____

2. _____

3. _____

4. _____

5. _____

ESERCIZIO C: Rispondere alle seguenti domande in italiano con il vocabolario sulla colazione.
(Answer the following questions with breakfast vocabulary.)

1. Che cosa prendi/mangi a colazione? _____

2. Cosa prendi/bevi a colazione? _____

3. Preferisci il pane con la Nutella o con il burro? _____

4. Quali cereali ti piacciono? _____

ESERCIZIO D: Spiegare in inglese la differenza tra questi tre caffè.
(Explain the difference between these three coffees in English.)

1. il caffellatte -

2. il cappuccino -

3. l'espresso –

Il pranzo

In Italia il pranzo è il pasto principale della giornata. Gli italiani lo fanno fra l'una e le due. Di solito dura più di un'ora e varia da una regione all'altra e da una famiglia all'altra. Il pranzo italiano è composto da piatti diversi: l'antipasto, il primo piatto, il secondo piatto con un contorno, e poi, c'è la frutta fresca o/e il formaggio. Qualche volta c'è anche un dolce come negli Stati Uniti.

In Italy lunch/dinner is the main meal of day. Italians eat it between one o'clock and two o'clock. It usually lasts more than an hour and it varies from region to region and family to family. The Italian lunch/dinner consists of different courses: appetizers, first course, second course with a side dish, and then, there is fresh fruit and/or cheese. Sometimes dessert is also served as in the United States.

Cose da mangiare e da bere a pranzo…
(Things to eat and drink at lunch…)

l'antipasto/gli antipasti

i formaggi	i peperoni
le olive	i funghi
il salame	i carciofi
il prosciutto	

il prosciutto e melone   la bruschetta   i calamari

il primo piatto - i primi piatti/*first course - first courses*

il risotto   la minestra   la pasta

il secondo piatto - i secondi piatti/*second course - second courses*
la carne/*meat*

il pollo   la bistecca   il tacchino   la salsiccia

il pesce/*fish*

l'aragosta

i gamberi

le vongole

il contorno - i contorni/*side dish - side dishes*
le verdure/*vegetables*

i broccoli

i fagiolini

le patate

le carote

i piselli

l'insalata

i pomodori

la frutta/*fruit*

l'arancia/le arance

la banana/le banane

la fragola/le fragole

la mela/le mele

la pesca/le pesche

l'uva

il dolce - i dolci/ *dessert - desserts*

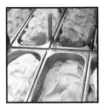
il gelato

la torta

la crostata

i biscotti

la bevanda - le bevande/*beverage - beverages*

la gassosa/l'aranciata/
la limonata

il tè

il succo d'arancia

il latte

il caffè

l'acqua minerale frizzante
(carbonated)
l'acqua minerale naturale
(non-carbonated)

ATTENZIONE!
con ghiaccio – with ice
senza ghiaccio – without ice
It is not common to use ice
in Italy.

 **ESERCIZIO A: Leggere e recitare il seguente dialogo con un compagno/una compagna.
Presentare il dialogo davanti alla classe.**

(Read and recite the following dialogue with a classmate. Present the dialogue in front of the class.)

A tavola in una mensa…

Bruna: Giovanni, cosa prendi?

Giovanni: Prendo un primo. Mi piacciono le farfalle al pomodoro e basilico. E tu?

Bruna: Io prendo un secondo. Oggi c'è il tacchino con le patate fritte.

Giovanni: Ottima scelta! Buon appetito!

il Lago Maggiore

ESERCIZIO B: Scrivere una frase per ogni immagine con "mi piace, non mi piace; mi piacciono, non mi piacciono".

(Write a sentence for every picture with "I like, I don't like".)

| *1* | *2* | *3* | *4* | *5* |

1. _____   4 _____

2. _____   5. _____

3. _____

ESERCIZIO C: Rispondere alle seguenti domande in italiano con il vocabolario sul pranzo.

(Answer the following questions in Italian with lunch vocabulary.)

1. Cosa c'è in un antipasto? _____

2. Quando mangi la pasta? _____

3. Di solito, cosa prendi per secondo? _____

4. Quale frutta fresca preferisci? _____

5. Che cosa non ti piace bere a pranzo? _____

ESERCIZIO D: Con un compagno/una compagna, preparare un pranzo italiano di cinque piatti. Scrivere che cosa servite per ogni piatto e includere le bevande.

(With a classmate, prepare a five course Italian lunch. Write what you are serving for each course and include the beverages.)

l'antipasto: _____

il primo piatto: _____

il secondo piatto: _____

il contorno: _____

la frutta/il dolce/il formaggio: _____

le bevande: _____

La merenda/Lo spuntino

In Italia non è molto comune fare merenda o uno spuntino nel pomeriggio come negli Stati Uniti perché gli italiani fanno un buon pranzo verso le tredici.

In Italy, it is not very common to have a snack in the afternoon like in the United States because Italians eat a good lunch/dinner around one o'clock.

ESERCIZIO A: Rispondere alle seguenti domande in italiano in frasi complete.

(Answer the following questions in complete Italian sentences.)

1. A che ora fai merenda ogni giorno? _____

2. Cosa preferisci per merenda? _____

3. Perché gli italiani non fanno merenda/ uno spuntino? _____

La cena

Di solito gli italiani preparano una cena leggera fra le venti e le ventidue. Spesso la cena è composta da una frittata con verdure, o del prosciutto e del formaggio, o una pizza, o un'insalata mista o un po' di frutta fresca.

Usually Italians prepare a light supper between eight and ten o'clock. Often the supper consists of an omelet with some vegetables, or some ham and cheese, or a pizza, or a salad or some fresh fruit.

ESERCIZIO A: Scrivere una frase completa per ogni immagine.
(Write a complete sentence for each picture.)

   1   2   3   4

1. _____

2. _____

3. _____

4. _____

ESERCIZIO B: Rispondere alle seguenti domande con il vocabolario sulla cena.
(Answer the following questions with supper vocabulary.)

1. Che cosa ti piace a cena? _____

2. Quale bevanda prendi a cena? _____

3. A che ora ceni ogni sera? _____

4. Preferisci una cena leggera (*light*) o una cena abbondante (*filling*)?
   _____

5. Chi prepara la cena a casa tua? _____

ESERCIZIO C: Leggere attentamente e poi scegliere le risposte corrette.
(Read carefully and then select the correct responses.)

1. Gli italiani preparano la carne per … .

   A. l'antipasto   C. il secondo piatto

   B. il primo piatto   D. il contorno

2. Quando ceno, io bevo sempre … .

   A. una mela   C. una bruschetta

   B. un'aranciata   D. una pesca

3. Quando fa caldo, preferiamo … .

   A. un tè freddo   C. un caffè caldo

   B. un cappuccino   D. un espresso

4. Come dolce prendete … .

   A. una patata   C. un gelato

   B. una carota   D. un tacchino

5. Il mio primo piatto preferito è … .

   A. il pesce   C. la bistecca

   B. gli spaghetti   D. il prosciutto

ESERCIZIO D: Leggere con attenzione e poi scegliere le risposte corrette per completare la conversazione fra Tommaso e Susanna.
(Read carefully and then select the correct responses to complete the dialogue between Tommaso e Susanna.)

Tommaso e Susanna pranzano in un buon **(1)…** *vicino a scuola.*

Tommaso:	Susanna, cosa prendi oggi?
Susanna:	Per primo ordino **(2)…** e per secondo, il pollo con due contorni; le patate e **(3)…** spinaci. E tu?
Tommaso:	Non ho molta fame. Prendo solo il primo, gli agnolotti, una **(4)…** piemontese.
Susanna:	Buona scelta! E da bere, **(5)…** prendi?
Tommaso:	Io prendo **(6)…** frizzante. E tu?
Susanna:	Come al solito, un'aranciata *San Pellegrino*.
Tommaso:	Con ghiaccio?
Susanna:	Assolutamente no! Sono italiana e non uso il ghiaccio.
Tommaso:	Anch'io sono italiano, ma **(7)…** le bevande molto fredde!

1. A. negozio   B. ufficio   C. ristorante   D. ospedale

2. A. le carote   B. le fettuccine   C. il pesce   D. i cannoli

3. A. gli   B. i   C. le   D. lo

4. A. città   B. verdura   C. carne   D. specialità

5. A. chi   B. cosa   C. come   D. dove

6. A. il caffè   B. il tè   C. l'acqua   D. il cappuccino

7. A. mi piace   B. ti piace   C. ti piacciono   D. mi piacciono

Le Cinque Abilità
Ascolto, Lettura, Scrittura, Comunicazione, Cultura

Ascolto 1 Interpretive Mode

Ascoltare la conversazione con attenzione e poi scegliere le risposte corrette.
(Listen carefully to the conversation and then select the appropriate responses.)

1. **Perché Giulio desidera mangiare la minestra oggi?**
   A. Non è buona.   C. Non è di verdura.
   B. Fa bel tempo.   D. Nevica.

2. **Cosa prepara la mamma di Giulio con le verdure?**
   A. una frittata   C. un secondo
   B. un contorno   D. un primo

3. **Secondo la conversazione di queste due persone, che mese è?**
   A. agosto   C. luglio
   B. giugno   D. febbraio

Ascolto 2 Interpretive Mode

Guardare l'immagine, ascoltare le domande e poi scegliere le risposte che corrispondono all'immagine.
(Look at the picture, listen to the questions, and then select the responses that correspond to the picture.)

1. A. È estate.   C. È inverno.
   B. È autunno.   D. È primavera.

2. A. Fa freddo.   C. Nevica.
   B. Lampeggia.   D. Tira vento.

3. A. Mangiano i panini.   C. Prendono una bevanda.
   B. Guardano la neve.   D. Fanno i compiti.

le Alpi

Leggere il seguente brano e poi scegliere le risposte corrette.
(Read the following passage and then select the correct responses.)

Le quattro stagioni sono tutte diverse. Mi piacciono tutte e quattro, ma la mia stagione preferita è la primavera perché c'è molto sole e fa fresco. I fiori sono belli e l'erba e gli alberi sono verdi. Secondo me, anche l'estate è bella perché fa molto caldo e non c'è scuola in luglio e in agosto. Quando non ci sono lezioni, mi piace andare al mare con gli amici. L'autunno mi piace poco perché ritorno a scuola, tira vento e finiscono le belle giornate estive. L'inverno non mi piace perché fa molto freddo e nevica molto. Non mi piace il brutto tempo. Il giorno più bello di questa stagione è il 25 dicembre quando si festeggia il Natale.

1. **Secondo questo brano, perché la primavera è bella?**
   A. È molto nuvoloso.
   B. Fa brutto tempo.
   C. Il sole brilla.
   D. Nevica sempre.

2. **Perché questa persona preferisce l'estate?**
   A. Non canta abbastanza bene.
   B. Non frequenta la scuola.
   C. Studia ogni giorno.
   D. Impara molte parole.

3. **Quale stagione piace poco a questa persona?**
   A. l'autunno
   B. la primavera
   C. l'estate
   D. l'inverno

4. **Secondo questo brano, perché l'inverno è brutto?**
   A. C'è molto sole.
   B. Fa troppo caldo.
   C. C'è troppa neve.
   D. Tira vento.

5. **Come sono le quattro stagioni?**
   A. differenti
   B. calde
   C. fresche
   D. tristi

Scrittura Interpretive Mode

 Scegliere un posto che desideri visitare per una settimana. Fare una ricerca su Internet a www.weather.com delle previsioni meteorologiche di questo posto. Scrivere il tempo meteo e le tue attività per ogni giorno della settimana.

(Choose a place that you wish to visit for a week. Research the weather forecast of this place at www.weather.com on the Internet. Write the weather forecast and your activities for each day of the week.)

Comunicazione Orale Interpersonal Mode

ESERCIZIO A: Con un compagno/una compagna, fare e rispondere alle seguenti domande in italiano.

(With a classmate, ask and answer the following questions in Italian.)

1. Che tempo fa oggi?
2. Secondo te, in che mese nevica molto?
3. Quale stagione ti piace? Perché?
4. Preferisci il caldo o il freddo? Perché?
5. Cosa ti piace fare quando fa caldo?

 ESERCIZIO B: Fare una conversazione con un compagno/una compagna.
(Converse with a classmate.)

Ti fa una domanda: He/She asks you a question:	Studente 1:	**Che stagione preferisci?**
Gli/Le rispondi: You answer him/her:	Studente 2:	
Ti parla di un problema: He/She talks to you about a problem:	Studente 1:	**Non mi piace l'estate perché lavoro molto.**
Gli/Le chiedi perché e commenti: You ask him/her why and comment:	Studente 2:	
Ti dà una spiegazione: He/She gives you an explanation:	Studente 1:	**Perché ho bisogno di soldi.**

le vigne di Barolo

IL PIEMONTE

Leggere le seguenti informazioni sul Piemonte per completare e discutere gli esercizi.

(Read the following information about Piedmont to complete and discuss the exercises.)

1. **È una regione del nord.**
   It's a region in the north.

2. **Il capoluogo è Torino.**
   The capital is Turin.

3. **Gli abitanti del Piemonte sono chiamati i piemontesi.**
   The residents of Piedmont are called piemontesi.

4. **Confina con la Francia, la Svizzera, la Valle d'Aosta, la Liguria, l'Emilia-Romagna e la Lombardia.**
   It borders France, Switzerland, Valle d'Aosta, Liguria, Emilia-Romagna, and Lombardy.

5. **È una regione industriale.**
   It's an industrial region.

6. **C'è una fabbrica d'automobili importante a Torino: la FIAT.**
   There is an important automobile factory in Turin: FIAT.

7. **Il Piemonte è famoso per il vino Barolo.**
   Piedmont is famous for Barolo wine.

8. **Altre città della regione sono Asti, Alessandria, Biella, Cuneo, Novara, Sestriere, Vercelli e Verbania.**
   Other cities in the region are Asti, Alessandria, Biella, Cuneo, Novara, Sestriere, Vercelli, and Verbania.

9. **Le specialità della regione sono la bagna cauda, la fonduta e gli agnolotti.**
   Specialties of the region include *la bagna cauda*, (hot sauce made with oil, garlic, and anchovies used for dipping raw vegetables), *la fonduta* (cheese with eggs and truffles) and *gli agnolotti* (stuffed pasta).

10. **Alcuni personaggi famosi del Piemonte sono:**
    Some famous people from Piedmont are:
    - Vittorio Alfieri (*poeta, 1749–1803*)
    - Camillo Benso Conte di Cavour (*politico, 1810–1861*)
    - Vittorio Emanuele II (*re, 1820–1878*)
    - Giovanni Agnelli (*industrialista, 1866–1945*)
    - Carlo Levi (*scrittore, 1902–1975*)
    - Primo Levi (*scrittore, 1919–1987*)

    www.regione.piemonte.it

ATTENZIONE!

FIAT stands for

Fabbrica Italiana Automobilistica Torino

(an Italian automobile factory in Turin)

Giovanni Agnelli   Vittorio Emanuele II

ESERCIZIO A: Leggere con attenzione e poi scegliere Vero o Falso.
(Read carefully and then select True or False.)

1. Torino è il capoluogo del Piemonte.	Vero	Falso
2. Il Piemonte è conosciuto per il vino.	Vero	Falso
3. Barolo è una città del Piemonte.	Vero	Falso
4. Lo scrittore Carlo Levi è nato nel Piemonte.	Vero	Falso
5. Il Piemonte confina con la Spagna.	Vero	Falso
6. Il Piemonte non è una regione industriale.	Vero	Falso
7. Biella, Cuneo e Novara sono città nel Piemonte.	Vero	Falso
8. La fabbrica FIAT è ad Asti.	Vero	Falso
9. *Gli agnolotti* è un tipo di carne.	Vero	Falso
10. Alfieri è un poeta del Piemonte.	Vero	Falso

ESERCIZIO B: Scegliere le risposte corrette. Fare una ricerca su Internet se necessario
(Select the correct responses. Do Internet research if necessary.)

1. Torino è la città italiana famosa per le automobili ...
   A. Lamborghini   B. Alfa Romeo   C. Fiat   D. Volvo

2. Il Piemonte è una ...
   A. regione   B. macchina   C. montagna   D. città

3. Il Piemonte è famoso per il vino ...
   A. Marsala   B. Chianti   C. Frascati   D. Barolo

4. Il Piemonte confina con ...
   A. la Slovenia   B. la Francia   C. la Grecia   D. l'Austria

5. Il Piemonte si trova ... d'Italia.
   A. nel sud   B. nel nord   C. nel centro   D. nell'est

le vigne nel Piemonte

aggettivi

abbondante - filling
chiuso - closed
comico - funny; comical
comune - common
conosciuto - known
estivo - summer
giallo - yellow
leggero - light
libero - free
lungo - long
ottimo - excellent
piccolo - small
verde - green

altre parole

come al solito - as usual
di solito - usually
insieme - together
ma - but; however
mai - never; ever
qui - here

nomi

i giorni della settimana- days of the week (pagina 108, Indice 303)
le stagioni dell'anno - seasons of the year (pagina 109, Indice 306)
i mesi dell'anno- months of the year (pagina 109 Indice 304)
la colazione - breakfast (pagina 115, Indice 301)
il pranzo - lunch/dinner (pagine 117-119, Indice 301)
l'albero - tree
la barca - boat
le bevande - beverages
la cena - supper
la colazione - breakfast
il contorno - side dish
la conversazione - conversation
l'erba - grass
il fiore - flower
il menù - menu
la merenda - snack
il parco - park
il pasto - meal
il pranzo - lunch/dinner

il primo piatto - first course
il ristorante - restaurant
la scelta - selection; choice
il secondo piatto - second course
lo spuntino - snack
l'uccello - bird

preposizioni

durante - during
vicino a - near

verbi

il tempo - weather (pagina 113, Indice 307)
bere - to drink
brillare - to shine
cenare - to eat supper
desiderare - to desire; want
essere composto da - to consist of
fare - to do; make
passare - to pass; spend time

LA TOSCANA

ITALIA

la Torre Pendente a Pisa

Objectives:

- Identify and conjugate the irregular verb "to be" (*essere*).
- Utilize adjectives.
- Write and express dates.
- Identify and conjugate the irregular verbs "to go" (*andare*) and "to be able; can" (*potere*).
- Locate and discuss characteristics of the region of Tuscany.

Per chiacchierare:

- How would you describe yourself to others?
- What are some important dates to you? Why are they important?
- What are some attractions in Tuscany?

Discuss the proverb:

Chi va piano,
va sano
e va lontano.

Haste makes waste.

Essere /To be (G)

The verb **"to be"** in Italian is **essere**. It is an irregular verb in both English and Italian. An irregular verb does not follow a pattern, therefore the verb forms must be memorized.

Here are the forms of the irregular verb **essere** (to be):

singolare	plurale
io **sono** - I am	noi **siamo** - we are
tu **sei** - you are	voi **siete** - you are
lui, lei **è** - he, she is	loro **sono** - they are
Lei **è** - you are	2+ names/plural nouns - **sono**
1 name/singular noun - **è**	

The verb **essere** (to be) is used to:
- describe characteristics or traits
- state origin and nationality
- express time

ESERCIZIO A: Scrivere la forma corretta del verbo "essere".
(Write the correct form of the verb "to be".)

1. Io e Carla _____ onesti.
2. Il dottor Mancino _____ serio.
3. Io _____ fiorentina.
4. Tu _____ di Pisa?
5. Il signor Rizzo _____ gentile.
6. Voi due _____ bruni.
7. _____ le diciassette.
8. Barbara _____ presente.
9. Lei _____ molto emozionata.
10. Ida e Lucrezia _____ professoresse.

ESERCIZIO B: Scrivere il pronome soggetto corretto.
(Write the correct subject pronoun.)

1. _____ siamo studenti.
2. _____ è una donna sincera.
3. _____ sei una buon' amica.
4. _____ siete di Firenze, il capoluogo della Toscana.
5. _____ sono fratelli?
6. _____ sei molto brava in italiano?

un panorama di Firenze

Adjectives (*aggettivi*) are words that describe or modify nouns.
Here are some useful adjectives in Italian:

caratteristiche fisiche/ physical characteristics	caratteristiche psicologiche/ psychological characteristics
alto/a - *tall; high*	**allegro/a** - *cheerful*
anziano/a - *old; elderly (people only)*	**antipatico/a** - *unkind; rude*
basso/a - *short (height)*	**arrabbiato/a** - *angry; mad*
bello/a - *beautiful; handsome*	**bravo/a** - *great; good*
biondo/a - *blond*	**buono/a** - *good*
bruno/a - *dark-haired; brunette*	**cattivo/a** - *bad*
brutto/a - *ugly*	**contento/a** - *happy*
carino/a - *cute*	**coraggioso/a** - *courageous*
corto/a - *short (length)*	**disonesto/a** - *dishonest*
debole - *weak*	**divertente** - *fun; enjoyable*
dinamico/a - *dynamic*	**emozionato/a** - *excited; thrilled*
forte - *strong*	**generoso/a** - *generous*
giovane - *young*	**gentile** - *kind*
grande - *big*	**intelligente** - *smart; intelligent*
grasso/a - *overweight*	**interessante** - *interesting*
lungo/a - *long*	**noioso /a** - *boring*
magro/a - *thin*	**onesto/a** - *honest*
nuovo/a - *new*	**perfetto/a** - *perfect*
piccolo/a - *small*	**pericoloso/a** - *dangerous*
pigro/a - *lazy*	**simpatico/a** - *nice; kind*
sportivo/a - *athletic; active*	**studioso/a** - *studious*
vecchio/a - *old*	**sincero/a** - *sincere*
	triste - *sad*

nazionalità/nationalities

americano/a - American
canadese - Canadian
cinese - Chinese
francese - French
giapponese - Japanese
inglese - English
irlandese - Irish
italiano/a - Italian
messicano/a - Mexican
portoghese - Portuguese
russo/a - Russian
spagnolo/a - Spanish
tedesco/a - German

colori/colors

arancione - orange
azzurro/a - blue
beige* - beige
bianco/a - white
blu* - navy blue
giallo/a - yellow
grigio/a - gray
marrone - brown
nero/a - black
nocciola* - hazelnut brown
rosa* - pink
rosso/a - red
verde - green
viola* - purple

ATTENZIONE!
* Beige, blu, nocciola, rosa, and viola never change endings.

ATTENZIONE!
*Nationalities are not capitalized in Italian.

ESERCIZIO A: Prima, scrivere l'aggettivo che descrive l'immagine e poi, il contrario dell'aggettivo.
(First, write the adjective that describes the image and then, the antonym (opposite) of the adjective.)

1. _____
_____

2. _____
_____

3. _____
_____

4. _____
_____

5. _____
_____

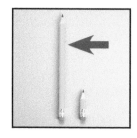

6. _____
_____

7. _____
_____

8. _____
_____

ESERCIZIO B: Accoppiare l'aggettivo in italiano con la traduzione corretta in inglese.
(Match the Italian adjective with the correct English translation.)

Colonna A	Colonna B
1. _____ arrabbiato	A. dangerous
2. _____ disonesto	B. happy
3. _____ triste	C. mad; angry
4. _____ divertente	D. courageous
5. _____ pericoloso	E. dishonest
6. _____ emozionato	F. enjoyable; fun
7. _____ allegro	G. excited
8. _____ coraggioso	H. sad

ESERCIZIO C: Scrivere il colore di ciascun' immagine in italiano.
(Write the color of each image in Italian.)

1._____ 2._____ 3._____ 4._____ 5._____

6._____ 7._____ 8._____ 9._____ 10._____

ESERCIZIO D: Abbinare la nazionalità in Colonna B con la nazione in Colonna A.
(Match the nationality in Column B with the country in Column A.)

Colonna A	Colonna B
1. _____ la Spagna	A. cinese
2. _____ gli Stati Uniti	B. francese
3. _____ il Messico	C. americano
4. _____ il Portogallo	D. giapponese
5. _____ la Francia	E. tedesco
6. _____ la Germania	F. italiano
7. _____ l'Inghilterra	G. portoghese
8. _____ l'Italia	H. messicano
9. _____ la Cina	I. spagnolo
10. _____ il Giappone	J. inglese

la Piazza del Campo a Siena

- In Italian an adjective **must agree** with the noun it modifies in gender (masculine and feminine) and in number (singular and plural).
  Esempi:

  La casa è **rossa**.   *The house is **red.***

  Rossa (*red*) is a feminine singular adjective because the subject (*casa*) is feminine singular.

  Carlo e **Anna** sono **bravi**.   *Carlo and Anna are **good/fine** people.*

  Bravi (*good/fine*) is a masculine plural adjective because the subject (*Carlo and Anna*) is masculine plural. When there is a combined masculine and feminine subject, the masculine form of the adjective is used.

- An adjective of **quality** (size, shape, color, nationality) usually **follows** the noun it modifies.
  Esempi:

  Tu sei una persona **divertente**.   *You are a **fun** person.*

  Lei ha gli occhi **verdi**.   *She has **green** eyes. / You have **green** eyes.*

  Cerco un dizionario **italiano**.   *I am looking for an **Italian** dictionary.*

- An adjective of **quantity** (numbers, measurements) usually **goes before** the noun it modifies.
  Esempi:

  Lui mangia **troppa** pasta.   *He eats **too** much pasta.*

  Noi seguiamo **sei** corsi.   *We are taking **six** courses.*

  Ci sono **molti** banchi.   *There are **many** desks.*

  Non c'è **uno** zaino blu.   *There isn't a (**one**) blue backpack.*

In italiano ci sono tre gruppi di aggettivi/
In Italian there are three groups of adjectives

Il primo gruppo

Adjectives that end in **-o** have four endings (**-o; -i; -a; -e**) depending on the subject they modify and describe. These are called **four termination (ending) adjectives.**

- An adjective that ends in **-o** modifies a masculine singular noun.
- An adjective that ends in **-i** modifies a masculine plural noun.
- An adjective that ends in **-a** modifies a feminine singular noun.
- An adjective that ends in **-e** modifies a feminine plural noun.

ATTENZIONE!

When an adjective ends in -io, it forms its plural by dropping the -o

vecchio - vecchi

Esempi:

onest**o**, onest**i**, onest**a**, onest**e**	anzian**o**, anzian**i**, anzian**a**, anzian**e**
Lo studente è onest**o**.	Il signore è anzian**o**.
Gli studenti sono onest**i**.	I signori sono anzian**i**.
La studentessa è onest**a**.	La signora è anzian**a**.
Le studentesse sono onest**e**.	Le signore sono anzian**e**.

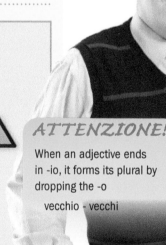

Il secondo gruppo

Adjectives that end in **-e** have two endings (**-e; -i**) depending on the subject they modify and describe. These are called **two termination (ending) adjectives.**

- An adjective that ends in **-e** modifies a masculine or a feminine singular noun.
- An adjective that ends in **-i** modifies a masculine or a feminine plural noun.

Esempi:

grand**e**, grand**i**

Il cavallo è grand**e**.

I cavalli sono grand**i**.

La mucca è grand**e**.

Le mucche sono grand**i**.

intelligent**e**, intelligent**i**

Maurizio è intelligent**e**.

Maurizio e Aldo sono intelligent**i**.

Rosa è intelligent**e**.

Rosa e Lucia sono intelligent**i**.

Il terzo gruppo

Some adjectives are invariable (never change); therefore they have only **ONE** form. An invariable adjective modifies all nouns: masculine and feminine, singular and plural. Common invariable adjectives are: **blu, beige, viola, rosa,** and **nocciola.**

Esempi:

blu

L'uccello è **blu**.

Gli uccelli sono **blu**.

La penna è **blu**.

Le penne sono **blu**.

viola

Il fiore è **viola**.

I fiori sono **viola**.

La gonna è **viola**.

Le gonne sono **viola**.

ATTENZIONE!

Here are some helpful steps when working with adjectives:

1. determine if the noun being modified is **masculine or feminine**

2. determine if the noun being modified is **singular or plural**

3. determine what type of adjective modifies the noun (4 terminations, 2 terminations, or invariable) and make it agree in gender and number with the noun it modifies

4. determine if the adjective goes after (**quality**) or before (**quantity**) the noun and place it in the proper position

il Porto Azzurro sull'isola d'Elba

ESERCIZIO A: Scegliere l'aggettivo corretto per completare ogni frase.
(Select the correct adjective to complete each sentence.)

1. Gli stivali di Sandra sono ...
   A. nuovo   B. nuova   C. nuovi   D. nuove

2. Io ho uno zio ...
   A. generoso   B. generosa   C. generosi   D. generose

3. Il dottor Fava non è ... .
   A. anziano   B. anziana   C. anziani   D. anziane

4. Le scarpe nuove sono ...
   A. nero   B. nera   C. neri   D. nere

5. La bambina è ...
   A. carino   B. carina   C. carini   D. carine

6. I ragazzi sono ... perché domani non ci sono lezioni.
   A. emozionato   B. emozionata   C. emozionati   D. emozionate

ESERCIZIO B: Scrivere la forma corretta dell'aggettivo in parentesi.
(Write the correct form of the adjective in parentheses.)

1. La signorina Carlotti è _____. **(gentile)**
2. Ci sono due calendari _____ in aula. **(nuovo)**
3. Io e Monica siamo _____. **(coraggioso)**
4. Il pesce è _____. **(buono)**
5. I fiori che mi piacciono sono _____. **(rosa)**
6. Mi piace il ristorante _____. **(giapponese)**
7. L'amica di Giacomo è _____. **(canadese)**
8. Tu e Roberto non siete _____. **(noioso)**

ESERCIZIO C: Scrivere la nazionalità corretta di ogni sostantivo.
(Write the correct nationality for each noun.)

1. La pizza è _____.
2. I nachos sono _____.
3. Il gazpacho è _____.
4. Gli hamburger sono _____.
5. Il croissant è _____.

ESERCIZIO D: Descrivere le persone o gli oggetti seguenti usando tre aggettivi diversi.
(Describe the following people or things using three different adjectives.)

Esempio: la frutta - **La frutta è dolce, fresca e buona.**

1. la bandiera italiana
2. l'estate
3. i programmi televisivi
4. l'animale domestico
5. i professori/le professoresse
6. io e mio fratello

ESERCIZIO E: Leggere il seguente brano e poi scegliere le parole corrette per completare il brano.

(Read the following passage and then select the correct words to complete the passage.)

Il **(1)**.... mi piace andare al mercato quando apre alle sette perché preferisco comprare molti prodotti freschi e locali. Mentre **(2)**..., ammiro la grande varietà di frutta e di verdure. I **(3)**... sono molto vivaci. Guardo le arance arancioni, gli **(4)**... e le zucchine verdi, le ciliege rosse, i peperoni gialli, i funghi bianchi e i fiori rossi, **(5)**..., rosa e di molti altri colori. Che meraviglia! Il mercato italiano è **(6)**... vero capolavoro d'arte da vedere!

1. A. prosciutto   B. freddo   C. sabato   D. mese
2. A. cammino   B. dormo   C. brucio   D. bacio
3. A. prezzi   B. colori   C. contorni   D. bar
4. A. sport   B. stivali   C. stadi   D. spinaci
5. A. viola   B. nera   C. grigia   D. azzurra
6. A. un'   B. uno   C. una   D. un

Data/Date  G

"What is today's date?" in Italian is expressed by either:
Qual è la data di oggi? or **Quanti ne abbiamo oggi?**

To express a date in Italian use:

- *definite article* il + *the number of the day* + month
  Oggi è **il quattordici novembre**.   *Today is November 14th.*
  Domani è **il quindici novembre**.   *Tomorrow is November 15th.*
  Dopodomani è **il sedici novembre**.   *The day after tomorrow is November 16th.*

- cardinal numbers for 2 through 31
  il **trentuno** ottobre   *October 31st*

- il primo for the first of any month
  il primo gennaio   *January 1st*

- l' for the 8th and 11th of each month
  l'otto giugno   *June 8th*
  l'undici dicembre   *December 11th*

- the day of the week without the definite article
  venerdì quattro marzo   *Friday, March 4th*

 ATTENZIONE!

5/6/2016 in Italy means June 5, 2016 and not May 6, 2016 as in the United States.

- In Italian the number of the day is first, followed by the number of the month, followed by the year.

- In the United States the number of the month is first, followed by the number of the day, followed by the year.

ESERCIZIO A: Scrivere le date delle seguenti feste in italiano.
(Write out the dates for the following holidays in Italian.)

1. Valentine's day: _____.

2. Independence Day: _____.

3. Christmas: _____.

4. New Year's Day: _____.

5. your birthday: _____.

TI VOGLIO BENE! TI AMO!

ESERCIZIO B: Con un compagno/una compagna, fare e rispondere alle seguenti domande in italiano.
(With a classmate, ask and answer the following questions in Italian.)

1. Qual è la data di dopodomani?
2. Quando comincia l'estate?
3. Quando finisce l'inverno?
4. Quando è il tuo compleanno?
5. Quando è il Giorno del Ringraziamento?

Andare e potere/To go and to be able;can

Andare *(to go)* and **potere** *(to be able; can)* are two irregular verbs. Irregular verbs must be memorized because they do not follow a pattern.

andare (a) - *to go (to)*		potere - *to be able; can*	
Io **vado** a casa.	*I am going home.*	Io **posso** correre.	*I can run.*
Tu **vai** a scuola.	*You go to school.*	Tu **puoi** leggere.	*You can read.*
Lui, lei, Lei **va** in treno. 1 name/ singular noun	*He goes by train.* *She goes by train.* *You go by train.*	Lui, lei, Lei **può** sorridere. 1 name/ singular noun	*He can smile.* *She can smile.* *You can smile.*
Noi **andiamo** in città.	*We go to the city.*	Noi **possiamo** vincere.	*We can win.*
Voi **andate** in palestra.	*You go to the gym.*	Voi **potete** aiutare.	*You can help.*
Loro **vanno** in ufficio. 2 + names/ plural nouns	*They are going to the office.*	Loro **possono** capire. 2 + names/ plural nouns	*They can understand.*

- **Andare** is usually followed by the preposition **a** or **in**.
    a. The preposition **a** is used before a town or a city.
    b. The preposition **in** is used before a country, state, region, island or province.
    c. The preposition **in** is used before a means of transportation:
        in automobile/in macchina - *by car*   **in treno** - *by train*
        in autobus - *by bus*   **in aereo** - *by plane*
        in bici - *by bike*   **in barca** - *by boat*
    d. The preposition **a** is used with **a casa** *(at home)* and **a scuola** *(at school)*.

- **Potere** is usually followed by a verb infinitive.

ESERCIZIO A: Con un compagno/una compagna, fare e rispondere alle seguenti domande in italiano.
(With a classmate, ask and answer the following questions in Italian.)

1. Perché non puoi andare al cinema stasera?
2. Con chi ti piace andare in centro?
3. A che ora vai a scuola?
4. Come vanno gli studenti a casa?
5. Quando vai in Italia?

ESERCIZIO B: Scegliere le risposte corrette per completare il brano.
(Select the correct responses to complete the passage.)

il Ponte Vecchio e il fiume Arno a Firenze

Una passeggiata a Firenze

Io abito in piazza della Repubblica vicino alla **(1)...** chiesa di Santa Maria del Fiore dove c'è un ristorante **(2)...** che si chiama *La Fiorentina*. C'è anche una buona gelateria con **(3)...** grande varietà di gelati. Mi piacciono tutti i gusti! La sera, dopo la cena, mi piace andare in piazza con gli amici per prendere un gelato. Dopo, **(4)...** sul Ponte Vecchio dove ammiriamo i gioielli unici d'oro e d'argento in vetrina e anche **(5)...** Arno.

1. A. belle   B. belli   C. bella   D. bello
2. A. famosi   B. famose   C. famosa   D. famoso
3. A. un   B. uno   C. una   D. un'
4. A. andiamo   B. andate   C. vanno   D. vai
5. A. il lago   B. il fiume   C. il vulcano D. il mare

 ESERCIZIO C: Leggere il seguente dialogo con un compagno/una compagna. Poi impararlo a memoria e presentarlo davanti alla classe.
(Read the following dialogue with a classmate. Then memorize it and present it to the class.)

Antonio: Gianna, com'è il tuo professore di storia?

Gianna: È alto con gli occhi verdi e i capelli biondi. Mi piace molto!

Antonio: È il tuo professore preferito?

Gianna: Sì, certo! Chi è il tuo professore preferito, Antonio?

Antonio: La professoressa Dini. Lei insegna l'italiano. È bassa e bruna con gli occhi e i capelli castani. Ma non è italiana, è americana.

ESERCIZIO D: Rispondere alle seguenti domande secondo il dialogo in esercizio C.
(Answer the following questions based on the dialogue in exercise C.)

1. Chi è il professore preferito di Gianna?
2. Com'è la professoressa di Antonio?
3. Di che nazionalità è la professoressa Dini?
4. Che cosa insegna la professoressa Dini?
5. Chi ha gli occhi verdi e i capelli biondi?

Le Cinque Abilità

Ascolto, Lettura, Scrittura, Comunicazione, Cultura

Ascolto 1 Interpretive Mode

Ascoltare la conversazione attentamente e poi scegliere le risposte corrette.
(Listen carefully to the conversation and then select the correct responses.)

1. Cos'è un Autogrill?

A. un museo   C. un appartamento

B. un ristorante   D. un teatro

2. Cosa compra Matteo?

A. la frutta   C. un gelato

B. la verdura   D. un biscotto

3. Com'è il cono che compra Matteo?

A. medio   C. piccolo

B. costoso   D. cattivo

4. Perché Matteo va a un Autogrill?

A. per mangiare   C. per studiare

B. per giocare   D. per dormire

Ascolto 2 Interpretive Mode

Ascoltare la conversazione con attenzione e poi scegliere le risposte corrette.
(Listen carefully to the conversation and then select the correct responses.)

1. In che stagione è il Ferragosto?

A. in estate   C. in primavera

B. in inverno   D. in autunno

2. Per molti italiani, Ferragosto è ...

A. una montagna   C. una regione

B. una costa   D. una vacanza

3. Quanto tempo passa la famiglia di Franca in vacanza?

A. solo tre giorni   C. meno di una settimana

B. un anno   D. quasi un mese

Arezzo in estate

Leggere il seguente brano con attenzione e poi scegliere le risposte corrette.
(Read the following passage carefully and then select the correct responses.)

Il Palio è una corsa di cavalli che ha luogo in Piazza del Campo a Siena due volte all'anno; il 2 luglio e il 16 agosto. È una competizione famosa e storica fra le dieci migliori contrade di Siena in cui dieci cavalli e dieci fantini, vestiti in costumi medioevali, rappresentano dieci quartieri della città. I fantini fanno tre giri in Piazza del Campo. La corsa dura poco tempo. Il vincitore del Palio è il cavallo e non il fantino. A volte, i fantini cadono dai cavalli a causa delle curve in Piazza del Campo, ma il cavallo può vincere senza il fantino.

Per vedere bene questa competizione, la gente arriva ben presto in Piazza del Campo, prende qualcosa da mangiare e da bere e cerca il miglior posto per guardare gli spettacoli e poi la corsa. Il Palio è una festa ben conosciuta in tutto il mondo.

1. **In che stagione si festeggia il Palio?**
   A. in autunno
   B. in primavera
   C. in inverno
   D. in estate

2. **Perché la gente arriva al Palio ben presto?**
   A. per lavorare nei ristoranti
   B. per trovare buoni posti
   C. per rappresentare un quartiere
   D. per andare a cavallo

3. **Il Palio non è una festa ...**
   A. medioevale
   B. tradizionale
   C. moderna
   D. storica

il Palio a Siena

ESERCIZIO A: Scrivere una descrizione precisa di questa foto in frasi complete in italiano con verbi regolari, irregolari, una varietà di aggettivi, l'ora, il tempo, la stagione e il giorno della settimana.

(Write an accurate description of this photo in complete Italian sentences with regular and irregular verbs, a variety of adjectives, the time, the weather, the season and the day of the week.)

_____

_____

_____

_____

_____

_____

_____

_____

_____

_____

_____

_____

ESERCIZIO A: Con un compagno/una compagna, fare e rispondere alle seguenti domande in italiano.

(With a classmate, ask and answer the following questions in Italian.)

1. Preferisci andare allo stadio o al cinema? Perché?
2. Secondo te, questa lezione è facile o difficile?
3. Di che colore è la bandiera italiana?
4. Di che colore è la bandiera americana?
5. Come vai a scuola?
6. Com'è il tuo amico/la tua amica? (caratteristiche fisiche/psicologiche)
7. Perché non puoi andare alla partita di calcio questo pomeriggio?

Esercizio B: Con un compagno/una compagna, leggere e commentare sulle 5 frasi, usando le espressioni che seguono. Ogni persona legge e commenta su ogni frase. Seguire l'esempio.

(With a classmate, read and comment on the 5 sentences using the expressions that follow. Each person will read and comment on each statement. Follow the example.)

Sono d'accordo perché ... I agree because ...	**Non sono d'accordo perché** ... - I disagree because...
È vero perché... - *It's true because ...*	**Non è vero perché ...** - *It's not true because ...*
Hai ragione perché ... - *You are right because ...*	**Ti sbagli perché...** - *You are wrong because ...*

Esempio: Vai a scuola il sabato e la domenica.

       Non è vero perché vado a scuola il lunedì.

1. Oggi è il primo agosto.
2. Sei una persona generosa e paziente.
3. Andiamo in Italia in treno.
4. Il sole non è giallo.
5. Una persona della Germania è tedesca.

uno stadio

Cultura Interpretive Mode

Leggere le seguenti informazioni sulla Toscana per completare e discutere gli esercizi.

(Read the following information about Toscana to complete and discuss the exercises.)

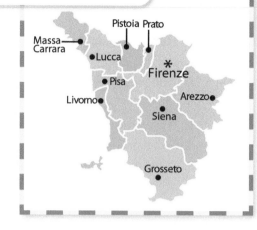

1. È una regione del centro.

2. Il capoluogo è Firenze, ben conosciuta per:

   - *il Davide - un capolavoro di Michelangelo Buonarroti*
   - *Gli Uffizi - un museo d'arte*
   - *il Campanile - un capolavoro di Giotto*
   - *il Ponte Vecchio - un ponte con molte gioiellerie*
   - *il Palazzo Vecchio - il comune in Piazza della Signoria*
   - *la Piazza della Signoria - una piazza dove c'è una copia del Davide e la statua di Nettuno*
   - *la Basilica di Santa Maria del Fiore - una chiesa di marmo di tre colori: bianco, rosa e verde*
   - *il Battistero con le Porte del Paradiso di Lorenzo Ghiberti*
   - *Santa Croce - una chiesa con le tombe di molti famosi italiani come Galileo, Michelangelo, Rossini e Machiavelli*

la bistecca alla fiorentina

3. Confina con la Liguria, l'Emilia-Romagna, le Marche, l'Umbria, il Lazio, il Mar Ligure e il Mar Tirreno.

4. L'Arno è il fiume che passa per Firenze.

5. È una regione storica, industriale e agricola.

6. La Toscana è la culla del rinascimento e un centro artistico.

7. La Toscana è famosa per la bistecca alla fiorentina, l'arista (l'arrosto di maiale) e il cacciucco (una zuppa di pesce). È anche famosa per il vino Chianti.

8. Altre città della regione sono Arezzo, Carrara, Grosseto, Livorno, Lucca, Massa, Pisa, Pistoia, Prato e Siena.

   - **Carrara** è una città famosa per il marmo.
   - **Pisa** è la città della famosa Torre Pendente.
   - **Siena** è la città del Palio, una corsa di cavalli che ha luogo due volte all'anno in Piazza del Campo: il 2 luglio e il 16 agosto.

il Palazzo Vecchio a Firenze

il cacciucco

9. Alcune persone famose della Toscana sono:

- Giovanni Cimabue *(artista, 1240–1302)*
- Giovanni Pisano *(scultore, 1250–1315)*
- Dante Alighieri *(scrittore, 1265–1321)*
- Francesco Petrarca *(poeta, 1304–1374)*
- Santa Caterina da Siena *(religiosa, 1347–1380)*
- Filippo Brunelleschi *(architetto, 1377–1446)*
- Lorenzo Ghiberti *(scultore, 1378–1455)*
- Donato dei Bardi, chiamato "il Donatello" *(artista, 1386–1466)*
- Alessandro Filipepi, chiamato "il Botticelli" *(artista, 1445–1510)*
- Domenico Bigordi, chiamato "Ghirlandaio" *(artista, 1449–1494)*
- Lorenzo De'Medici chiamato "il Magnifico" *(politico, 1449–1492)*
- Niccolò Machiavelli *(politico e storico, 1469–1527)*
- Giorgio Vasari *(pittore ed architetto, 1511–1574)*
- Galileo Galilei *(scienziato, 1564–1642)*
- Giacomo Puccini *(musicista, 1858–1924)*
- Pietro Mascagni *(musicista, 1863–1945)*

Lorenzo
Ghiberti

Dante Alighieri

Niccolò
Machiavelli

Pietro Mascagni

www.regione.toscana.it

ESERCIZIO A: **Leggere con attenzione e poi scegliere *Vero* o *Falso*.**
(Read carefully and then select True *or* False.*)*

		Vero	Falso
1.	Arezzo è il capoluogo della Toscana.	Vero	Falso
2.	La Toscana è una regione nell'Italia settentrionale.	Vero	Falso
3.	La Toscana è agricola, industriale e storica.	Vero	Falso
4.	Il poeta Dante Alighieri è fiorentino.	Vero	Falso
5.	La bistecca alla fiorentina è una specialità toscana.	Vero	Falso
6.	La Torre Pendente si trova a Siena.	Vero	Falso
7.	Il Museo degli Uffizi si trova a Grosseto.	Vero	Falso
8.	Cimabue è uno scrittore toscano.	Vero	Falso
9.	La Toscana confina con il Mar Ligure.	Vero	Falso
10.	Machiavelli è un politico e uno storico.	Vero	Falso

la Galleria Uffizi e il fiume Arno a Firenze

ESERCIZIO B: Scegliere le risposte corrette. Fare una ricerca su Internet se necessario.
(Select the correct responses. Do Internet research if necessary.)

1. La città di Firenze si trova nella regione della ... .
   A. Calabria   B. Campania   C. Liguria   D. Toscana

2. La lingua italiana *standard* si basa sul dialetto ... .
   A. siciliano   B. napoletano   C. fiorentino   D. romano

3. Il padre della lingua italiana è ... .
   A. Torricelli   B. Alighieri   C. Colombo   D. Fermi

4. ... è l'autore di *La Divina Commedia*.
   A. Dante   B. Petrarca   C. Boccaccio   D. Moravia

5. ... è l'artista di *La Primavera* e di *La Nascita di Venere*.
   A. Caravaggio   B. Tiziano   C. Giorgione   D. Botticelli

6. La cupola del Duomo di Firenze è un capolavoro di ... .
   A. Boccaccio   B. Petrarca   C. Brunelleschi   D. Cimabue

7. *Il Palio*, una corsa di cavalli, ha luogo a ... .
   A. Pisa   B. Pistoia   C. Massa   D. Siena

8. ... è il fiume che passa per Firenze.
   A. L'Adige   B. Il Po   C. L'Arno   D. Il Tevere

9. *I Medici* è una famosa ... fiorentina.
   A. famiglia   B. galleria   C. opera   D. specialità

10. Un famoso vino toscano è ...
   A. il Marsala   B. il Frascati   C. il Chianti   D. il Barolo

Francesco Petrarca

il marmo di Carrara

aggettivi

caratteristiche fisiche - physical characteristics (pagina 131, Indice 299)

caratteristiche psicologiche - psychological characteristics (pagina 131, Indice 299)

colori - colors (pagina 132, Indice 301)

nazionalità - nationalities (pagina 132, Indice 304)

alcuni; alcune - some

ben conosciuto - well known

fresco - cool; fresh

poco - a little; a bit

troppo - too much

vivace - lively; vivacious

nomi

l'aereo - airplane

l'argento - silver

l'arte - art (f.)

l'autobus - bus (m.)

l'automobile - automobile; car (f.)

la barca - boat

la bici - bicycle

il capolavoro - masterpiece

il cavallo - horse

il centro - center; downtown

il cinema - movie theater (m.)

il compleanno - birthday

il comune - city hall; town hall

la contrada - neighborhood

la data - date

la donna - lady; woman

il fantino - jockey; rider

il fiume - river (m.)

la gelateria - ice cream shop

la gioielleria - jewelry shop

il gusto - taste; flavor

la macchina - car; automobile

il mercato - open air market

la mucca - cow

la passeggiata - walk; stroll

il primo - the first

il prodotto - product

lo stadio - stadium

il teatro - theater

la varietà - variety

la vetrina - store window

espressioni/altre parole

davanti a - in front of

mentre - while

subito - immediately

verbi

andare - to go (pagina 138, Indice 307)

descrivere - to describe

essere - to be (pagina 130, Indice 307)

imparare a memoria - to memorize

potere - to be able; can (pagina 138, Indice 307)

la Basilica di Santa Croce a Firenze

Manarola in Liguria

LA LIGURIA

ITALIA

Genova

Objectives:

- Identify family members.
- Use possessive adjectives.
- Conjugate the irregular verbs "to go out" (*uscire*) and "to give" (*dare*)
- Learn and utilize irregular nouns.
- Identify parts of the body.
- Locate and discuss characteristics of the region of Liguria.

Per chiacchierare:

- What are some differences between Italian and American families?
- What is your most important possession and why?
- What are some attractions in Liguria?

Discuss the proverb:

Tale padre
tale figlio.
Like father
like son.

I membri di una famiglia sono:

i bisnonni/great grandparents
il bisnonno - *great-grandfather*
la bisnonna - *great-grandmother*

i nonni/grandparents
il nonno - *grandfather*
la nonna - *grandmother*

i genitori/parents
il padre - *father*
il papà/il babbo - *dad*
la madre - *mother*
la mamma - *mom*
il marito - *husband*
la moglie - *wife*

i figli/children
il figlio - *son*
la figlia - *daughter*
il fratello - *brother*
la sorella - *sister*

i nipoti/grandchildren/nieces and nephews
il nipote - *grandson/nephew*
la nipote - *granddaughter/niece*

gli zii/aunts and uncles
lo zio - *uncle*
la zia - *aunt*

i cugini/cousins
il cugino - *cousin (m.)*
la cugina - *cousin (f.)*

ESERCIZIO A: Completare ogni frase con il membro della famiglia corretto.
(Complete each sentence with the correct family member.)

1. Il fratello di mio padre è mio _____.

2. La madre di mia madre è mia _____.

3. Il figlio di mio padre è mio _____.

4. La figlia di mio padre è mia _____.

5. Il padre di mio nonno è il mio _____.

6. La figlia di mio zio è mia _____.

ESERCIZIO B: Completare ogni frase con il membro della famiglia corretto.
(Complete each sentence with the correct family member.)

1. Io sono _____ dei miei nonni.

2. Io sono _____ dei miei genitori.

3. Io sono _____ di mio zio.

4. Io sono _____ di mia sorella.

ESERCIZIO C: Queste due foto sono della famiglia di Marco. I suoi genitori si chiamano Vincenzo e Sara, le sue sorelle si chiamano Ida e Anna e i suoi nonni si chiamano Filomena e Carlo. Descrivere Marco e la sua famiglia in italiano.
(These two photos are of Marco's family. His parents are Vincenzo e Sara, his sisters are Ida and Anna, and his grandparents are Filomena and Carlo. Describe Marco and his family in Italian.)

1. Marco è _____.

2. Sua madre è _____.

3. Suo padre è _____.

4. Le sue sorelle sono _____.

5. Suo nonno è _____.

6. Sua nonna è _____.

un panorama di Portofino

- A possessive adjective is an adjective that shows possession or ownership.
- Each possessive adjective in English has one (1) form.
- Each possessive adjective in Italian has four (4) forms.

Here are the English possessive adjectives and their Italian equivalents:

English:	maschile singolare	maschile plurale	femminile singolare	femminile plurale
my	**il mio** *Il mio computer è nero.*	**i miei** *I miei computer sono neri.*	**la mia** *La mia gonna è nera.*	**le mie** *Le mie gonne sono nere.*
your (singolare informale)	**il tuo** *Il tuo amico è emozionato.*	**i tuoi** *I tuoi amici sono emozionati.*	**la tua** *La tua amica è emozionata.*	**le tue** *Le tue amiche sono emozionate.*
his/her	**il suo** *Il suo quaderno è nuovo.*	**i suoi** *I suoi quaderni sono nuovi.*	**la sua** *La sua maglia è nuova.*	**le sue** *Le sue maglie sono nuove.*
your (singolare formale)	**il Suo** *Il Suo esame è difficile.*	**i Suoi** *I Suoi esami sono difficili.*	**la Sua** *La Sua lezione è difficile.*	**le Sue** *Le Sue lezioni sono difficili.*
our	**il nostro** *Il nostro esamino è facile.*	**i nostri** *I nostri esamini sono facili.*	**la nostra** *La nostra lettura è facile.*	**le nostre** *Le nostre letture sono facili.*
your (plurale formale e informale)	**il vostro** *Il vostro professore è anziano.*	**i vostri** *I vostri professori sono anziani.*	**la vostra** *La vostra professoressa è anziana.*	**le vostre** *Le vostre professoresse sono anziane.*
their	**il loro** *Il loro zio è intelligente.*	**i loro** *I loro zii sono intelligenti.*	**la loro** *La loro figlia è intelligente.*	**le loro** *Le loro figlie sono intelligenti.*

- Like all adjectives in Italian, possessive adjectives must agree in gender (*masculine or feminine*) and in number (*singular or plural*) with the **noun** they modify.
- Possessive adjectives agree with the item/items, **never** with the owner or person who possesses the item or items.

Esempi:

His sweaters are new. **Le sue** maglie sono nuove.
The possessive adjective "his" must agree with the feminine plural noun **sweaters**.
Le sue agrees with **maglie,** not with the gender of the possessor "he".

Her notebook is new. **Il suo** quaderno è nuovo.
The possessive adjective "her" must agree with masculine singular noun **notebook**.
Il suo agrees with **quaderno,** not with the gender of the possessor "she".

Our quizzes are easy. **I nostri** esamini sono facili.
The possessive adjective "our" must agree with the masculine plural noun **quizzes**.
I nostri agrees with **esamini,** not with the gender of the possessor "we".

Their daughter is smart. **La loro** figlia è intelligente.
The possessive adjective "their" must agree with the feminine singular noun **daughter**.
La loro agrees with **figlia,** not with the gender of the possessor "they".

ESERCIZIO A: Scegliere la forma corretta dell'aggettivo possessivo.
(Select the correct form of the possessive adjective.)

1. **(My)** occhi non sono verdi; sono azzurri.
   A. Il mio   B. I miei   C. La mia   D. Le mie

2. **(Our)** professoresse non sono antipatiche; sono molto simpatiche.
   A. Il nostro   B. I nostri   C. La nostra   D. Le nostre

3. **(Their)** cellullare è nero e bianco.
   A. Il loro   B. I loro   C. La loro   D. Le loro

4. **(Your)** amiche sono dinamiche.
   A. Il tuo   B. I tuoi   C. La tua   D. Le tue

5. Mi piace **(his)** giacca rossa e bianca.
   A. il suo   B. i suoi   C. la sua   D. le sue

6. **(Your)** compiti sono molto facili.
   A. Il vostro   B. I vostri   C. La vostra   D. Le vostre

7. **(Her)** orologio non è nuovo; è vecchio.
   A. Il suo   B. I suoi   C. La sua   D. Le sue

8. Professoressa, di che colore è **(your)** macchina?
   A. il Suo   B. i Suoi   C. la Sua   D. le Sue

9. **(Your)** bici è di una marca francese.
   A. Il tuo   B. I tuoi   C. La tua   D. Le tue

10. **(Their)** lezioni sono molto interessanti.
    A. Il loro   B. I loro   C. La loro   D. Le loro

ESERCIZIO B: Scrivere la forma corretta dell'aggettivo possessivo.
(Write the correct form of the possessive adjective.)

1. (His)_____ famiglia non è troppo grande.
2. (Your, singolare formale) _____ caffè è troppo forte.
3. (My) _____ capelli sono castani.
4. (Our) _____ studenti sono simpatici e intelligenti.
5. (Their)_____ sfogliatelle sono deliziose.
6. (Your, singolare informale) _____ automobile è grigia o nera?

Aggettivi possessivi con i membri della famiglia/ Possessive adjectives with family members

Family members REQUIRE definite articles with possessive adjectives when:

1. the relative is both singular and modified (the adjective is **directly** next to the family member)

la sua zia **anziana**	**il** nostro nonno **italiano**	**il** tuo fratello **studioso**
his/her elderly aunt	*our Italian grandfather*	*your studious brother*

2. the relative is plural

i vostri figli	**le** sue zie	**i** miei cugini
your children	*his/her aunts*	*my cousins*

3. the possessive **loro** (*their*) is used

il loro fratello	**la** loro madre	**le** loro figlie
their brother	*their mother*	*their daughters*

4. the relatives babbo, papà, mamma, bisnonno, bisnonna are used

la sua mamma	**il** nostro bisnonno	**il** mio babbo/**il** mio papà
his/her mom	*our great-grandfather*	*my dad*

5. the relative has a suffix at the end (example: diminutives)
   il suo fratell**ino** (*his/her younger brother*)
   la sua sorell**ina** (*his/her younger sister*)

Family members DO NOT REQUIRE definite articles with possessive adjectives when:

1. the relative is singular and unmodified (adjective is **not** directly next to family member)

mia sorella	**tuo** cugino	**Nostra** zia è **alta**.
my sister	*your cousin*	*Our aunt is tall.*

ESERCIZIO A: Scrivere la forma corretta dell'aggettivo possessivo in parentesi.
(Write the correct form of the possessive adjective in parentheses.)

1. **(Our)** _____ mamma si chiama Isabella.
2. Io non capisco **(her)** _____ marito.
3. **(Your, informal plural)** _____ genitori sono molto alti.
4. **(My)** _____ figlio è molto sportivo.
5. **(Their)** _____ nipoti non sono brune.
6. **(His)** _____ moglie è della Liguria.
7. Di dove sono **(your, informal singular)** _____ parenti *(relatives)*?
8. Io non vedo **(your, formal singular)** _____ cugina ogni giorno.
9. **(Our)** _____ bisnonni sono molto generosi.
10. **(My)** _____ fratello studioso riceve sempre buoni voti.

ESERCIZIO B: Descrivere quattro oggetti in italiano con gli aggettivi possessivi e due aggettivi diversi. Seguire l'esempio.
(Describe four objects in Italian with possessive adjectives and two different adjectives. Follow the example.)

Esempio: La sua casa è bianca e verde.

1. _____
2. _____
3. _____
4. _____

ESERCIZIO C: Descrivere questi quattro membri della tua famiglia con aggettivi possessivi e con tre aggettivi descrittivi. Seguire l'esempio.
(Describe these four members of your family with possessive adjectives and three descriptive adjectives. Follow the example.)

Esempio: tua zia: *Mia zia Federica è giovane, sportiva e simpatica.*

1. tuo nonno: _____
2. la tua sorellina: _____
3. tuo zio: _____
4. i tuoi genitori: _____

ESERCIZIO D: Con un compagno/una compagna, leggere e imparare il seguente dialogo.
Poi presentare il dialogo davanti alla classe.

(With a classmate, read and learn the following dialogue. Then present the dialogue to the class.)

la famiglia di Maria

le sorelle di Carlo

Carlo: Quante persone ci sono nella tua famiglia?

Maria: Ci sono cinque persone nella mia famiglia.

Carlo: Chi sono?

Maria: La mia mamma, il mio papà, mio fratello, mia sorella ed io.

Carlo: Come si chiama tua sorella?

Maria: Mia sorella si chiama Giuliana.

Carlo: Come si chiama tuo fratello?

Maria: Mio fratello si chiama Vittorio. E tu, hai fratelli?

Carlo: Sì, ho due sorelle.

Maria: Come si chiamano?

Carlo: Si chiamano Sofia e Teresa.

ESERCIZIO E: Scegliere vero o falso secondo il dialogo in esercizio D.

(Select true or false according to the dialogue in exercise D.)

1. Ci sono sei persone nella famiglia di Maria.	Vero	Falso
2. Maria ha due fratelli.	Vero	Falso
3. Carlo ha due sorelle.	Vero	Falso
4. Sofia è la sorella di Carlo.	Vero	Falso
5. Vittorio è il fratello di Maria.	Vero	Falso

una spiaggia in Liguria

Uscire e dare/To go out and to give

Uscire (*to go out*) and **dare** (*to give*) are two other Italian irregular verbs. Here are their conjugations:

uscire - *to go out*		dare - *to give*	
Io **esco** stasera.	*I am going out tonight.*	Io **do** i compiti.	*I give homework.*
Tu **esci** il lunedì.	*You go out on Mondays.*	Tu **dai** un bacio.	*You give a kiss.*
Lui, lei, Lei non **esce** il martedì. 1 name/ singular noun	*He/She does not go out on Tuesdays.* *You do not go out on Tuesdays.*	Lui, lei, Lei **dà** il permesso. 1 name/ singular noun	*He/She gives permission.* *You give permission.*
Noi **usciamo** con Anna.	*We are going out with Anna.*	Noi **diamo** i voti.	*We give grades.*
Voi **uscite** spesso.	*You go out often.*	Voi **date** due dollari.	*You give two dollars.*
Loro **escono** con gli zii. 2 + names/ plural nouns	*They go out with their aunts and uncles.*	Loro **danno** un abbraccio alla mamma. 2 + names/ plural nouns	*They give a hug to their mom.*

ESERCIZIO A: Scrivere la forma corretta del verbo in parentesi.
(Write the correct form of the verb in parentheses.)

1. Non mi piace **(to go out)** _____ troppo tardi.
2. I loro cugini **(are going out)** _____ con i nonni stasera.
3. Sua sorella **(is going out)** _____ con il mio amico Paolo.
4. A che ora **(are going out)** _____ voi giovedì sera?
5. Io e mio cugino Marco **(go out)** _____ ogni mercoledì pomeriggio.

ESERCIZIO B: Scrivere la forma corretta del verbo in parentesi.
(Write the correct form of the verb in parentheses.)

1. Io e mia zia **(are giving)** _____ una festa ai nipotini.
2. Tu **(give)** _____ un abbraccio a tua sorella.
3. Loro **(give)** _____ un regalo al loro vicino.
4. Chi **(gives)** _____ i voti agli studenti?
5. Io **(give)** _____ sempre un bacio e un abbraccio ai genitori.

1. **A che ora uscite domani sera?**
   A. At what time is she going out tomorrow night?
   B. At what time are they going out tomorrow night?
   C. At what time are you going out tomorrow night?

2. **Chi dà il benvenuto agli studenti?**
   A. Who is welcoming the students?
   B. Who is giving permission to the students?
   C. Who is shaking the students' hands?

Sostantivi irregolari/Irregular nouns ⓖ

- Remember that nouns (*sostantivi*) can be either masculine or feminine in gender (*genere*), and singular or plural in number (*numero*).
- In general, masculine singular nouns end in **-o** and masculine plural nouns end in **-i**; feminine singular nouns end in **-a** and feminine plural nouns end in **-e.**

  il nonn**o** (*grandfather*)   i nonn**i** (*grandfathers*)
  la nonn**a** (*grandmother*)   le nonn**e** (*grandmothers*)

- There are also some nouns that end in **-e** in the singular that are either masculine or feminine that change their ending to **-i** in the plural. The definite article of these nouns determines their gender and number.

  il nipot**e** (*grandson/nephew*)   i nipot**i** (*grandchildren/nephews/nieces*)
  la class**e** (*class*)   le class**i** (*classes*)
  la lezion**e** (*lesson*)   le lezion**i** (*lessons*)
  l'esam**e** (*test*)   gli esam**i** (*tests*)

Here are some common exceptions in Italian:

1. Some feminine nouns end in **-o.** Their plural form ends in **-i.**
   la man**o** (*the hand*)   le man**i** (*the hands*)

2. If a noun is abbreviated, it does not change in the plural; **ONLY** the definite article is pluralized.
   la bici (la **bici**cletta)   le bici (le **bici**clette) (*bikes*)
   il cinema (il **cinema**tografo)   i cinema (i **cinema**tografi) (*cinemas*)
   l'euro (l'**euro**dollaro)   gli euro (gli **euro**dollari) (*euros*)
   la foto (la **foto**grafia)   le foto (le **foto**grafie) (*photos*)
   la metro (la **metro**politana)   le metro (le **metro**politane) (*metros*)
   la moto (la **moto**cicletta)   le moto (le **moto**ciclette) (*motorcycles*)
   la radio (la **radio**fonia)   le radio (le **radio**fonie) (*radios*)

3. Some masculine nouns end in **-ma.** Their plural form ends in **-i.**
   il proble**ma** (*problem*)   i proble**mi** (*problems*)
   il te**ma** (*topic; composition*)   i te**mi** (*topics; compositions*)

4. Some masculine nouns have unusual plural forms. These nouns must be memorized.
   il bracci**o** (*arm*)   **le** bracc**ia** (*arms*)
   il dit**o** (*finger*)   **le** dit**a** (*fingers*)
   il ginocchi**o** (*knee*)   **le** ginocch**ia** (*knees*)

ESERCIZIO A: Riscrivere le seguenti frasi cambiando i sostantivi in neretto dal singolare al plurale o dal plurale al singolare.

(Rewrite the following sentences by changing the nouns in bold from the singular to the plural or from the plural to the singular.)

1. Dove parcheggia **la moto**?
2. Il professore insegna **le lezioni** dopo mezzogiorno.
3. I genitori comprano **la bici** per i loro figli.
4. Chi ha **la foto** del porto di Genova?
5. Non posso muovere **il braccio**.
6. Gli studenti non capiscono **il problema** di matematica.
7. Volete discutere **il tema** prima o dopo la lezione?

ESERCIZIO B: Completare ogni frase con il sostantivo irregolare elencato.

(Complete each sentence with the correct irregular noun listed below.)

ginocchia	sport	tema	mano	città
film	dita	bar	autobus	euro

1. Stasera scrivo un _____ per la classe d'inglese.
2. Franco e Giovanni preferiscono i _____ d'orrore.
3. Portofino e San Remo sono le mie _____ preferite in Liguria.
4. La _____ ha cinque _____.
5. Le _____ fanno parte delle gambe.
6. Noi prendiamo il caffè in un _____ in Via Nizza e paghiamo un_____ .
7. Gli studenti vanno a scuola in _____.
8. Il calcio e il tennis sono due _____ popolari.

Le parti del corpo umano/Parts of the human body Ⓥ

1. **la bocca -** *mouth*
2. **il braccio -** *arm*
3. **il collo -** *neck*
4. **i denti -** *teeth*
5. **il dito -** *finger*
6. **il viso/la faccia -** *face*
7. **la gamba -** *leg*
8. **il ginocchio -** *knee*
9. **la gola -** *throat*
10. **le labbra -** *lips*
11. **la lingua -** *tongue*
12. **la mano -** *hand*
13. **il naso -** *nose*
14. **gli occhi -** *eyes*
15. **gli orecchi/le orecchie -** *ears*
16. **il piede -** *foot*
17. **la schiena -** *back*
18. **la spalla -** *shoulder*
19. **lo stomaco -** *stomach*
20. **la testa -** *head*

ESERCIZIO A: Scegliere la traduzione corretta in italiano.
(Select the correct Italian translation.)

1. **I like his smiling face.**
   A. Mi piace il nostro viso sorridente.
   B. Mi piace il suo viso sorridente.
   C. Mi piace il loro viso sorridente.

2. **Her hair is very long.**
   A. I suoi capelli sono molto lunghi.
   B. I miei capelli sono molto lunghi.
   C. I tuoi capelli sono molto lunghi.

3. **Their teeth are white.**
   A. I loro visi sono bianchi.
   B. I loro orecchi sono bianchi.
   C. I loro denti sono bianchi.

4. **I have a sore throat.**
   A. Ho mal di gola.
   B. Ho mal di stomaco.
   C. Ho mal di testa.

5. **Your (informal singular) eyes are blue.**
   A. I vostri occhi sono azzurri.
   B. I tuoi occhi sono azzurri.
   C. I Suoi occhi sono azzurri.

6. **Your (informal plural) ears are big.**
   A. Le vostre orecchie sono grandi.
   B. Le tue orecchie sono grandi.
   C. Le Sue orecchie sono grandi.

7. **His back is strong.**
   A. La sua spalla è forte.
   B. La sua mano è forte.
   C. La sua schiena è forte.

8. **Her legs are short.**
   A. Le tue gambe sono corte.
   B. Le nostre gambe sono corte.
   C. Le sue gambe sono corte.

9. **My hands are cold.**
   A. Le mie dita sono fredde.
   B. Le mie mani sono fredde.
   C. Le mie ginocchia sono fredde.

10. **Our feet are warm.**
    A. I nostri occhi sono caldi.
    B. I nostri piedi sono caldi.
    C. I nostri stomaci sono caldi.

ESERCIZIO B: Disegnare un corpo umano con almeno 10 parti del corpo e descrivere il disegno alla classe in italiano.

(Draw a human body with at least 10 parts of the body and describe the drawing to the class in Italian.)

ESERCIZIO C: Completare ogni frase con una parte del corpo che corrisponde al verbo.

(Complete each sentence with a body part that corresponds to the verb.)

1. Ascoltiamo con _____.

2. Scriviamo con _____.

3. Tocchiamo con _____.

4. Mangiamo con _____.

5. Guardiamo con _____.

6. Abbracciamo con _____.

7. Baciamo con _____.

8. Leggiamo con _____.

9. Camminiamo con _____.

ESERCIZIO D: Giocare a "Simone dice…" in italiano.

(Play "Simon says…" in Italian.)

- Simone dice "toccate …"
- Simone dice "abbassate …"
- Simone dice "chiudete …"
- Simone dice "aprite …"
- Simone dice "piegate …"
- Simone dice "girate …"
- Simone dice "muovete …"
- Simone dice "guardate …"
- Simone dice "alzate …"

ESERCIZIO E: Leggere il seguente brano con attenzione e poi scegliere le risposte corrette per completare il brano.

(Read the following passage carefully and then select the correct responses to complete the passage.)

Michelina, la **(1)…** di Liliana, ha due figli: una figlia e **(2)…** figlio. Ogni volta che Liliana controlla la mail, riceve **(3)…** foto dei suoi nipotini. Quando vede i loro visi così sorridenti e **(4)…** occhi che brillano come il sole, si sente battere il cuore più velocemente. Ammira le foto da capo a **(5)…** per molto tempo e dimentica tutti i suoi **(6)…** . Le sue preferite sono quelle dove il fratello abbraccia o bacia la sorella. Che bella **(7)…** !

1. A. cugina   B. figlia   C. zia   D. moglie

2. A. uno   B. una   C. un   D. un'

3. A. molto   B. molta   C. molti   D. molte

4. A. i loro   B. i miei   C. i nostri   D. i vostri

5. A. gomiti   B. menti   C. capelli   D. piedi

6. A. panini   B. problemi   C. piloti   D. pantaloni

7. A. schiena   B. famiglia   C. zia   D. spalla

Le Cinque Abilità
Ascolto, Lettura, Scrittura, Comunicazione, Cultura

Ascolto 1 Interpretive Mode

Ascoltare la conversazione attentamente e poi scegliere le risposte corrette.
(Listen carefully to the conversation and then select the correct responses.)

1. Perché la signorina va dal dottore?

A. Ha mal di stomaco. C. Ha mal di gambe.

B. Ha mal di schiena. D. Ha mal di gola.

2. Che cosa aiuta la signorina?

A. l'energia C. la febbre

B. l'influenza D. la medicina

3. Cosa riceve la signorina dal dottore?

A. una medicina C. una ricetta

B. una rivista D. una bevanda

Ascolto 2 Interpretive Mode

Ascoltare la conversazione con attenzione e poi scegliere le risposte corrette.
(Listen carefully to the conversation and then select the correct responses.)

1. Perché questa mattina Gianni non mangia?

A. Non ha fame. C. Non sta bene.

B. Ha fretta. D. Vuole studiare.

2. Cosa preferisce fare Gianni?

A. fare colazione C. prendere la medicina

B. andare a scuola D. ritornare a letto

3. Cosa fa la madre di Gianni?

A. Dà l'esame di storia. C. Prepara una medicina.

B. Va in farmacia. D. Parla con la professoressa di Gianni.

Genova

Leggere la seguente lettura attentamente e poi completare e rispondere alle domande.
(Read the following passage carefully and then complete and answer the questions.)

La famiglia di Marco

Io, Marco, ho una bella famiglia. Ci sono otto persone nella mia famiglia e abbiamo un cane molto piccolo, Doriano. I membri della mia famiglia sono mio padre, mia madre, i miei due fratelli, mia sorella, mio nonno, mia nonna ed io. I miei nonni, i genitori di mia madre, abitano con noi. Sono molto generosi e simpatici. Siccome sono in pensione, mia nonna cucina molto e mio nonno aiuta in cucina. I miei genitori sono bravi e divertenti. Il mio papà lavora in città e la mia mamma lavora vicino a casa. Io e tutti i miei fratelli frequentiamo la scuola. Quando noi ritorniamo a casa, io faccio subito i compiti, i miei fratelli giocano a pallone e mia sorella corre per un'ora. Poi, alle diciotto, mangiamo una buona cena e parliamo a tavola. Dopo cena, guardiamo la televisione e finalmente alle ventidue andiamo a letto.

A. Completare le frasi in italiano secondo la lettura «La famiglia di Marco».
(Complete the Italian sentences according to the reading "Marco's family".)

1. In questa famiglia ci sono _____.
2. I membri di questa famiglia sono _____.
3. I nonni di Marco sono _____.
4. I suoi genitori sono _____.
5. I nonni non lavorano perché sono _____.

B. Rispondere alle domande in frasi complete in italiano secondo «La famiglia di Marco».
(Answer the questions in complete Italian sentences according to "Marco's family".)

1. Dove lavorano i genitori di Marco?
   _____

2. Cosa fa la famiglia dopo la cena?
   _____

3. Com'è il cane?
   _____

4. Quali nonni abitano con la famiglia di Marco?
   _____

Scrittura Interpretive Mode

ESERCIZIO A:

Scegliere Foto A o Foto B e poi descrivere la foto in italiano in un paragrafo di almeno otto frasi.
(Select Photo A or Photo B and then describe the photo in a paragraph of at least eight Italian sentences.)

Foto A

Foto B

Comunicazione Orale Interpretive and Presentational Modes

ESERCIZIO A: Portare una foto di una famiglia e descrivere i membri della famiglia davanti alla classe in italiano.
(Bring a photograph of a family and describe the members of the family in front of the class in Italian.)

ESERCIZIO B: Fare una conversazione con un compagno/una compagna.
(Converse with a classmate.)

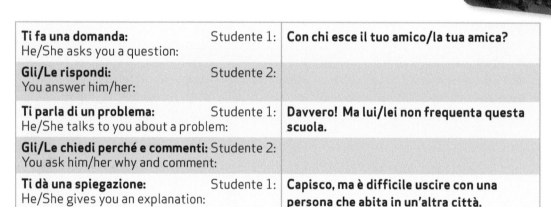

Ti fa una domanda: He/She asks you a question:	Studente 1:	**Con chi esce il tuo amico/la tua amica?**
Gli/Le rispondi: You answer him/her:	Studente 2:	
Ti parla di un problema: He/She talks to you about a problem:	Studente 1:	**Davvero! Ma lui/lei non frequenta questa scuola.**
Gli/Le chiedi perché e commenti: You ask him/her why and comment:	Studente 2:	
Ti dà una spiegazione: He/She gives you an explanation:	Studente 1:	**Capisco, ma è difficile uscire con una persona che abita in un'altra città.**

Cultura Interpretive Mode

Leggere le seguenti informazioni sulla Liguria per completare e discutere gli esercizi.
(Read the following information about Liguria to complete and discuss the exercises.)

1. È una regione del nord.

2. Il capoluogo è Genova, un porto molto grande e la città natale di Cristoforo Colombo.

3. Gli abitanti della Liguria sono chiamati i liguri.

4. La Liguria confina con la Francia, il Piemonte, l'Emilia-Romagna, la Toscana e il Mar Ligure.

5. È una regione industriale.

6. È ben conosciuta per la coltivazione di fiori, piante ornamentali, frutta e ortaggi, specialmente carciofi e asparagi e per la produzione d'olio d'oliva.

7. L'economia ligure è aumentata dal turismo, grazie alle sue bellezze naturali, magnifiche coste e splendide spiagge.

8. La regione è divisa in due parti: La Riviera di Ponente che confina con la Francia e La Riviera di Levante che confina con il Golfo di La Spezia.

9. Altre città importanti da ricordare sono:

   * **San Remo,** Città dei Fiori e città del Festival della Canzone Italiana che ha luogo tra la fine di febbraio e l'inizio di marzo.
   * **Savona** è il secondo porto più importante della Liguria dopo Genova. La città è famosa per l'invenzione del sapone "savona".
   * **Portofino** è un porto e un gradevole posto turistico del Mar Mediterraneo.
   * **La Spezia** è ricca di storia ed è sempre stata la città verde per i suoi bellissimi parchi e per i suoi giardini naturali.
   * **Le Cinque Terre,** un insieme di cinque borghi, Monterosso, Vernazza, Corniglia, Manarola e Riomaggiore sono situati sulla riviera ligure di Levante. Questi cinque borghi costituiscono una delle principali attrattive turistiche della riviera ligure.
   * **Ventimiglia** è rinomata per le sue spiagge sabbiose e per i suoi siti storici e naturali. Ogni anno ospita la Battaglia dei Fiori, un famoso evento internazionale. Il turismo e il commercio prosperano a Ventimiglia per la sua magnifica posizione geografica.

la focaccia

un carciofo

il pesto

un teatro a San Remo

il pandolce

10. La Liguria è famosa per il pesto (una ricetta a base di basilico, olio, pignoli e formaggio), per la focaccia e per il pandolce (un tipo di panettone basso).

11. Alcune persone famose della Liguria sono:

- Cristoforo Colombo (*esploratore, 1451–1506*)
- Niccolò Paganini (*musicista 1782–1840*)
- Giuseppe Mazzini (*politico, 1805–1872*)
- Eugenio Montale (*poeta, 1896–1981*)

Cristoforo Colombo   Niccolò Paganini   Giuseppe Mazzini

 **www.regione.liguria.it**

 ESERCIZIO A: Leggere con attenzione e poi scegliere *Vero* o *Falso*.
(*Read carefully and then select* True or False.)

		Vero	Falso
1.	Cristoforo Colombo è nato a Genova.	Vero	Falso
2.	Cinque Terre è il capoluogo della Liguria.	Vero	Falso
3.	La Battaglia dei Fiori ha luogo a Ventimiglia.	Vero	Falso
4.	Il poeta Eugenio Montale è nato in Liguria.	Vero	Falso
5.	La Liguria è famosa per le sue bellezze naturali.	Vero	Falso
6.	I liguri sono gli abitanti della Liguria.	Vero	Falso
7.	Un porto del Mar Adriatico è Genova.	Vero	Falso
8.	Riomaggiore è uno dei borghi delle Cinque Terre.	Vero	Falso
9.	La Liguria è famosa per il pesto.	Vero	Falso
10.	Le due parti della riviera italiana sono Ponente e Levante.	Vero	Falso

 ESERCIZIO B: Scegliere le risposte corrette. Fare una ricerca su Internet se necessario.
(*Select the correct responses. Do Internet research if necessary.*)

1. Il porto più grande e importante della Liguria è ... .
   A. Genova   B. Portofino   C. Ventimiglia   D. La Spezia

2. Le Cinque Terre è un insieme di ... borghi.
   A. tre   B. quattro   C. sei   D. cinque

3. *Il Festival della Canzone Italiana* ha luogo a ... .
   A. Corniglia   B. Monterosso   C. San Remo   D. Savona

4. ... è un tipo di panettone di questa regione.
   A. Il tiramisù   B. Il pandolce   C. La zeppola   D. La torta

5. Un esploratore molto famoso di questa regione è ... .
   A. Colombo   B. Mazzini   C. Montale   D. Paganini

Manarola, Cinque Terre

aggettivi

aumentato - increased; boosted
divertente - enjoyable; fun
libero - free
materno - maternal
sorridente - smiling; happy
umano - human
veloce - fast

espressioni

da capo a - from head to toe
dare il benvenuto – to welcome someone
in pensione - retired

nomi

la famiglia - family (pagina 150, Indice 302)
il corpo umano - human body (pagina 159, Indice 302)
la febbre - fever
la foto - photograph (f.)
il letto - bed
il membro - member
la metro - metro (f.)
la moto - motorcycle (f.)
l'orrore - horror (m.)
i parenti - relatives
la partita - game
il passaggio - ride
il problema - problem (m.)
la radio - radio (f.)
il regalo - gift
la ricetta - prescription
il tema - topic; composition (m.)
la via - street

verbi

abbassare - to lower
alzare - to raise; lift
battere - to beat
dare - to give (pagina 157, Indice 307)
dare il benvenuto - to welcome
disegnare - to draw
girare - to turn
muovere - to move
piegare - to bend
riscrivere - to rewrite
uscire - to go out (pagina 157, Indice 307)

un panorama di Vernazza

Reggio Calabria e lo Stretto di Messina

LA CALABRIA

ITALIA

Vibo Valentia in Calabria

Objectives:

- Identify and use the irregular verbs "to want; to wish" (*volere*), "to have to; must" (*dovere*), and "to come" (*venire*).
- Describe places in a city or town.
- Use prepositions and contract them with definite articles (prepositional contractions).
- Identify and use the demonstrative adjectives "this" (*questo*) and "that" (*quello*).
- Locate and discuss characteristics of the region of Calabria.

Per chiacchierare:

- What are some goals that you want to achieve within the next five years and how will you achieve them?
- What are some of your favorite places to go? Why?
- What is Calabria known for?

Discuss the proverb:

Volere è potere.

Where there's a will there's a way.

Volere (*to want; to wish*), **dovere** (*to have to; must*) and **venire** (*to come*) are three other irregular verbs. Here are their conjugations:

volere - *to want; wish; desire*	dovere - *to have to; must*	venire - *to come*
Io **voglio** un'arancia.	Io **devo** pagare.	Io **vengo** alle quindici.
Tu **vuoi** un dolce?	Tu **devi** fare colazione.	Tu **vieni** a mezzogiorno.
Lui, lei, Lei **vuole** cucinare. 1 name/singular noun	Lui, lei, Lei **deve** lavorare. 1 name/singular noun	Lui, lei, Lei **viene** all'una. 1 name/singular noun
Noi **vogliamo** un'auto.	Noi **dobbiamo** imparare.	Noi **veniamo** a casa.
Voi **volete** viaggiare.	Voi **dovete** ascoltare.	Voi **venite** sabato?
Loro **vogliono** cantare. 2 + names/plural nouns	Loro **devono** correre? 2 + names/plural nouns	Loro **vengono** al liceo. 2 + names/plural nouns

1. **Dovere** is followed by an infinitive.
2. **Volere** can be followed by an infinitive or a noun.
   - **Voglio** is **not** used when making a request; **vorrei** (*I would like*) is used instead.

   Esempio: Vorrei un secondo con un contorno.
   I would like a second course with a side dish.

ESERCIZIO A: Scegliere la traduzione corretta.
(Select the correct translation.)

1. **We have to go home.**
   A. Dobbiamo andare a casa.
   B. Vogliamo andare a casa.
   C. Veniamo a casa.

2. **She has to look for her brother.**
   A. Lei vuole un fratello.
   B. Lei ha un fratello.
   C. Lei deve cercare suo fratello.

3. **They are coming at 1 o'clock.**
   A. Loro vengono all'una.
   B. Loro giocano all'una.
   C. Loro vincono all'una.

4. **Why don't you want to eat the spinach?**
   A. Perché non potete mangiare gli spinaci?
   B. Perché non dovete mangiare gli spinaci?
   C. Perché non volete mangiare gli spinaci?

il Monumento di Vittorio
Emanuele a Reggio Calabria

ESERCIZIO B: Scegliere la traduzione corretta.
(Select the correct translation.)

1. **Chi vuole venire al mare?**
   A. Who wants to come to the beach?
   B. Who has to come to the beach?
   C. Who can come to the beach?

2. **A che ora venite alla lezione?**
   A. At what time is she coming to class?
   B. At what time are they coming to class?
   C. At what time are you coming to class?

3. **Devo lavorare domani?**
   A. Do I want to work tomorrow?
   B. Can I work tomorrow?
   C. Do I have to work tomorrow?

4. **Vuoi le pere o le fragole?**
   A. Do they want pears or strawberries?
   B. Do you want pears or strawberries?
   C. Does he want pears or strawberries?

ESERCIZIO C: Con un compagno/una compagna, fare e rispondere alle seguenti domande in italiano.
(With a classmate, ask and answer the following questions in Italian.)

1. Che cosa devi fare stasera?
2. Dove vuoi andare domenica pomeriggio?
3. Come vieni a scuola?
4. Vuoi l'aragosta o i gamberi a cena?
5. Perché vuoi andare in Calabria?

Scilla

Ecco una lista dei posti/luoghi più conosciuti in una città o in un paese.
(Here is a list of some of the most common places found in a city or town.)

1. **l'aeroporto** - *airport*
2. **l'albergo** - *hotel*
3. **la banca/il bancomat** - *bank/ATM*
4. **il bar** - *coffee shop*
5. **il cinema** - *cinema; movie theater*
6. **la farmacia** - *pharmacy*
7. **il liceo** - *high school*
8. **il museo** - *museum*
9. **il negozio** - *store*
10. **l'ospedale** - *hospital*
11. **la palestra** - *gym*
12. **il parco** - *park*
13. **il ristorante** - *restaurant*
14. **lo stadio** - *stadium*
15. **l'ufficio postale** - *post office*
16. **lo zoo** - *zoo*

ESERCIZIO A: Abbinare la Colonna A con la Colonna B.
(Match Column A with Column B.)

Colonna A	Colonna B
1. _____ un ospedale	A. gli aerei
2. _____ un museo	B. Reggio Calabria
3. _____ un negozio	C. i vestiti/l'abbigliamento
4. _____ una scuola	D. i francobolli
5. _____ una farmacia	E. la medicina
6. _____ una banca	F. gli animali
7. _____ un bar	G. un espresso
8. _____ un ufficio postale	H. una professoressa
9. _____ uno zoo	I. l'arte
10. _____ un cinema	J. una dottoressa
11. _____ un aeroporto	K. uno sport
12. _____ un albergo	L. i film
13. _____ una città	M. una camera singola
14. _____ uno stadio	N. i dollari/gli euro

ESERCIZIO B: Completare le seguenti frasi in italiano con i posti elencati.
(Complete the following sentences in Italian with the places listed below.)

liceo	cinema	bar	zoo	negozio
stadio	ufficio	palestra	farmacia	ospedale

1. Le dottoresse lavorano in un _____ a Cosenza.
2. Anna va al _____ per vedere un film recente.
3. Ogni giorno facciamo ginnastica in _____.
4. Quando non sto bene vado in _____ per comprare la medicina.
5. Loro prendono una brioche al _____ vicino a scuola.
6. I giocatori giocano a calcio allo _____ a Lamezia.
7. Impariamo l'italiano, la storia e le scienze in un _____.
8. A che ora venite dall' _____?
9. Mia nipote vuole andare allo _____ per vedere gli animali, specialmente gli elefanti.
10. Per comprare un paio di scarpe da tennis, vado in un _____.

 ESERCIZIO C: Con un compagno/una compagna, fare e rispondere alle seguenti domande in italiano.
(With a classmate, ask and answer the following questions in Italian.)

1. Com'è la tua scuola?
2. Qual è il tuo negozio preferito? Perché?
3. Quando vai al bancomat?
4. C'è un aeroporto dove abiti?
5. Dove vai per fare ginnastica?
6. Perché devi andare all'ufficio postale?

 ESERCIZIO D: Con un compagno/una compagna fare e rispondere alle seguenti domande. Seguire l'esempio.
(With a classmate ask and answer the following questions. Follow the example.)

Esempio: l'ospedale

         Studente 1: Dov'è l'ospedale?

         Studente 2: L'ospedale **è in via Main, numero 79.**

1. la farmacia
2. il liceo
3. il bancomat
4. il ristorante
5. l'albergo

l'aeroporto a Lamezia Terme

A **preposition** (*preposizione*) is a word used to show the relationship of a noun or a pronoun to some other word or words in the sentence.

The most common prepositions are:

1. **di** – *of/about*
2. **su** - *on/above*
3. **a** - *to/at*
4. **in** - *in/inside*
5. **da** - *from/by*

These five prepositions are contracted with definite articles to form one word. They are called prepositional contractions or *le preposizioni articolate*. When **di** (of/about) is contracted, it becomes **de**; when **in** (in/inside) is contracted, it becomes **ne**.

Here are the contractions of the five prepositions when followed by the definite articles:

	il	lo	l'	la	i	gli	le
di (*of/about the*)	**del** (di+il)	**dello** (di+lo)	**dell'** (di+l')	**della** (di+la)	**dei** (di+i)	**degli** (di+gli)	**delle** (di+le)
su (*on/above the*)	**sul** (su+il)	**sullo** (su+lo)	**sull'** (su+l')	**sulla** (su+la)	**sui** (su+i)	**sugli** (su+gli)	**sulle** (su+le)
a (*to /at the*)	**al** (a+il)	**allo** (a+lo)	**all'** (a+l')	**alla** (a+la)	**ai** (a+i)	**agli** (a+gli)	**alle** (a+le)
in (*in/inside the*)	**nel** (in+il)	**nello** (in+lo)	**nell'** (in+l')	**nella** (in+la)	**nei** (in+i)	**negli** (in+gli)	**nelle** (in+le)
da (*from/by the*)	**dal** (da+il)	**dallo** (da+lo)	**dall'** (da+l')	**dalla** (da+la)	**dai** (da+i)	**dagli** (da+gli)	**dalle** (da+le)

Esempi:

1. Gli esami **degli** (*di+gli*) studenti sono facili.
   The students' exams are easy.

2. I tuoi compiti sono **sul** (*su+il*) banco?
   Are your assignments on the desk?

3. Mia sorella va **ai** (*a+i*) concerti spesso.
   My sister goes to concerts often.

4. Il dizionario è **nello** (*in+lo*) zaino.
   The dictionary is in the backpack.

5. Noi ritorniamo **dall'** (*da+l'*) ufficio **alle** (*a+le*) quindici.
   We return from the office at 3 pm.

ATTENZIONE!
To review definite articles, refer to Sito 2.

ESERCIZIO A: Scegliere la preposizione articolata corretta e poi tradurre ogni frase in inglese.
(Choose the correct prepositional contraction and then translate each sentence into English.)

1. Sua figlia va _____ ufficio postale per comprare dei francobolli.

    A. al   B. allo   C. all'   D. alla

    inglese: _____

2. Devo andare _____ supermercato per comprare mezzo chilo di frutta fresca.

    A. al   B. allo   C. all'   D. alla

    inglese: _____

3. I denti e la lingua sono _____ bocca.

    A. nel   B. nello   C. nell'   D. nella

    inglese: _____

4. Ci sono molti bambini _____ parco oggi.

    A. nel   B. nello   C. nell'   D. nella

    inglese: _____

5. A che ora ritornano i tuoi cugini _____ stadio?

    A. dal   B. dallo   C. dall'   D. dalla

    inglese: _____

6. Il bar _____ signor Calabro è vicino _____ cinema.

    A. del   B. dello   C. dell'   D. della

    A. alla   B. allo   C. all'   D. al

    inglese: _____

7. Vorrei molto formaggio _____ spaghetti.

    A. sugli   B. sui   C. sull'   D. sulle

    inglese: _____

8. I quaderni _____ signorine sono _____ banco.

    A. dei   B. degli   C. dello   D. delle

    A. sul   B. sullo   C. sulla   D. sull'

    inglese: _____

The preposition **"in"** is not contracted with the definite article before rooms of a house and some places when they are **not modified**:

Stanze della casa/ Rooms of the house:	Posti/ Places:
in sala da pranzo - *in the dining room*	**in banca** - *in/at the bank*
in salotto - *in the living room*	**in chiesa** - *in the church*
in cucina - *in the kitchen*	**in centro** - *downtown*
in bagno - *in the bathroom*	**in albergo** - *in the hotel*
in camera da letto - *in the bedroom*	**in piazza** - *in the square*
	in palestra - *in/at the gym*
	in ufficio - *in/at the office*
	in biblioteca - *in/at the library*

Esempi:

1. Mangiamo **in** sala da pranzo. — *We eat in the dining room.*
2. Guardano la tele **in** salotto. — *They watch TV in the living room.*
3. Fai colazione **in** cucina? — *Do you have breakfast in the kitchen?*
4. Voglio andare **in** centro oggi. — *I want to go downtown today.*
5. A che ora venite **in** piazza? — *At what time are you coming to the square?*
6. Devo andare **in** palestra. — *I have to go to the gym.*
7. L'avvocato lavora **in** ufficio. — *The lawyer works in the office.*

Altre preposizioni comuni/Other common prepositions G

Here is a list of other common Italian prepositions. These prepositions **do not contract** with definite articles.

con - *with*	**senza** - *without*
prima di - *before*	**dopo** - *after*
vicino a - *near to*	**lontano da** - *far from*
davanti a - *in front of*	**dietro** - *behind; in back of*
sopra - *above; on*	**sotto** - *under; below*
dentro - *inside*	**fuori** - *outside*
per - *for; through*	
tra/fra - *between; within; among*	

Esempi:

1. La banca è **vicino a**lla biblioteca. — *The bank is **near** the library.*
2. Il parco è **lontano da**lla spiaggia. — *The park is **far** from the beach.*
3. C'è un bancomat **dietro** l'albergo? — *Is there an ATM **behind** the hotel?*
4. Ci vediamo **tra** dieci minuti. — *We'll see each other **(with) in** ten minutes.*
5. Devo bere il caffè **senza** zucchero. — *I must drink coffee **without** sugar.*
6. Fa molto caldo. Vado **sotto** l'albero. — *It's hot. I am going **under** the tree.*
7. Vuoi andare **fuori** o rimanere **dentro**? — *Do you want to go **outside** or stay **inside**?*

ESERCIZIO A: Dov'è la volpe? Scrivere una frase originale in italiano con la preposizione corretta per ogni immagine.

(Where is the fox? Write an original sentence in Italian with the correct preposition for every picture.)

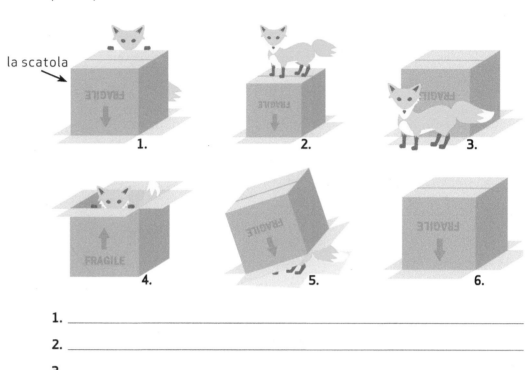

la scatola

1.
2.
3.
4.
5.
6.

1. _____

2. _____

3. _____

4. _____

5. _____

6. _____

ESERCIZIO B: Leggere con attenzione e poi scegliere le risposte corrette.
(Read carefully and then select the correct responses.)

1. **Dove sono i tuoi quaderni?**

   A. Sono per la lezione.   B. Sono sotto il banco.   C. Sono dentro l'orologio.

2. **Dove sono i denti?**

   A. Sono dentro la bocca.   B. Sono sopra la testa.   C. Sono dietro gli orecchi.

3. **Dov'è il professore?**

   A. tra l'aula   B. per l'esame   C. davanti alla lavagna

4. **Come ti piace il caffè?**

   A. Mi piace con olio d'oliva.   B. Mi piace senza zucchero.   C. Mi piace dopo la colazione.

5. **Dov'è l'ufficio postale?**

   A. in aula   B. con la biblioteca   C. fra il museo e la palestra

ESERCIZIO C: Scegliere le preposizioni corrette per completare il brano.
(Select the correct prepositions to complete the passage.)

Una gita

Domani vado **(1)...** San Giacomo d' Acri per andare a trovare i parenti. In questo piccolo paese c'è il mio ristorante preferito **(2)...** alla bellissima chiesa. Il ristorante, <<da Iolanda>>, è molto famoso **(3)...** i suoi *fusilli al pomodoro e basilico*. Non troppo **(4)...** dal ristorante c'è un parco dove i bambini giocano a pallone, i giovani fanno delle passeggiate e gli anziani giocano a bocce.

Voglio arrivare **(5)...** tredici così posso pranzare insieme con i miei parenti. Non vedo l'ora!

1. A. a	B. da	C. in	D. su
2. A. senza	B. tra	C. sotto	D. vicino
3. A. per	B. di	C. dopo	D. sopra
4. A. dietro	B. prima	C. lontano	D. davanti
5. A. all'	B. alle	C. alla	D. ai

Aggettivi dimostrativi/Demonstrative adjectives **G**

In English, demonstrative adjectives (**this/these, that/those**) demonstrate, indicate, or distinguish one individual, thing, event, or idea from another.

In Italian, **questo** (*this*) and **quello** (*that*) precede the noun and have different forms that must agree in gender and in number with the noun they modify.

Here are the forms and uses of **questo** (*this*) in the singular and plural.

Maschile/Femminile singolare		Maschile/Femminile plurale	
this	**Questo** is used with masculine singular nouns that begin with consonants. *Esempio:* **Questo** bambino è carino.	these	**Questi** is used with all masculine plural nouns. *Esempio:* **Questi** bambini sono carini.
this	**Questa** is used with feminine singular nouns that begin with consonants. *Esempio:* **Questa** ragazza è diligente.	these	**Queste** is used with all feminine plural nouns. *Esempio:* **Queste** ragazze sono diligenti.
this	**Quest'** is used with masculine or feminine singular nouns that begin with vowels. *Esempi:* **Quest'**orologio è nuovo. **Quest'**isola è magnifica.	these	*Esempi:* **Questi** orologi sono nuovi. **Queste** isole sono magnifiche.

ATTENZIONE!
The plural of **quest'** is either **questi** or **queste** depending on the gender of the noun.

	singolare (this)	plurale (these)
maschile	questo quest'	> questi
femminile	questa quest'	> queste

ESERCIZIO A: Scegliere la forma corretta dell'aggettivo dimostrativo.
(Select the correct form of the demonstrative adjective.)

1. Le mie amiche vogliono comprare … scarpe nere.

   A. questo   B. questa   C. questi   D. queste

2. Mi piacciono molto … sport.

   A. quest'   B. questa   C. questi   D. queste

3. Di chi è … zaino blu?

   A. questo   B. questa   C. questi   D. queste

4. L'acqua di … fontana è potabile.

   A. questo   B. questa   C. questi   D. queste

5. Ti piace … opera italiana?

   A. questo   B. quest'   C. questi   D. queste

The forms of the demonstrative adjectives **that** and **those** follow the same rules as the prepositional contractions. In this case, the definite article "the" is contracted with "que" as indicated in the chart below.

	il	lo	l'	la
that (que)	**quel** (que+il)	**quello** (que+lo)	**quell'** (que+l')	**quella** (que+la)

	i	gli	le
those (que)	**quei** (que+i)	**quegli** (que+gli)	**quelle** (que+le)

Here are the forms and uses of **quello** (that) in the singular and plural.

Maschile/Femminile singolare		Maschile/Femminile plurale	
that	**Quel** is used with masculine singular nouns that begin with consonants. *Esempio:* **Quel** bambino è carino.	those	**Quei** is used with masculine plural nouns that begin with consonants. *Esempio:* **Quei** bambini sono carini.
that	**Quello** is used with masculine singular nouns that begin with s+consonant or z. *Esempio:* **Quello** studente è diligente. **Quello** zaino è blu.	those	**Quegli** is used with masculine plural nouns that begin with s+consonant or z. *Esempio:* **Quegli** studenti sono diligenti. **Quegli** zaini sono blu.
that	**Quell'** is used with masculine singular nouns that begin with vowels. *Esempio:* **Quell'**uomo abita a Sibari.	those	**Quegli** is used with masculine plural nouns that begin with vowels. *Esempio:* **Quegli** uomini abitano a Sibari.
that	**Quella** is used with feminine singular nouns that begin with consonants. *Esempio:* **Quella** spiaggia è grande.	those	**Quelle** is used with all feminine plural nouns. *Esempio:* **Quelle** spiagge sono grandi.
that	**Quell'** is used with feminine singular nouns that begin with vowels. *Esempio:* **Quell'**aula è piccola.	those	*Esempio:* **Quelle** aule sono piccole.

ATTENZIONE!
The plural of **quell'** is either **quegli** or **quelle** depending on the gender of the noun.

	singolare (that)	plurale (those)
maschile	quel	> quei
	quello	> quegli
	quell'	> quegli
femminile	quella	> quelle
	quell'	> quelle

ESERCIZIO B: Scegliere la forma corretta dell'aggettivo dimostrativo.
(Select the correct form of the demonstrative adjective.)

1. Non voglio parlare con … uomo!
   A. quel   B. quell'   C. quei   D. quella

2. Non hanno paura di … cane.
   A. quelle   B. quell'   C. quella   D. quel

3. Abbiamo bisogno di … fogli di carta.
   A. quei   B. quegli   C. quello   D. quelle

4. … città sono in Calabria.
   A. Quel   B. Quell'   C. Quella   D. Quelle

5. … montagne sono gli Appennini.
   A. Quei   B. Quegli   C. Quello   D. Quelle

6. Mamma, quando andiamo a … zoo?
   A. quel   B. quello   C. quella   D. quell'

7. Non mi piacciono … stivali bianchi.
   A. quei   B. quelle   C. quello   D. quegli

8. Perché non invitiamo … parenti alla festa del compleanno?
   A. quei   B. quegli   C. quello   D. quelle

9. … signore insegna la matematica in un liceo.
   A. Quelle   B. Quel   C. Quella   D. Quello

10. … signorina parla tre lingue: l'italiano, il francese e lo spagnolo.
   A. Quello   B. Quell'   C. Quella   D. Quelle

gli Appennini

ESERCIZIO C: Completare la seguente conversazione fra Patrizia e sua madre.
(Complete the following conversation between Patrizia and her mother.)

Patrizia e sua madre arrivano in albergo a Catanzaro.

Patrizia: Mamma, mi piace **1. (this)** _____ albergo! È bellissimo!
E qui vicino ci sono molti ristoranti e negozi. Domani voglio andare a
fare lo shopping in **2. (that)** _____ negozio.

Mamma: Patrizia, è un negozio molto costoso! Andiamo a *Benedetto*
3. (near) _____ all'albergo. I loro prezzi sono ottimi.

Patrizia: Va bene, mamma. E stasera dove mangiamo? Possiamo ritornare in
4. (this) _____ ristorante? Guarda, i prezzi **5. (on the)** _____
menù sono modesti.

Mamma: Senti, c'è anche una buona pizzeria non molto lontano. Cosa vuoi
mangiare?

Patrizia: Buona domanda! Allora andiamo a **6. (that)**_____ pizzeria. Ho
voglia di mangiare una pizza Margherita perché è molto leggera e
deliziosa.

Catanzaro

Le Cinque Abilità
Ascolto, Lettura, Scrittura, Comunicazione, Cultura

Ascolto 1 Interpretive Mode

Ascoltare la conversazione attentamente e poi scegliere le risposte corrette.
(Listen carefully to the conversation and then select the correct responses.)

1. **Che cosa vuole fare Emilia?**
   A. spedire delle cartoline
   B. scrivere una mail
   C. comprare la medicina
   D. prendere un caffellatte

2. **Cosa cerca Emilia?**
   A. un bar
   B. delle cartoline
   C. una farmacia
   D. dei francobolli

3. **Perché Carmela non accompagna la sua amica all'ufficio postale?**
   A. Non ha le cartoline.
   B. Non ha i francobolli.
   C. Non ha tempo.
   D. Non ha soldi.

Ascolto 2 Interpretive Mode

Guardare l'immagine, ascoltare le domande e poi scegliere le risposte che corrispondono all'immagine.
(Look at the picture, listen to the questions, and then select the responses that correspond to the picture.)

1. A. in montagna
   B. in biblioteca
   C. al mare
   D. allo zoo

2. A. l'acqua
   B. una finestra aperta
   C. l'aeroporto
   D. un albero grande

3. A. antipatici
   B. allegri
   C. seri
   D. anziani

Leggere il seguente dialogo e poi scegliere le risposte corrette.
(Read the following dialogue and then select the correct responses.)

Maurizio: Buongiorno, Marta! Come stai?

Marta: Sto benissimo. E tu, Maurizio, come stai?

Maurizio: Anch'io sto bene. Senti, oggi è una bella giornata. Che hai intenzione di fare?

Marta: Beh, prima faccio colazione e poi vado in palestra con la mia amica Laura. Perché?

Maurizio: Vorrei andare alla spiaggia di Sibari. Perché non vieni con Laura dopo la palestra?

Marta: Grazie, Maurizio, sei molto gentile, ma non vengo. Fa troppo caldo e il sole brucia.

Maurizio: Peccato! Allora perché non ci vediamo più tardi in discoteca?

Marta: Sì, d'accordo. Però andiamo in quella discoteca nuova davanti al cinema? Ci sono sempre molte persone e la musica è fantastica.

Maurizio: Per me va benissimo. Allora ci vediamo in discoteca alle ventitré.

1. Che tempo fa?

    A. C'è molto sole.   C. È nuvoloso.

    B. Tira molto vento.   D. Piove molto.

2. Con chi va in palestra Marta?

    A. con Maurizio   C. con nessuno

    B. con il suo amico   D. con Laura

3. Perché Marta non accetta l'invito di Maurizio?

    A. Deve lavorare con Laura.   C. Non sopporta il sole.

    B. Vuole rimanere in palestra.   D. Non ha tempo.

4. Cosa fanno questi ragazzi la sera?

    A. Suonano la chitarra.   C. Prendono il sole.

    B. Vanno a ballare.   D. Discutono la spiaggia.

5. A che ora escono i ragazzi di sera?

    A. alle nove   C. alle undici

    B. alle dieci   D. alle dodici

Corigliano Calabro

ESERCIZIO A: Guardare e descrivere l'immagine seguente. È necessario includere:
(Look and describe the following picture. Be sure to include:)

- aggettivi dimostrativi *(demonstrative adjectives)*
- preposizioni/preposizioni articolate *(prepositions/prepositional contractions)*
- luoghi/posti *(places)*
- verbi regolari e irregolari *(regular and irregular verbs)*
- informazioni dei siti da 1 a 7 *(material from sito 1 to 7)*

Comunicazione Orale Interpersonal Mode

ESERCIZIO A: Con un compagno/una compagna, fare e rispondere alle seguenti domande in italiano.
(With a classmate, ask and answer the following questions in Italian.)

1. Come vengono a scuola i tuoi amici?
2. Che cosa devi fare domenica?
3. Vuoi mangiare in un ristorante messicano o cinese? Perché?
4. Chi è quella studentessa vicino alla finestra?
5. Che cosa c'è in centro?

ESERCIZIO B: Con un compagno/una compagna, leggere e commentare sulle 5 frasi usando le espressioni che seguono. Ogni persona legge e commenta su ogni frase. Seguire l'esempio.
(With a classmate, read and comment on the 5 sentences using the following expressions. Each person will read and comment on each statement. Follow the example.)

Sono d'accordo perché … - *I agree because …*	**Non sono d'accordo perché …** - *I disagree because…*
È vero perché… - *It's true because …*	**Non è vero perché …** - *It's not true because …*
Hai ragione perché … - *You are right because …*	**Ti sbagli perché…** - *You are wrong because …*

Esempio: **Vai all'ufficio postale per comprare i francobolli.**
È vero perché vado all'ufficio postale per comprare i francobolli.

1. Compri la frutta fresca in palestra.
2. Frequenti la scuola elementare.
3. Devi andare al cinema perché hai bisogno dei soldi.
4. C'è un aeroporto internazionale vicino alla tua casa.
5. Vieni a scuola a piedi.

Cultura Interpretive Mode

Leggere le seguenti informazioni sulla Calabria per completare e discutere gli esercizi.
(Read the following information about Calabria to complete and discuss the exercises.)

1. È una regione del sud.

2. Il capoluogo è Catanzaro.

3. Gli abitanti della Calabria sono chiamati i calabresi.

4. La Calabria confina al nord con la Basilicata.

5. È bagnata dal Mar Ionio all'est, dal Mar Tirreno all'ovest e dal Mar Mediterraneo al sud.

6. È una regione agricola.

7. La Calabria è famosa per i suoi 800 chilometri di costa e per le sue numerose montagne.

8. La Calabria è famosa anche per la produzione degli agrumi, dell'olio d'oliva e dei salumi.

9. Altre città della regione sono Acri, Cosenza, Crotone, Lamezia Terme, Reggio Calabria e Vibo Valentia.

10. Il Parco Nazionale della Sila, nella provincia di Cosenza, offre divertimento per ogni persona in ogni stagione dell'anno.

11. Le specialità della regione sono i **fusilli con sugo rosso** (*homemade pasta with red sauce*), **le salsicce** (*sausages*), **la nduja** (*pork meat sausages with red hot pepper*), **la rosamarina** (*small sardines in red hot pepper*) e **il caciocavallo** (*cheese*).

12. Alcuni famosi personaggi calabresi sono:
    * Gioacchino da Fiore (*monaco e filosofo, 1135–1202*)
    * Tommaso Campanella (*filosofo e astrologo, 1568–1639*)
    * Girolamo De Rada (*poeta, 1814–1903*)
    * Aroldo Tieri (*attore, 1917–2006*)
    * Gianni Amelio (*regista, 1945–*)
    * Gianni Versace (*stilista, 1946–1997*)
    * Franco Azzinari (*pittore, 1949–*)
    * Carmine Abate (*scrittore, 1954–*)
    * Gennaro Ivan Rino Gattuso (*calciatore, 1978–*)

www.regione.calabria.it

Gianni Amelio

TOMMASO CAMPANELLA
1568   1639

POSTE ITALIANE L.50

Tommaso Campanella

Crotone, Calabria

ESERCIZIO A: Leggere con attenzione e poi scegliere *Vero* o *Falso*.
(Read carefully and then select True *or* False.)

1. La Calabria si trova nell'Italia settentrionale.   Vero   Falso
2. La Calabria confina con la Puglia.   Vero   Falso
3. Acri è il capoluogo della Calabria.   Vero   Falso
4. Crotone è una città in Calabria.   Vero   Falso
5. La Calabria è una regione agricola.   Vero   Falso
6. Il caciocavallo è un tipo di salsiccia.   Vero   Falso
7. Gattuso è un famoso calciatore nato in Calabria.   Vero   Falso
8. I calabresi sono le persone nate in Calabria.   Vero   Falso
9. Gianni Versace è nato in Calabria.   Vero   Falso
10. La Calabria è una regione montagnosa.   Vero   Falso

il Mar Ionio

ESERCIZIO B: Scegliere le risposte corrette. Fare una ricerca su Internet se necessario.
(Select the correct responses. Do Internet research if necessary.)

1. La Calabria è una regione dell'Italia ...
   A. meridionale   B. settentrionale   C. centrale   D. penisolare

2. La Calabria è bagnata dal...
   A. Lago Maggiore   B. fiume Arno   C. Mar Ionio   D. vulcano Etna

3. Una specialità calabrese è ...
   A. la salsiccia   B. la nutella   C. il pesto   D. l'abbacchio

4. La Calabria è conosciuta per ... .
   A. le automobili   B. i vulcani   C. le spiagge   D. il marsala

5. ... non è una tipica specialità calabrese.
   A. Il minestrone   B. Il caciocavallo   C. La nduja   D. Il sugo rosso

La Sila

aggettivi

agricolo - agricultural
montagnoso - mountainous
potabile - drinkable; potable
quello - that
questo - this

nomi

i posti/i luoghi - places (pagina 172, Indice 305)
l'albero - tree
l'avvocato - lawyer
il bagno - bathroom
la camera da letto - bedroom
la chiave - key
la cucina - kitchen
il francobollo - stamp
il giocatore - player
il menù - menu
la partita - game (sport)
la piazza - square
il salotto - living room
la salsiccia - sausage
la sala da pranzo - dining room
la scatola - box
l'ufficio - office
la volpe - fox

preposizioni

le preposizioni - prepositions (pagine 174 e 176, Indice 305)

verbi

accettare - to accept
dovere - to have to; must (pagina 170, Indice 307)
invitare - to invite
sopportare - to bear; support
venire - to come (pagina 170, Indice 307)
volere - to want; wish; desire (pagina 170, Indice 307)
vorrei - I would like

Tropea

Orvieto in Umbria

L'UMBRIA

ITALIA

Objectives:

- Note and use expressions with the irregular verb "to do; to make" (*fare*).
- Identify clothing terms.
- Count to one billion in Italian.
- Learn and use direct object pronouns.
- Form exclamations.
- Locate and discuss characteristics of the region of Umbria.

Per chiacchierare:

- How do clothes represent society?
- Why are numbers important?
- What is unique about Umbria?

il Palazzo dei Consoli a Gubbio

Discuss the proverb:

L'abito non fa il monaco.

Clothes do not make the man./ Do not judge a book by its cover.

189

An **idiomatic expression** is an expression that cannot be translated word for word. Here is a list of common idiomatic expressions that require the verb **fare**:

1. **fare attenzione** - to pay attention	Tu **fai attenzione** in classe.
2. **fare il biglietto** - to buy a ticket	Tu non **fai il biglietto** per Perugia.
3. **fare colazione** - to have breakfast	I miei fratelli **fanno colazione** in cucina.
4. **fare una domanda** - to ask a question	Lo studente **fa una** buona **domanda**.
5. **fare una foto** - to take a picture	Voi non **fate le foto** di Gubbio?
6. **fare una gita** - to take a (short) trip	La sua famiglia **fa una gita** ad Assisi.
7. **fare una passeggiata** - to take a walk	Lei **fa una passeggiata** in Via Vannucci.
8. **fare la spesa** - to grocery shop	Io **faccio la spesa** al supermercato.
9. **fare le spese/fare lo shopping** - to shop	Le signore **fanno le spese/lo shopping** in un negozio elegante.
10. **fare la valigia** - to pack (the suitcase)	Loro **fanno la valigia** alle ventuno.
11. **fare un viaggio** - to take a (long) trip	Io **faccio un viaggio** in Umbria.

ATTENZIONE!
Fare la spesa is the only verb used when shopping for food.

 ESERCIZIO A: Con un compagno/una compagna, fare e rispondere alle seguenti domande in italiano.
(With a classmate, ask and answer the following questions in Italian.)

1. A che ora fai colazione?
2. Con chi fai colazione?
3. Cosa prendi a colazione?
4. Chi prepara la colazione?
5. Dove fai colazione?

ESERCIZIO B: Scegliere le risposte corrette.
(Select the correct responses.)

1. Mi piace prendere un cappuccino quando ... .
   A. faccio il biglietto   B. faccio colazione   C. faccio una domanda

2. Quando i professori insegnano, gli studenti ... .
   A. fanno una passeggiata   B. fanno la valigia   C. fanno molta attenzione

3. Quando mia zia ha bisogno delle verdure fresche, ... al mercato.
   A. fa una foto   B. fa una gita   C. fa la spesa

4. La mia famiglia ... durante il mese di agosto per festeggiare il Ferragosto.
   A. fa un viaggio   B. fa attenzione   C. fa una domanda

5. Domani partite per Gubbio. Stasera dovete ... .
   A. fare una gita   B. fare le valige   C. fare un viaggio

L'abbigliamento/Clothes (V)

The word "clothes" can be expressed by the Italian words "l'abbigliamento" or "i vestiti" and the verb "to wear" is either **portare** or **indossare**.

l'abbigliamento maschile	l'abbigliamento femminile	l'abbigliamento unisex
1. **l'abito (da uomo)** - *suit*	1. **l'abito (da donna)** - *dress*	1. **il cappello** - *hat*
2. **i calzini** - *socks*	2. **le calze** - *stockings*	2. **il cappotto** - *winter coat*
3. **la camicia** - *shirt*	3. **la camicetta** – *blouse*	3. **il costume da bagno** - *bathing suit*
4. **la cravatta** - *tie*	4. **la gonna** - *skirt*	4. **la giacca** - *jacket*
5. **il vestito (da uomo)** - *suit*	5. **il vestito (da donna)** - *dress; suit*	5. **i guanti** - *gloves*
		6. **l'impermeabile** - *raincoat (m.)*
		7. **i jeans** - *jeans*
		8. **la maglia** - *sweater*
		9. **la maglietta** - *t-shirt*
		10. **il maglione** - *sweatshirt*
		11. **i pantaloni/i pantaloncini** - *pants/shorts*
		12. **le scarpe** - *shoes*
		13. **le scarpe da tennis/** - *sneakers*
		14. **la sciarpa** - *scarf*
		15. **gli stivali** - *boots*
		alcuni accessori
		1. **la borsa** - *purse; bag*
		2. **la cintura** - *belt*
		3. **il portafoglio** - *wallet*

ESERCIZIO A: In gruppi di due, descrivere i vestiti di un'altra persona in classe. Gli altri studenti devono indovinare chi è la persona.

(In groups of two, describe the clothing of someone in the class. The other students have to guess who the person is.)

ESERCIZIO B: Completare le seguenti frasi in italiano con il vocabolario elencato.
(Complete the following sentences in Italian with the terms listed below.)

pantaloni	costume da bagno	gonna	tennis
stivali	cappello		guanti	camicia

1. Mio fratello porta un vestito blu, una _____ bianca e una cravatta a righe.
2. La _____ di Marisa non è corta.
3. Quando fa freddo, porto i _____ alle mani.
4. Oggi portiamo gli _____ perché nevica molto.
5. I giocatori hanno bisogno delle scarpe da _____ perché devono correre.
6. Devi portare un _____ perché andiamo al mare.
7. Non portare il _____ oggi perché tira molto vento!
8. Mi piacciono i _____ di Mario perché sono molto di moda.

ESERCIZIO C: Scegliere la risposta corretta e poi tradurre ogni frase in inglese.
(Select the correct answer and then translate each sentence into English.)

1. Ho le carte di debito, di credito e gli euro nella **(cravatta/borsa)**.
2. Mamma, dove sono **(i calzini/i maglioni)**? Ho i piedi freddi.
3. I pantaloni di Vito sono troppo grandi. Ha bisogno di **(una cintura/una gonna)**.
4. Fa fresco stasera. La nonna ha bisogno di **(una maglia/una camicetta)** per andare a fare una passeggiata.

ESERCIZIO D: Con un compagno/una compagna, fare e rispondere alle seguenti domande in italiano.
(With a classmate, ask and answer the following questions in Italian.)

1. Che cosa porti in inverno?
2. Cosa indossi quando piove?
3. Quando porti i pantaloncini?
4. Cosa porti quando vai a un matrimonio?
5. Ti piace l'abbigliamento formale o casuale? Perché?

l'acquedotto a Spoleto

Direct Object Pronouns are pronouns that receive the action done by the subject. The direct object answers the question who?, whom? or what? after the verb. Here is a list of direct object pronouns in Italian and in English:

mi - me	**ci** - us
ti - you (singolare informale)	**vi** - you (plurale informale)
lo - him; it (m.)	**li** - them (m./m. + f.)
la - her; it (f.)	**le** - them (f.)
La - you (singolare formale)	**Li, Le** - you (plurale formale)

Esempi:

I am buying **a shirt** in that store.   Io compro **una camicia** in quel negozio.
I am buying **it** in that store.   Io **la** compro in quel negozio.

Buy **what**? a shirt. Therefore "shirt" is the direct object. In English, the direct object pronoun of shirt is "it". Since the noun "shirt" in Italian is feminine singular, the direct object pronoun "it" is "la".

The waiter knows Concetta and Enzo.   Il cameriere conosce **Concetta ed Enzo**.
The waiter knows **them**.   Il cameriere **li** conosce.

Knows **whom**? Concetta and Enzo. Therefore "Concetta and Enzo" is the direct object. In English, the direct object pronoun of Concetta and Enzo is "them". Since the nouns "Concetta and Enzo" in Italian are masculine and feminine, the direct object pronoun "them" is "li". When the direct object is a mixed gender, the masculine plural direct object pronoun is used.

Mom, do you see **me**?   Mamma, tu **mi** vedi?

See **whom**? me. Therefore "me" is the direct object pronoun. In this question there is no direct object noun to replace.

ESERCIZIO A: Leggere ogni frase attentamente e poi rispondere alle domande in inglese.

(Read each sentence carefully and then answer the questions in English.)

1. **Noi portiamo gli stivali.**

   What is the direct object of this sentence in Italian?

   Which direct object pronoun in Italian will replace this direct object?

2. **Vorrei preparare l'antipasto questo pomeriggio.**

   What is the direct object of this sentence in Italian?

   Which direct object pronoun in Italian will replace this direct object?

3. **La signora cerca la borsa nera.**

   What is the direct object of this sentence in Italian?

   Which direct object pronoun in Italian will replace this direct object?

- In Italian, direct object pronouns usually **precede** the conjugated verb when there is only **one verb** in the sentence.
  Esempi:

Loro preparano **la carne** ed **i broccoli**.	*They prepare meat and broccoli.*
Loro **li** <u>preparano</u>.	*They prepare **them**.*

- If a sentence has a helping verb followed by an infinitive, the direct object pronoun can be placed before the helping verb or it can be attached to the infinitive. Drop the final **-e** of the infinitive before attaching the pronoun to the infinitive.
  Esempi:

Loro **li** <u>possono</u> <u>preparare</u>.	*They can prepare **them**.*
Loro <u>possono</u> <u>prepararli</u>.	*They can prepare **them**.*

- In a negative sentence, the word **non** is placed before the direct object pronoun or the conjugated verb (helping verb).
  Esempi:

Loro **non li** possono preparare.	*They cannot prepare **them**.*
Loro **non** possono prepararli.	*They cannot prepare **them**.*

- The verb **piacere** (to like) **NEVER** takes a direct object pronoun in Italian!
  Esempi:

Ti piace l'abito?	*Do you like **the suit**?*
Sì, mi piace.	*Yes, I like **it**.*
Ti piacciono le scarpe da tennis?	*Do you like **the sneakers**?*
Sì, mi piacciono.	*Yes, I like **them**.*

un panorama di Spello

ESERCIZIO A: Tradurre ogni frase dall'italiano all'inglese. Poi scrivere ogni frase in inglese e in italiano con il pronome oggetto diretto. Seguire l'esempio.

(Translate each sentence from Italian into English. Then write each sentence in English and in Italian with the correct direct object pronoun. Follow the example.)

> **Esempio:** **Lei compra il gelato.**
>
> a. inglese: She buys **ice cream**.
>
> b. inglese con pronome: She buys **it**.
>
> c. italiano con pronome: Lei **lo** compra.

1. **La professoressa porta la sciarpa quando fa freddo.**

    a. inglese:

    b. inglese con pronome:

    c. italiano con pronome:

2. **I bambini non mangiano i piselli e le cipolle.**

    a. inglese:

    b. inglese con pronome:

    c. italiano con pronome:

3. **Noi non vediamo Roberto in classe oggi.**

    a. inglese:

    b. inglese con pronome:

    c. italiano con pronome:

4. **Franca e Luigi leggono le riviste italiane.**

    a. inglese:

    b. inglese con pronome:

    c. italiano con pronome:

5. **Mamma, posso mangiare i biscotti adesso?**

    a. inglese:

    b inglese con pronome:

    c. italiano con pronome:

la Fontana Maggiore a Perugia

ESERCIZIO B: Riscrivere le seguenti frasi con il pronome di oggetto diretto corretto.

(Rewrite the following sentences with the correct direct object pronoun.)

1. Dove parcheggi la macchina ogni giorno?

    _____

2. Chi ascolta il cantante italiano?

    _____

3. Io incontro Daniela e Dora in piazza vicino alla Fontana Maggiore.

    _____

4. Io e Giovanni vogliamo comprare le caramelle Perugina.

    _____

5. Gli studenti devono chiudere i libri prima della prova.

    _____

ESERCIZIO C: Leggere con attenzione e poi scegliere le risposte corrette.
(Read carefully and then select the correct responses.)

1. **Prendi il tè a colazione?**
   A. Sì, io li prendo.
   B. Sì, io lo prendo.
   C. Sì, io la prendo.

2. **Quando preferiscono fare la spesa i tuoi genitori?**
   A. Preferiscono farla il giovedì.
   B. Preferiscono farle il giovedì.
   C. Preferiscono farlo il giovedì.

3. **Chi vi aiuta a fare i compiti d'italiano?**
   A. Fabio ci aiuta a fare i compiti.
   B. Fabio vi aiuta a fare i compiti.
   C. Fabio mi aiuta a fare i compiti.

4. **Dove incontrate i vostri amici?**
   A. Noi ti incontriamo al Lago Trasimeno.
   B. Noi le incontriamo al Lago Trasimeno.
   C. Noi li incontriamo al Lago Trasimeno.

5. **Paolo, mi capisci?**
   A. Sì, lo capisco.
   B. Sì, vi capisco.
   C. Sì, ti capisco.

il Lago Trasimeno

Continuare a contare in italiano! Leggere i seguenti numeri ad alta voce e imparare la pronuncia corretta.

(Continue counting in Italian! Read the following numbers aloud and learn the correct pronunciation.)

- In Italian, hundreds and thousands are always written as **one word**.

100 *cento*		**600** *seicento*	
200 *duecento*		**700** *settecento*	
300 *trecento*		**800** *ottocento*	
400 *quattrocento*		**900** *novecento*	
500 *cinquecento*		**1,000** *mille*	

  Esempi:

2,000	due**mila** (the plural of **mille** is **mila**)
10,000	dieci**mila**
58,400	cinquantotto**mila**quattrocento
196,000	centonovantasei**mila**
999, 999	novecentonovantanove**mila**novecentonovantanove

- **Milione** (*million*) takes "un" in the singular and is not attached to the word **milione** (*million*). Numbers with milione/milioni (*million/millions*) are written separately.

  Esempi:

1,000,000	un **milione**
6,000,000	sei **milioni**
20,800,000	venti **milioni** ottocentomila
500,000,000	cinquecento **milioni**
740,413,102	settecentoquaranta **milioni** quattrocentotredicimilacentodue

- **Miliardo** (*billion*) takes "un" in the singular and is not attached to the word **miliardo** (*billion*). Numbers with miliardo/miliardi (*billion/billions*) are also written separately.

  Esempi:

1,000,000,000	un **miliardo**
3,000,000,000	tre **miliardi**
14,000,000,000	quattordici **miliardi**
200,010,600,830	duecento **miliardi** dieci milioni seicentomilaottocentotrenta

- When **milione/milioni** and **miliardo/miliardi** are followed by a noun, the preposition **di** is required before the noun.

  Esempi:

  That region has 1,000,000 inhabitants.
  Quella regione ha un milione **di** abitanti.

  I would like to win two billion dollars.
  Vorrei vincere due miliardi **di** dollari.

ATTENZIONE!

In Italian the decimal point is used instead of a comma with numbers and the comma is used instead of the decimal point with fractions.

USA	ITALIA
1,000	1.000
3.5	3,5

ESERCIZIO A: Scrivere i seguenti numeri in parole in italiano.
(Write the following numbers in Italian words.)

a. 125

b. 763

c. 999 euros

d. 1.570

e. 11.249

f. 840.386

g. 1.435.650 dollars

h. 33.146.002

i. 300.000.000 residents

j. 1.000.000.000

k. 100.871.250.977

ESERCIZIO B: Leggere ogni parola con attenzione e poi scrivere i numeri.
(Read each word carefully and then write the numbers.)

a. cinquecentocinquantacinque

b. diciassettemilanovecentoventi

c. trecentododicimilaseicentoquarantadue

d. ventisei milioni settecentosessantamilaottocentoquattro

e. cinque miliardi centoquarantatré milioni duecentosessantottomilasettecentosedici

Esclamazioni Che! e Quanto!/Exclamations What! and How!   G

- In English **What...!, How...! So much...!, How much... !,** and **How many....!** are exclamations that express surprise, astonishment, or wonder.
  For example:

  What a meal!   **How** delicious!   **So much** homework!

- In Italian **Che...!** expresses the exclamation **What...!** when it is followed by a noun or a modified noun. When **Che...!** is followed by an adjective, it is translated as **How...!**
  Esempi:

  Che pranzo!   **What** a lunch!
  Che buon pranzo!   **What** a good lunch!
  Che buono!   **How** good!

- In Italian **quanto...!** expresses the exclamations **so much...!, how much...!** and **how many...!** Since **quanto** is an adjective, it must agree with the noun in gender and in number. Therefore there are four forms: quant**o**; quant**a**; quant**i**; quant**e**. It can have many meanings in English depending on the circumstance.
  Esempi:

  Quanto formaggio c'è!
  *There is **so much** cheese!* or ***How much** cheese there is!*

  Quanta pasta c'è!
  *There is **so much** pasta!* or ***How much** pasta there is!*

  Quanti studenti ci sono!
  *There are **so many** students!* or *How **many students** there are!*

  Quante automobili ci sono!
  *There are **so many** cars!* or ***How many** cars there are!*

ESERCIZIO A: Scrivere le seguenti esclamazioni in italiano.
(Write the following exclamations in Italian.)

1. What a large hospital!

2. How generous!

3. What beautiful eyes!

4. How cute!

5. What an ugly belt!

6. So many desserts!

7. How great!

8. How many desks there are!

ESERCIZIO B: Leggere il brano con attenzione e poi scegliere le parole corrette per completare il brano.
(Read the passage carefully and then select the correct words to complete the passage.)

Oggi mia madre mi porta in centro a fare **(1)...** in un negozio nuovo. Secondo il giornale di questa mattina, i prezzi sono bassi e la qualità dei vestiti è **(2)...** . Che fortuna!

Appena entro, vedo dei jeans e due paia di **(3)...** che mi piacciono molto. Quando io e mia madre vediamo i prezzi, rimaniamo a bocca aperta. Incredibile! Mia madre subito mi dice «vai a **(4)...** ». Io li provo con piacere.

Ritorno con un grandissimo sorriso! Mia madre mi dice «mi piacciono! **(5)...** belli! Adesso abbiamo più soldi da spendere perché i jeans e le scarpe non sono cari. **(6)...** comprare anche due camicette, una cintura e una gonna».

1. A. le spese   B. la valigia   C. la domanda   D. la gita

2. A. ottimi   B. ottime   C. ottimo   D. ottima

3. A. camice   B. cappotti   C. scarpe   D. impermeabili

4. A. provarli   B. provarle   C. provarla   D. provarlo

5. A. Quanto   B. Che   C. Come   D. Dove

6. A. Dai   B. Vieni   C. Puoi   D. Esci

ESERCIZIO C: Con un compagno/una compagna leggere il seguente dialogo. Poi imparare il dialogo a memoria e presentarlo davanti alla classe.
(With a classmate read the following dialogue. Then memorize the dialogue and present it in front of the class.)

Giulio: Angela, che cosa porti al ballo domani sera?

Angela: Porto un vestito nero e, naturalmente le scarpe nere.

Giulio: Allora con il mio completo nero, porto una camicia bianca e una bella cravatta rossa.

Angela: Giulio, che elegante! Non vedo l'ora di vederti.

Giulio: Grazie! Allora ci vediamo domani sera alle diciotto.

ESERCIZIO D: Rispondere alle seguenti domande secondo il dialogo in esercizio C.
(Answer the following questions based on the dialogue in exercise C.)

1. Di che colore è il vestito di Angela?

2. Che cosa porta Giulio?

3. Perché portano i vestiti da sera?

4. A che ora comincia il ballo?

Le Cinque Abilità

Ascolto, Lettura, Scrittura, Comunicazione, Cultura

Ascolto 1 Interpretive Mode

Ascoltare con attenzione e poi scegliere le risposte corrette.
(Listen carefully and then select the correct responses.)

1. Perché la ragazza va a fare le spese?

A. Ha molti soldi.

B. Va a un ballo domani sera.

C. Deve fare un viaggio.

D. Comincia la scuola.

2. Quando va a fare le spese questa ragazza?

A. in ottobre

B. in gennaio

C. in giugno

D. in settembre

3. Perché la ragazza ha bisogno di comprare altri jeans?

A. È più grande.

B. Costano poco.

C. I jeans dell'anno scorso sono brutti.

D. È troppo bassa.

Ascolto 2 Interpretive Mode

Guardare l'immagine, ascoltare le domande e poi scegliere le risposte che corrispondono all'immagine.
(Look at the picture, listen to the questions, and then select the responses that correspond to the picture.)

1. A. gli stivali

B. la giacca

C. i guanti

D. la cintura

2. A. C'è molto sole.

B. Fa caldo.

C. Nevica.

D. È sereno.

3. A. È inverno.

B. È primavera.

C. È estate.

D. È autunno.

Leggere il seguente brano attentamente e poi scegliere le risposte corrette.
(Read the following passage carefully and then select the correct responses.)

Perugia, il capoluogo dell'Umbria, è anche la capitale europea della cioccolata. Ogni ottobre in questa città c'è *Il Festival Eurochocolate*, una manifestazione dedicata alla cultura del cioccolato. La festa di solito dura nove giorni, ma nel 2009 è durata dieci giorni. Questa festa è diventata una delle feste più amate e seguite dagli italiani. Per dieci giorni durante il festival, il capoluogo si trasforma in un gigantesco mercato all'aperto per la gente che ama il cacao. Inoltre ogni anno il festival ha nuovi temi. Per tutti i turisti, fare una passeggiata è molto piacevole perché è un'occasione per visitare l'antico centro medioevale della città. Perugia non è conosciuta soltanto per questo festival, ma anche per le sue bellezze artistiche e la sua ospitalità.

1. **Quante volte all'anno c'è *Il Festival Eurochocolate*?**

   A. nove
   B. dieci
   C. tre
   D. una

2. **Perché molti italiani vanno a *Il Festival Eurochocolate*?**

   A. Vogliono fare la valigia.
   B. Comprano gli antipasti.
   C. Amano la cioccolata.
   D. Devono incontrare gli amici.

3. **Quando è questo festival?**

   A. in inverno
   B. in autunno
   C. in primavera
   D. in estate

un panorama di Assisi

Esercizio A: Scrivere un tema in italiano.
(Write a composition in Italian.)

Hai ricevuto cinquecento dollari per il tuo compleanno. Domani vai al centro commerciale per spendere i soldi. Cosa compri? Per chi? Con chi vai al centro commerciale? Includere le seguenti informazioni:

(You have received five hundred dollars for your birthday. Tomorrow you are going to the mall to spend the money. What are you going to buy? For whom? With whom are you going to the mall? Include the following information:)

- items of clothing
- colors
- adjectives
- regular and irregular verbs
- numbers (prices, sizes)
- direct object pronouns

Comunicazione Orale Interpersonal Mode

ESERCIZIO A: Con un compagno/una compagna, fare e rispondere alle seguenti domande in italiano.
(With a classmate, ask and answer the following questions in Italian.)

1. Oggi porti una giacca? Perché la porti?
2. In quale stagione porti gli stivali? Perché li porti?
3. Perché compri un ombrello?
4. Cosa indossi quando vai al lago?
5. Quante paia di scarpe da tennis hai?
6. Secondo te, quanto costa un vestito di Giorgio Armani?

ESERCIZIO B: Fare una conversazione con un compagno/una compagna.
(Converse with a classmate.)

Ti fa una domanda: He/She asks you a question:	Studente 1:	**Perché non ti piacciono questi occhiali?**
Gli/Le rispondi: You answer him/her:	Studente 2:	
Ti parla di un problema: He/She talks to you about a problem:	Studente 1:	**Sono d'accordo che costano molto, ma sono di moda.**
Gli/Le chiedi perché e commenti: You ask him/her why and comment:	Studente 2:	
Ti dà una spiegazione: He/She gives you an explanation:	Studente 1:	**Hai ragione! Quelli di Versace sono eleganti, ma quelli di Gucci costano di meno.**

Cultura Interpretive Mode

Leggere le seguenti informazioni sull'Umbria per completare e discutere gli esercizi.

(Read the following information about Umbria to complete and discuss the exercises.)

1. È una regione dell'Italia centrale.

2. Il suo capoluogo è Perugia.

3. Confina con le Marche, la Toscana, il Lazio e gli Abruzzi.

4. È conosciuta come <<il cuore verde d'Italia>> perché non è bagnata da nessun mare.

5. È una regione agricola.

6. Alcune specialità di questa regione sono:

   a. il pan pepato (un dolce)

   b. la porchetta perugina

7. La città di Perugia:

   a. è conosciuta per la fabbrica Perugina dove si producono le caramelle Perugina, la cioccolata e i cioccolatini. I *Baci Perugina* sono cioccolatini conosciuti in tutto il mondo.

   b. ospita *il Festival Eurochocolate* ogni anno che trasforma il centro storico in un centro per il cioccolato.

   c. è vicino al quarto lago più grande d'Italia, il Lago Trasimeno.

   d. ha la sede dell'Università Italiana per Stranieri, frequentata da tanti studenti di tutto il mondo.

8. Altre città della regione sono Assisi, Città della Pieve, Deruta, Gubbio, Spoleto, Spello, Todi e Terni.

   a. Assisi è la città natale di San Francesco ed è famosa per la Basilica di San Francesco.

   b. Deruta è molto famosa per la sua ceramica Deruta.

   c. Spoleto è famosa per *il Festival dei Due Mondi*, una manifestazione di musica, arte, cultura e spettacolo.

9. Alcune persone famose dell'Umbria sono:

   • Francesco Bernadone, chiamato San Francesco d'Assisi (*religioso, 1181–1226*)
   • Jacopone da Todi (*poeta 1236–1306*)
   • Luca Signorelli (*artista, 1445–1523*)
   • Pietro Vannucci chiamato <<Il perugino>> (*artista, 1446–1523*)

www.regione.umbria.it

il pan pepato

San Francesco d'Assisi

un' opera di Luca Signorelli (1450–1523)

ESERCIZIO A: Leggere con attenzione e poi scegliere *Vero* o *Falso*.
(Read carefully and then select True *or* False.*)*

1. Assisi è il capoluogo dell'Umbria.   Vero   Falso

2. Perugia è famosa per la cioccolata.   Vero   Falso

3. L'Umbria si trova nell'Italia centrale.   Vero   Falso

4. La fabbrica del cioccolato a Perugia si chiama *Perugina*. Vero   Falso

5. Il Lago Trasimeno si trova a Todi.   Vero   Falso

6. L'Umbria confina con la Lombardia.   Vero   Falso

7. Pietro Vannucci è un artista.   Vero   Falso

8. L'Umbria è conosciuta come «il cuore verde d'Italia».   Vero   Falso

9. San Francesco è di Perugia.   Vero   Falso

10. Il pan pepato è una verdura dell'Umbria.   Vero   Falso

ESERCIZIO B: Scegliere le risposte corrette. Fare una ricerca su Internet se necessario.
(Select the correct responses. Do Internet research if necessary.)

1. Il Lago ...., il quarto lago più grande, si trova vicino a Perugia.
   A. Garda   B. Como   C. Maggiore   D. Trasimeno

2. Le ... Perugina si producono a Perugia.
   A. tazze   B. caramelle   C. torte   D. paste

3. ... è famosa per la ceramica.
   A. Terni   B. Todi   C. Gubbio   D. Deruta

4. Un artista ben conosciuto in Umbria è ....
   A. Caravaggio   B. Tiziano   C. Signorelli   D. Raffaello

5. L'Università Italiana per Stranieri si trova a ....
   A. Perugia   B. Spello   C. Spoleto   D. Assisi

6. *Il Festival dei Due Mondi* si festeggia a ....
   A. Gubbio   B. Spello   C. Todi   D. Spoleto

7. ... è l'artista della *Fontana Maggiore* a Perugia.
   A. Pisano   B. Signorelli   C. daTodi   D. Bernadone

Terni

aggettivi

amato - loved
antico - ancient
conosciuto - known
dedicato - dedicated
durato - lasted
gigantesco - giant
incredibile - incredible
medioevale - medieval
piacevole - pleasant
seguito - followed

altre parole

all'aperto - open air
a righe - striped
Che...! - What a ...!; How...!
di moda - in style
di solito - usually
Quanto...! - How much...!; So much ...!
Quanti...! - How many...!
Quanta...! - How much...!; So much ...!
Quante ...! - How many...!

nomi

i vestiti - clothes (pagina 191, Indice 299)
il cacao - chocolate
la carta di credito - credit card
la carta di debito - debit card
il cioccolato - chocolate
il Ferragosto - August vacation
la gente - the people
il prezzo - price
la manifestazione - manifestation
il matrimonio - matrimony; wedding
l'occasione - occasion
l'ospitalità - hospitality
il paio - pair
i soldi - money

numeri

cento - 100
duecento - 200
trecento - 300
quattrocento - 400
cinquecento - 500
seicento - 600
settecento - 700
ottocento - 800
novecento - 900
mille - one thousand
un milione - one million
un miliardo - one billion

verbi

le espressioni con il verbo fare - expressions with the verb to do (pagina 190, Indice 302)
continuare - to continue
durare - to last
indossare - to wear
indovinare - to guess
portare - to bring; wear
rimanere a bocca aperta - to be surprised
tradurre - to translate
trasformare - to transform

Todi

Santa Lucia e il Vesuvio a Napoli

LA CAMPANIA

ITALIA

Objectives:

- Identify sports' terms.
- Conjugate regular and irregular verbs in the past tense (*passato prossimo*) with the auxiliary verb "to have" (*avere*).
- Use direct object pronouns with verbs in the past tense (*passato prossimo*).
- Recognize ordinal numbers.
- Locate and discuss characteristics of the region of Campania.

Per chiacchierare:

- Why are sports important?
- Is the past more important than the present?
- Why did many Italians immigrate from the region of Campania?

Discuss the proverb:

Detto fatto.
No sooner said than done.

un panorama di Napoli

Ecco una lista degli sport.
Leggere e imparare a memoria questi sport in italiano.

1. l'alpinismo

2. il baseball

3. le bocce

4. il calcio/
   il pallone

5. il ciclismo

6. la corsa

7. il football
   americano

8. il golf

9. l'hockey

10. la lotta libera

11. il nuoto

12. la pallacanestro/
    il basket

13. la pallavolo

14. il pattinaggio

15. la pesca

16. lo sci

17. il sollevamento
    pesi

18. il tennis

ATTENZIONE!

The verb **"giocare a"** (to play) is used with most sports without the definite article. However, the verb **"fare"** (to do/to make) requires the definite article and is used with l'alpinismo, il ciclismo, la corsa, la lotta libera, il nuoto, il pattinaggio, la pesca, and lo sci.

Esempi: Molti italiani giocano a bocce. Many *Italians play bocce.*
Lui fa la lotta libera. *He wrestles.*
Io e Roberto facciamo il ciclismo. *Roberto and I cycle.*

ESERCIZIO A: Accoppiare la Colonna A con la Colonna B.
(Match Column A with Column B.)

Colonna A

1. _____ le scarpe da tennis
2. _____ i pesci
3. _____ le Alpi
4. _____ AC Napoli
5. _____ la neve
6. _____ la spiaggia
7. _____ il guanto

Colonna B

A. lo sci
B. la pesca
C. il nuoto
D. il baseball
E. la corsa
F. l'alpinismo
G. il calcio

ESERCIZIO B: Completare le frasi seguenti in italiano con gli sport elencati.
(Complete the following sentences in Italian with the sports listed below.)

tennis   nuoto   sollevamento pesi

pattinaggio   calcio   ciclismo

1. Durante l'estate non facciamo il … perché non c'è il ghiaccio.
2. Il … è lo sport nazionale d'Italia.
3. Luigi ha bisogno di una racchetta nuova per giocare a … .
4. Non puoi fare il … perché non hai una bici.
5. Ti piace fare il … in palestra ogni pomeriggio?
6. Io faccio il … ogni mattina in piscina.

ESERCIZIO C: Con un compagno/una compagna, fare e rispondere alle seguenti domande in italiano.
(With a classmate, ask and answer the following questions in Italian.)

1. Quale sport preferisci? Perché?
2. Secondo te, quale sport è molto pericoloso?
3. Perché fare esercizio è importante?
4. Quali sport offre la tua scuola in autunno?
5. Quando ti piace pescare?
6. Che sport guardi alla televisione durante l'estate?

Salerno e la Costa Amalfitana

Passato prossimo con il verbo ausiliare "avere"/ Past tense with the auxiliary (helping) verb "to have"

- The past tense (**passato prossimo**) expresses an action or state that has been completed in the past (yesterday, last month, three years ago, etc.)
- In Italian, the past tense (**passato prossimo**) requires **two parts**: an auxiliary (helping) verb and a past participle because it is a compound tense.

  1. The auxiliary verbs (*verbi ausiliari*) are **avere** "to have" and **essere** "to be" conjugated in the present tense and followed by a past participle.
  2. A **past participle** (*participio passato*) of regular verbs is formed by adding **–ato** to the stem of -are verbs; **-uto** to the stem of -ere verbs; and **-ito** to the stem of -ire verbs.

This sito only introduces verbs that are conjugated with the auxiliary verb **AVERE**.

verbo ausiliare al presente + participio passato	
avere - *to have*	**-ato** (*-are*)
ho, hai, ha	**+** **-uto** (*-ere*)
abbiamo, avete, hanno	**-ito** (*-ire*)

Here are three regular verbs conjugated in the past tense (*passato prossimo*):

mangiare	to eat
io **ho mangiato**	*I ate, did eat, have eaten*
tu **hai mangiato**	*you ate, did eat, have eaten*
lui/lei/Lei **ha mangiato**	*he/she/you ate, did eat, has/have eaten*
noi **abbiamo mangiato**	*we ate, did eat, have eaten*
voi **avete mangiato**	*you ate, did eat, have eaten*
loro **hanno mangiato**	*they ate, did eat, have eaten*

ricevere	to receive
io **ho ricevuto**	*I received, did receive, have received*
tu **hai ricevuto**	*you received, did receive, have received*
lui/lei/Lei **ha ricevuto**	*he/she/you received, did receive, has/have received*
noi **abbiamo ricevuto**	*we received, did receive, have received*
voi **avete ricevuto**	*you received, did receive, have received*
loro **hanno ricevuto**	*they received, did receive, have received*

servire	to serve
io **ho servito**	*I served, did serve, have served*
tu **hai servito**	*you served, did serve, have served*
lui/lei/Lei **ha servito**	*he/she/you served, did serve, has/have served*
noi **abbiamo servito**	*we served, did serve, have served*
voi **avete servito**	*you served, did serve, have served*
loro **hanno servito**	*they served, did serve, have served*

Capri

ATTENZIONE!
There are no -isc verbs in the past tense.

Alcune espressioni usate con il passato prossimo.
Some expressions used with the past tense.

stamattina	this morning
ieri	yesterday
ieri mattina	yesterday morning
ieri pomeriggio	yesterday afternoon
ieri sera	last night; last evening
quattro ore fa	four hours ago
due giorni fa	two days ago
una settimana fa	a week ago
un mese fa	a month ago
un anno fa	a year ago
il mese scorso	last month
la settimana scorsa	last week
l'anno scorso	last year

ATTENZIONE!
To express "**ago**" in Italian, use the period of time + **fa.**

ESERCIZIO A: Scegliere la forma corretta del verbo fra parentesi.
(Select the correct form of the verb in parentheses.)

1. Carlo (**hai mangiato/ha mangiato**) la pizza Margherita ieri sera.
2. Noi (**avete capito/abbiamo capito**) il passato prossimo stamattina.
3. I bambini non (**hanno dormito/abbiamo dormito**) bene ieri.
4. Quando (**hai venduto/ha venduto**) tu la casa a Napoli?
5. Io non (**ha cucinato/ho cucinato**) venerdì mattina.

ESERCIZIO B: Riscrivere ogni frase dal presente al passato prossimo con un'espressione che indica il passato.
(Rewrite each sentence from the present tense to the past tense with an expression that indicates the past tense.)

Esempio: *Maria dorme fino a tardi.*

*<u>Ieri</u> Maria <u>**ha dormito**</u> fino a tardi.*

1. Io studio la matematica.
2. Giorgio e Clementina comprano la torta.
3. Tu vedi un bel programma alla televisione.
4. Io e Rosanna ascoltiamo la musica di Enrico Caruso.
5. Tu e Pasqualina ordinate una limonata fredda.
6. Gregorio assaggia le farfalle al sugo.
7. Io ricevo una mail dai miei zii.
8. Tu finisci i compiti presto.
9. Tu e Susanna abbracciate il bambino.
10. Rosario e Giovanni giocano a bocce.

ESERCIZIO C: Scegliere la risposta corretta per ogni domanda.
(Select the correct answer for each question.)

1. **Perché gli studenti hanno fame?**
   A. Non hanno imparato i verbi.
   B. Non hanno lasciato i libri in aula.
   C. Non hanno mangiato stamattina.

2. **Grazia, perché sei stanca?**
   A. Non ho dormito bene ieri sera.
   B. Non ho nuotato molto.
   C. Non ho ricevuto una mail.

3. **Quante ore avete lavorato la settimana scorsa?**
   A. Ho lavorato trenta ore.
   B. Abbiamo lavorato quaranta ore.
   C. Hanno lavorato trentotto ore.

4. **Con chi ha parlato Diana?**
   A. Lui ha parlato con il suo professore.
   B. Tu hai parlato con il tuo professore.
   C. Lei ha parlato con il suo professore.

5. **Quando hai giocato a pallacanestro?**
   A. Ho giocato con il mio amico, Matteo.
   B. Ho giocato due ore fa.
   C. Ho giocato in palestra.

ESERCIZIO D: Completare ogni frase con la forma corretta del verbo al passato prossimo.
(Complete each sentence with the correct form of the verb in the past tense.)

1. Chi (**has cleaned**) _____ la tua camera da letto?
2. Io (**danced**) _____ molto bene.
3. Tu e tua sorella (**served**) _____ il pranzo ieri sera.
4. Dove (**built**) _____ la casa i tuoi parenti?
5. Tu (**did receive**) _____ un bel voto perché hai studiato molto.

ESERCIZIO E: Con un compagno/una compagna, fare e rispondere alle seguenti domande in italiano.
(With a classmate, ask and answer the following questions in Italian.)

1. Quante sfogliatelle hai comprato?
2. Quale programma ha guardato la tua famiglia alla televisione ieri sera?
3. Quante ore hai dormito ieri sera?
4. Quando ha giocato a pallavolo il tuo amico/la tua amica?
5. Con chi hai parlato stamattina?

Participi passati irregolari con "avere" / Irregular past participles with "to have"

Here is a list of irregular past participles. They must be memorized!

infiniti in italiano	infiniti in inglese	participi passati irregolari	participi passati irregolari in inglese
aprire	to open	avere **aperto**	to have opened
bere	to drink	avere **bevuto**	to have drunk
chiedere	to ask for	avere **chiesto**	to have asked for
chiudere	to close	avere **chiuso**	to have closed
dipingere	to paint	avere **dipinto**	to have painted
dire	to say; tell	avere **detto**	to have said; told
fare	to make; do	avere **fatto**	to have made; done
leggere	to read	avere **letto**	to have read
mettere	to put; place	avere **messo**	to have put; placed
offrire	to offer	avere **offerto**	to have offered
perdere	to lose	avere **perso/ perduto***	to have lost
prendere	to take (in)	avere **preso**	to have taken (in)
rispondere	to respond; reply; answer	avere **risposto**	to have responded; replied; answered
scrivere	to write	avere **scritto**	to have written
vedere	to see	avere **visto/ veduto***	to have seen
vincere	to win	avere **vinto**	to have won

Esempi:
1. Noi **abbiamo bevuto** il caffè. — We *did drink* the coffee.
2. Io **ho fatto** il letto stamattina. — I *made* the bed this morning.
3. Loro **hanno perso** le chiavi ieri. — They *lost* the keys yesterday.
4. Tu **hai letto** i loro messaggini. — You *did read* their text messages.
5. Lui **ha messo** il menù sulla tavola. — He *has put* the menu on the table.
6. Voi **avete aperto** la porta. — You have *opened* the door.

ATTENZIONE!
Here is the conjugation of the verb "to say; to tell" (dire) in the present indicative tense.

io dico	noi diciamo
tu dici	voi dite
lui/lei/Lei dice	loro dicono

ATTENZIONE!
*The verbs **perdere** and **vedere** have a regular and an irregular past participle. However, **perso** and **visto** are much more common.

un panorama di Pompei e del Vesuvio

ESERCIZIO A: Leggere con attenzione e poi scegliere le risposte corrette.
(Read carefully and then select the correct responses.)

1. I saw that film last Saturday.
    A. Ho venduto quel film sabato scorso.
    B. Ho visto quel film sabato scorso.
    C. Ho vinto quel film sabato scorso.

2. We won the soccer game.
    A. Abbiamo vinto la partita di calcio.
    B. Abbiamo perso la partita di calcio.
    C. Abbiamo giocato la partita di calcio.

3. She closed the window because it is raining.
    A. Ha aperto la finestra perché piove.
    B. Ha guardato la finestra perché piove.
    C. Ha chiuso la finestra perché piove.

4. Didn't the children read these books?
    A. Non hanno scritto questi libri i bambini?
    B. Non hanno dipinto questi libri i bambini?
    C. Non hanno letto questi libri i bambini?

5. Where did you put the zeppole?
    A. Dove hai fatto le zeppole?
    B. Dove hai messo le zeppole?
    C. Dove hai assaggiato le zeppole?

ESERCIZIO B: Riscrivere le seguenti frasi al presente.
(Rewrite the following sentences in the present tense.)

Esempio: *Io e mia sorella abbiamo detto la verità.*
             Io e mia sorella diciamo la verità.

1. Noi abbiamo letto quella rivista.
2. Io ho chiuso gli occhi.
3. Chi ha risposto al telefono?
4. Bruno ha scritto un tema lungo.
5. Voi avete bevuto un cappuccino al bar.
6. Perché non hai preso un calzone?

ESERCIZIO C: Con un compagno/una compagna, fare e rispondere alle seguenti domande in italiano.
(With a classmate, ask and answer the following questions in Italian.)

1. Perché hai aperto la finestra?
2. Cosa hai fatto la settimana scorsa?
3. Hai mai visto un film italiano? Quale?
4. Quando hai giocato a tennis?
5. Dove hai messo le chiavi di casa?
6. Con chi hai fatto colazione ieri mattina?

ESERCIZIO D: Scrivere due frasi per ogni immagine al passato prossimo.
(Write two sentences for each picture in the past tense.)

1. _____

_____

2. _____

_____

3.  _____

_____

4.  _____

_____

Pronomi di oggetto diretto con verbi al passato prossimo/ Direct object pronouns with verbs in the past tense

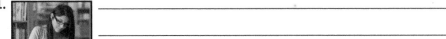

When direct object pronouns are used with verbs in the past tense (*passato prossimo*):

- the past participle **MUST** agree with the direct object pronoun in gender and number.
- the direct object pronoun precedes the forms of the helping verb **avere** (*to have*).
- the direct object pronouns **lo** (him; it) and **la** (her; it) can be shortened to **l'** because all forms of the verb **avere** begin with an "h" (silent letter) or a vowel.

Esempi:

Noi abbiamo bevuto **il caffè**.	*We did drink **the coffee**.*
Noi **l'**abbiamo bevut**o**.	*We did drink **it**.*
Loro hanno perso **le chiavi**.	*They have lost **the keys**.*
Loro **le** hanno pers**e**.	*They have lost **them**.*
Tu hai letto **i loro messaggini**?	*Did you read their **text messages**?*
Tu **li** hai lett**i**?	*Did you read **them**?*
Perché avete fatto **la torta**?	*Why did you make **the cake**?*
Perché **l'**avete fatt**a**?	*Why did you make **it**?*

ESERCIZIO A: Leggere ogni domanda e poi scegliere la risposta con il pronome di oggetto diretto corretto.

(Read each question and then select the answer with the correct direct object pronoun.)

1. Chi ha preparato il pranzo?
- A. La nonna l'ha preparato.
- B. La nonna li ha preparati.
- C. La nonna l'ha preparata.

2. Chi ha pulito la cucina?
- A. Mia sorella l'ha pulito.
- B. Mia sorella le ha pulite.
- C. Mia sorella l'ha pulita.

3. Dove hanno trovato le chiavi di casa?
- A. L'hanno trovata sul sofà.
- B. Li hanno trovati sul sofà.
- C. Le hanno trovate sul sofà.

4. Quando ha scritto il tema Claudia?
- A. L'ha scritta due giorni fa.
- B. L'ha scritto due giorni fa.
- C. Le ha scritte due giorni fa.

5. Dove avete messo quei documenti?
- A. L'abbiamo messo sulla tavola.
- B. Li abbiamo messi sulla tavola.
- C. Le abbiamo messe sulla tavola.

Avellino

ESERCIZIO B: Riscrivere le seguenti frasi usando il pronome di oggetto diretto.

(Rewrite the following sentences using the direct object pronoun.)

Esempio: *Voi avete messo i quaderni nello zaino.*
Voi li avete messi nello zaino.

1. Noi abbiamo letto quei libri.
2. Io ho perso l'autobus.
3. Luigi ha chiuso gli occhi.
4. Riccardo ha scritto il tema.
5. Voi avete bevuto l'aranciata al bar.

ESERCIZIO C: Con un compagno/una compagna, fare e rispondere alle seguenti domande usando i pronomi di oggetto diretto.

(With a classmate, ask and answer the following questions using direct object pronouns.)

1. Perché hai aperto la finestra?
2. Quando hai visto il film «La vita è bella»?
3. Dove hai preso il panino al prosciutto?
4. Dove hai messo le chiavi di casa?
5. Con chi hai fatto colazione ieri mattina?

Ordinal numbers (**numeri ordinali**) designate rank and order (the first day; the second month; the third season, etc.). They are adjectives because they modify nouns.

In Italian ordinal numbers...

- are placed before the noun like cardinal numbers.
  Il **primo** giorno è lunedì.   *The first day is Monday.*

- have four (4) endings: **-o, -a, -i** or **-e** because they agree in gender and in number with the noun they modify.
  Il **quinto** giorno è venerdì.   *The **fifth** day is Friday.*
  Abbiamo vinto la **terza** partita.   *We won the **third** game.*
  I **secondi** piatti sono squisiti.   *The **second** courses are delicious.*
  Ho studiato le **prime** lezioni.   *I studied the **first** lessons.*

- can be written as Roman numerals or as numbers followed by a small letter in superscript.
  Papa Giovanni Paolo **II**   *Pope John Paul II*
  il **1°** mese   *the first month*
  la **1ª** ragazza   *the first girl*

- first through tenth are irregular and must be memorized.

1st **primo**	4th **quarto**	7th **settimo**	10th **decimo**
2nd **secondo**	5th **quinto**	8th **ottavo**	
3rd **terzo**	6th **sesto**	9th **nono**	

- after tenth (**decimo**) are formed by dropping the final vowel of the cardinal number and adding -esim**o**/-esim**a**/-esim**i**/-esim**e**.

11th **undicesimo**	21st **ventunesimo**	30th **trentesimo**
14th **quattordicesimo**	23rd **ventitreesimo**	77th **settantasettesimo**
19th **diciannovesimo**	28th **ventottesimo**	100th **centesimo**

- ending in **tré**, keep the final vowel -e without the accent mark and add *-esimo/-esima/-esimi/-esime*.

Esempi:

I miei bisnonni hanno festeggiato il loro **cinquantatreesimo** anniversario.
My great-grandparents celebrated their fifty-third anniversary.

La **quarantatreesima** settimana dell'anno è nel mese di ottobre.
The forty-third week of the year is in the month of October.

ATTENZIONE!
Cardinal numbers are: uno, due, tre, quattro, ecc.

un panorama di Napoli e del Vesuvio

ESERCIZIO A: Completare le seguenti frasi con la forma corretta del numero ordinale tra parentesi.

(Complete the following sentences with the correct form of the ordinal number in parentheses.)

1. Il giocatore Cannavaro ha segnato l'ultimo gol al (**20th**) _____ minuto della partita.

2. La (**1st**) _____ tennista italiana che ha vinto il "French Open" è Francesca Schiavone.

3. Il (**1st**) _____ giorno della settimana è lunedì in Italia.

4. Gli Azzurri hanno vinto la (**4th**) _____ Coppa Mondiale nel duemilasei.

5. Quando è il (**50th**) _____ anniversario dei nonni?

6. Settembre è il (**9th**) _____ mese dell'anno.

7. È la sua (**23rd**) _____ gita a Sorrento con gli studenti.

8. Sandro ha festeggiato il suo (**16th**) _____ compleanno sabato scorso.

Francesca Schiavone

ESERCIZIO B: Leggere il brano con attenzione e poi scegliere le parole corrette per completarlo.

(Read the passage carefully and then select the correct words to complete it.)

Mio figlio Antonio è molto (**1**)… . Fa molti sport, però il suo sport preferito è il calcio. (**2**)… gioca molto bene. Ogni volta che (**3**)… una partita di calcio alla televisione, deve assolutamente guardarla con (**4**)… amici e tutti la guardano con molta (**5**)… ed entusiasmo. La loro squadra preferita è l'AC Napoli che (**6**)… contro la Juventus per la seconda volta ieri sera alle venti. (**7**)… partita! Meno male che la loro squadra (**8**)…! Dopo la vittoria del Napoli, Antonio e gli amici hanno festeggiato. Hanno ordinato delle pizze Margherita dal ristorante *Le Quattro Pareti Antiche.*

1. A. debole   B. biondo   C. arrabbiato   D. atletico

2. A. Lui   B. Loro   C. Lei   D. Tu

3. A. ci sono   B. c'è   C. sono   D. è

4. A. i loro   B. i tuoi   C. i suoi   D. i nostri

5. A. fame   B. intenzione   C. ragione   D. passione

6. A. hai giocato   B. ha giocato   C. avete giocato   D. hanno giocato

7. A. Quanto   B. Come   C. Che   D. Quale

8. A. ha vinto   B. ha detto   C. ha fatto   D. ha preso

Caserta

Le Cinque Abilità

Ascolto, Lettura, Scrittura, Comunicazione, Cultura

Ascolto 1 Interpretive Mode

Ascoltare la conversazione attentamente e poi scegliere le risposte corrette.
(Listen carefully to the conversation and then select the correct responses.)

1. **Fabio e Franca hanno bisogno... .**
   - A. di un torneo
   - B. dei biglietti
   - C. di un computer
   - D. dei telefoni

2. **Dove vanno queste due persone?**
   - A. a giocare a tennis
   - B. a telefonare a Franca
   - C. agli US Open
   - D. a fare la valigia

3. **Che giorno vogliono andare?**
   - A. venerdì
   - B. domenica
   - C. lunedì
   - D. giovedì

Ascolto 2 Interpretive Mode

Guardare l'immagine, ascoltare le domande e poi scegliere le risposte che corrispondono all'immagine.
(Look at the picture, listen to the questions, and then select the responses that correspond to the picture.)

1. A. nel parco
   B. in aula
   C. in palestra
   D. nel negozio

2. A. a calcio
   B. a pallacanestro
   C. a pallavolo
   D. a bocce

3. A. Sono bionde.
   B. Sono anziane.
   C. Una è bruna e l'altra è bionda.
   D. Una è anziana e l'altra è debole.

la Piazza Plebiscito a Napoli

Leggere il seguente brano con attenzione e poi scegliere le risposte corrette.
(Read the following passage carefully and then select the correct responses.)

Un giorno speciale per i genitori di Bianca

Per festeggiare il ventitreesimo anniversario dei nostri genitori, io e mio fratello li abbiamo portati al loro ristorante preferito <<Pane e Pasta>>. Secondo loro, il menù di questo ristorante è unico. In che senso è unico? I piatti sono squisiti ed i prezzi sono ottimi. Naturalmente io ho ordinato il mio piatto preferito, cioè la pasta alla puttanesca. Mi piacciono molto le tagliatelle con i capperi e le olive. Mia madre, come sempre, ha ordinato la pizza Margherita perché preferisce la mozzarella di bufala con il basilico. Secondo lei, la migliore pizza è quella con solo formaggio e pomodoro. Io non sono d'accordo! Questa volta mio padre ha deciso di provare le linguine con i frutti di mare perché il suo miglior amico gli ha detto che sono squisite. Il mio fratellino Beppino ha ordinato le lasagne alla verdura perché lui è vegetariano.

Che bella serata! Abbiamo scelto bene perché tutti abbiamo mangiato benissimo.

1. **Perché questa famiglia pranza in un ristorante?**
   A. per gli antipasti italiani
   B. per controllare il menù
   C. per preparare la pizza alla napoletana
   D. per la festa della madre e del padre

2. **Chi va al ristorante con Bianca?**
   A. i nonni e i bisnonni
   B. gli amici dei genitori
   C. la sua famiglia
   D. tutti i parenti

3. **Cosa pensa la famiglia di questo ristorante?**
   A. È molto speciale.
   B. Offre una buona colazione.
   C. Chiude troppo presto.
   D. Ha un panorama stupendo.

4. **Chi mangia il pesce?**
   A. Beppino
   B. Bianca
   C. la mamma
   D. il papà

5. **Perché Beppino ordina le lasagne alla verdura?**
   A. La porzione è più piccola.
   B. Non mangia la carne.
   C. Il sapore della pancetta è delizioso.
   D. Non vuole spendere troppo.

Il tuo amico/La tua amica ha festeggiato il suo diciottesimo compleanno sabato scorso. Scrivere un tema sulla festa del tuo amico/della tua amica.

(Your friend celebrated his/her 18th birthday last Saturday. Write a composition about your friend's celebration.)

1. Chi ha organizzato la festa?
2. Dove ha festeggiato il compleanno il tuo amico/ la tua amica?
3. Cosa hai indossato alla festa?
4. Che cosa hai fatto alla festa?
5. Cosa hai mangiato e bevuto alla festa?
6. Che cosa hai regalato al tuo amico/alla tua amica?
7. Quanti regali ha ricevuto il tuo amico/ la tua amica?

Sorrento

ESERCIZIO A: Adesso rileggere il brano e poi con un compagno/una compagna usare le seguenti espressioni per commentare sulle frasi 1 a 5.

(Now reread the passage and with a classmate use the following expressions to comment on sentences 1 to 5.)

Un giorno speciale per i genitori di Bianca

Per festeggiare il ventitreesimo anniversario dei nostri genitori, io e mio fratello li abbiamo portati al loro ristorante preferito <<Pane e Pasta>>. Secondo loro, il menù di questo ristorante è unico. In che senso è unico? I piatti sono squisiti ed i prezzi sono ottimi. Naturalmente io ho ordinato il mio piatto preferito, cioè la pasta alla puttanesca. Mi piacciono molto le tagliatelle con i capperi e le olive. Mia madre, come sempre, ha ordinato la pizza Margherita perché preferisce la mozzarella di bufala fresca con il basilico. Secondo lei, la migliore pizza è quella con solo formaggio e pomodoro. Io non sono d'accordo! Questa volta mio padre ha deciso di provare le linguine con i frutti di mare perché il suo miglior amico gli ha detto che sono squisite. Il mio fratellino Beppino ha ordinato le lasagne alla verdura perché lui è vegetariano.

Che bella serata! Abbiamo scelto bene perché tutti abbiamo mangiato benissimo.

Sono d'accordo perché … – *I agree because …*	**Non sono d'accordo perché…** – *I disagree because…*
È vero perché… – *It's true because …*	**Non è vero perché …** - *It's not true because …*
Hai ragione perché … – *You are right because …*	**Ti sbagli perché …** – *You are wrong because …*

1. Questa famiglia festeggia un compleanno.
2. Per festeggiare l'anniversario, i genitori preparano un ottimo pranzo a casa.
3. Nei ristoranti italiani la mamma ordina sempre le tagliatelle.
4. Il papà ha mangiato la pizza alla napoletana, la sua preferita.
5. Beppino ha scelto le lasagne alla verdura perché lui è vegetariano.

 ESERCIZIO B: Con un compagno/una compagna, fare e rispondere alle seguenti domande in italiano.

(With a classmate, ask and answer the following questions in Italian.)

1. Quante mail hai scritto oggi?
2. Cosa vuol dire «detto fatto»?
3. Che cosa hai letto recentemente?
4. Quale sport hanno fatto i tuoi amici la settimana scorsa?
5. A che ora hai fatto i compiti ieri sera?
6. Cosa ha fatto la tua famiglia il fine settimana scorso?

LA CAMPANIA

Leggere le seguenti informazioni sulla Campania per completare e discutere gli esercizi.
(Read the following information about Campania to complete and discuss the exercises.)

1. È una regione del sud.

2. Il capoluogo è Napoli, un porto importante e una città d'origine greca.

3. Gli abitanti della Campania sono chiamati i campani.

4. Confina con il Mar Tirreno, il Lazio, il Molise, la Puglia e la Basilicata.

5. È una regione agricola e industriale.

6. In questa regione si trova il Vesuvio, un vulcano al momento inattivo.

7. L'arcipelago campano è composto da tre isole principali nella Baia di Napoli: Ischia, Capri e Procida. Sono isole famose in tutto il mondo per le bellissime spiagge e per le bellezze naturali.

8. La Campania è famosa per il suo straordinario panorama della costa amalfitana.

la mozzarella di bufala

9. Avellino, Benevento, Caserta, Pompei, Salerno e Sorrento sono altre città della regione.

   • Pompei ed Ercolano sono due città romane distrutte dal vulcano Vesuvio nel 79 d.C.

   • Capri attrae molti turisti che visitano la famosa Grotta Azzurra, cioè una grotta dove la luce del sole crea vividi riflessi azzurri sull'acqua.

   • Napoli è la città della *Festa di San Gennaro* (il Santo Patrono di Napoli) celebrata ogni anno il 19 settembre. È ben conosciuta anche per la famosa musica. napoletana. Alcune canzoni napoletane sono: *Torna a Surriento, Funiculì Funiculà* e *O Sole Mio.*

10. Un teatro dell'opera molto famoso a Napoli è il San Carlo.

11. Le specialità della regione sono varie: **la pizza Margherita**, la famosa mozzarella di bufala, **il calzone** *(pizza dough folded over a filling)*, **le focacce** e il pesce. Alcuni dolci napoletani sono: **le sfogliatelle, la pastiera, gli struffoli** e **le zeppole**. Da bere ci sono i vini *Greco di Tufo, Fiano di Avellino* e *Taurasi* e anche il **limoncello di Sorrento** (lemon liqueur).

gli struffoli

12. Alcuni famosi personaggi campani sono:

   • Giordano Bruno *(filosofo, 1548–1600)*

   • Gian Lorenzo Bernini *(scultore, pittore ed architetto, 1598–1680)*

   • Vittorio Emanuele III di Savoia *(re d'Italia, 1869–1947)*

   • Enrico Caruso *(tenore, 1873–1921)*

   • Totò *(attore, compositore e poeta, 1898–1967)*

   • Sofia Loren *(attrice, 1934–)*

   • Massimo Troisi *(attore, regista e sceneggiatore, 1953–1994)*

   • Fabio Cannavaro *(calciatore, 1973–)*

www.regione.campania.it

Enrico Caruso

Fabio Cannavaro

ESERCIZIO A: Leggere con attenzione e poi scegliere *Vero* o *Falso*.
(Read carefully and then select True or False.)

1. La Campania è una regione industriale.   Vero   Falso
2. Napoli è il capoluogo della Campania.   Vero   Falso
3. Enrico Caruso, un tenore italiano, è nato in Campania.   Vero   Falso
4. Le sfogliatelle è un dolce ben conosciuto a Napoli.   Vero   Falso
5. Il limoncello è un vino napoletano.   Vero   Falso
6. Il teatro dell'opera a Napoli si chiama La Scala.   Vero   Falso
7. Cannavaro è un nome di un re italiano.   Vero   Falso
8. Funiculì è una città napoletana.   Vero   Falso
9. Pompei e Sorrento sono due città in Campania.   Vero   Falso
10. La festa di San Gennaro si celebra in ottobre.   Vero   Falso

la Festa di San
Gennaro a New York

ESERCIZIO B: Scegliere le risposte corrette. Fare una ricerca su Internet se necessario.
(Select the correct responses. Do Internet research if necessary.)

1. La Campania confina con il Molise, la Puglia, la Basilicata e … .
   A. la Calabria   B. la Sicilia   C. il Lazio   D. l'Umbria

2. … è un vulcano in Campania.
   A. L'Etna   B. Il Tevere   C. Il Po   D. Il Vesuvio

3. Ischia, Procida e Capri sono … .
   A. isole   B. fiumi   C. montagne   D. laghi

4. La Campania si trova … d'Italia.
   A. nel centro   B. al sud   C. nella baia   D. al nord

5. Una specialità napoletana è … .
   A. i panettoni   B. i calzoni   C. gli agnolotti   D. gli arancini

6. *La Grotta Azzurra* si trova a … .
   A. Procida   B. Ischia   C. Capri   D. Stromboli

7. Ercolano e … sono due città romane distrutte dal vulcano Vesuvio nel 79 a.C.
   A. Pompei   B. Salerno   C. Avellino   D. Caserta

8. … è una specie di pane con olio e altre spezie o verdure.
   A. Le sfogliatelle   B. La pastiera   C. La focaccia   D. Gli struffoli

9. Napoli è un porto sul Mar … .
   A. Ionio   B. Ligure   C. Adriatico   D. Tirreno

10. Sulla pizza … c'è il formaggio, il basilico e il pomodoro.
    A. Grotta   B. Margherita   C. Vesuvio   D. Benevento

aggettivi

i numeri ordinali - ordinal numbers
(pagina 217, Indice 305)

affascinante - fascinating
costoso - costly
migliore - best
napoletano - Neopolitan
unico - particular
vegetariano - vegetarian

altre parole

un anno fa - a year ago
l'anno scorso - last year
due giorni fa - two days ago
ieri - yesterday
ieri mattina - yesterday morning
ieri pomeriggio – yesterday afternoon
ieri sera - last night; last evening
un mese fa - a month ago
il mese scorso - last month
quattro giorni fa - four days ago
una settimana fa - a week ago
la settimana scorsa - last week
stamattina - this morning

nomi

gli sport - sports (pagina 208, Indice 306)
l'anniversario - anniversary
la decisione - decision
il documento - document
la fine - end
la partita - game
il piano - floor
la porzione - portion
la racchetta - racket
la scelta - choice
il senso - sense
la serata - evening
il sugo - sauce
il/la tennista - tennis player
il torneo - tournament; match

verbi

dipingere - to paint
dire - to say; tell
fare l'alpinismo - to mountain climb
fare il ciclismo - to bike ride
fare la corsa - to run track
fare la lotta - to wrestle
fare il nuoto - to swim
fare il pattinaggio - to skate
fare la pesca/pescare - to go fishing
fare lo sci - to ski
ordinare - to order
regalare - to give a gift
sapere - to know a fact; to know how
segnare - to score
sollevare i pesi - to lift weights

l'isola Procida

Via Pescherie Vecchie a Bologna

L'EMILIA-ROMAGNA

ITALIA

Objectives:

- Conjugate the verbs conoscere and sapere (*to know*) and differentiate between them.
- Learn some animal and insect terms.
- Conjugate regular and irregular verbs in the past tense with the auxiliary verb "to be" (*essere*).
- Differentiate between the auxiliary verbs *avere* or *essere* in the past tense.
- Locate and discuss characteristics of the region of Emilia-Romagna.

Per chiacchierare:

- What role do animals play in our daily lives?
- Share a joyful memory from your past.
- What is the region of Emilia-Romagna known for?

Discuss the proverbs:

Ad ogni uccello il suo nido è bello.
There's no place like home.

Al bisogno si conosce l'amico.
A friend in need is a friend indeed.

la Fontana di Nettuno a Bologna

Conoscere o Sapere/To know or to know how

In Italian there are two verbs that mean "to know": **conoscere** and **sapere**.

- **conoscere** means *to know a person* or *to be acquainted with people and places*. In the past tense (passato prossimo) it can also mean *to meet* or *to make the acquaintance of someone*.
- **sapere** means *to know a fact* or *information*. When sapere is followed by an infinitive, it means to know "how to" do something. In the past tense, sapere means *learned, discovered* or *found out*.

conoscere - to know	sapere - to know
Io **conosco** il fratello di Mia.	Io **so** che oggi è giovedì.
Tu **conosci** bene la città di Parma.	Tu **sai** dove abita Giulia.
Lui/ lei/Lei **conosce** le sorelle di Gina.	Lui/ lei/Lei **sa** l'indirizzo di Enzo.
Noi **conosciamo** i nipotini di Diana.	Noi **sappiamo** chi l'ha comprato.
Voi **conoscete** l'Emilia-Romagna.	Voi **sapete** nuotare bene.
Loro non **conoscono** i loro vicini.	Loro non **sanno** guidare molto bene.

ATTENZIONE!

In Italian to express "I know it" use "**Lo so**".

To express "I don't know it" use "**Non lo so**".

ESERCIZIO A: Leggere ogni frase con attenzione e poi scrivere la forma corretta del verbo conoscere o sapere.

(Read each sentence carefully and then write the correct form of the verb "to know".)

1. Gianni, _____ il numero di telefono di Sandra?
2. Io _____ le due professoresse d'italiano.
3. Mamma, io _____ che devo studiare per l'esame di domani.
4. Voi _____ quali sono le quattro stagioni?
5. Chi _____ la cantante Laura Pausini?
6. Noi _____ la geografia degli Stati Uniti abbastanza bene.
7. Gli studenti _____ usare la tecnologia.
8. Il mio fratello minore non _____ guidare.
9. Chi nella tua famiglia _____ bene l'Emilia-Romagna?
10. Io vorrei _____ perché Luigi è assente oggi.

 ESERCIZIO B: Con un compagno/una compagna, completare il seguente dialogo con le forme corrette dei verbi conoscere o sapere. Poi imparare il dialogo a memoria e presentarlo davanti alla classe.

(With a classmate, complete the following dialogue with the correct forms of the verbs to know. Then memorize the dialogue and present it in front of the class.)

Daniele: Rosa, _____ che domani arrivano gli studenti da Ferrara?

Rosa: A che ora? Chi va a prenderli all'aeroporto?

Daniele: Non lo _____. Forse vengono in autobus.

Rosa: Ma tu _____ tutti gli studenti?

Daniele: No, io _____ soltanto Veronica e Rita.

Quali animali e insetti vivono in una fattoria? Quali animali sono in uno zoo?/ Which animals and insects live on a farm? Which animals are in a zoo?

(V)

il cane - dog	**la mosca** - fly
il cavallo - horse	**la mucca; la vacca** - cow
il coniglio - rabbit	**la pecora** - sheep
l'elefante - elephant	**il pesce** - fish
la formica - ant	**il ragno** - spider
la gallina - hen; chicken	**la scimmia** - monkey
il gallo - rooster	**il serpente** - snake
il gatto - cat	**la tartaruga** - turtle
il gattino - kitten	**la tigre** - tiger
la giraffa - giraffe	**il topo** - mouse
il grillo - cricket	**l'uccello** - bird
il leone - lion	**la zanzara** - mosquito

ESERCIZIO A: Scrivere la parola corretta in italiano secondo l'immagine.
(Write the correct word in Italian according to the picture.)

 1. _____

 2. _____

 3. _____

 4. _____

 5. _____

 6. _____

 7. _____

 8. _____

 9. _____

 10. _____

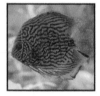 11. _____

 12. _____

 13. _____

 14. _____

 15. _____

 16. _____

 17. _____

 18. _____

 19. _____

 20. _____

ESERCIZIO B: Scegliere la lettera nella Colonna B che completa la frase nella Colonna A.
(Select the letter in Column B that completes the sentence in Column A.)

Colonna A	Colonna B
1. _____ Un ... canta molto bene.	A. gallina
2. _____ Un ... vive nell'acqua.	B. tartaruga
3. _____ Un ... ha paura dei gatti.	C. uccello
4. _____ Una ... mangia molte banane.	D. gallo
5. _____ Una ... fa le uova.	E. topo
6. _____ Un ... può essere velenoso.	F. zanzara
7. _____ Una ... produce il latte.	G. pesce
8. _____ Una ... è molto lenta.	H. serpente
9. _____ Un ... è «il marito» di una gallina.	I. mucca
10. _____ Una ... beve il sangue di una persona.	J. scimmia

ESERCIZIO C: Scegliere la lettera nella Colonna B per formare una frase logica nella Colonna A.
(Select the letter in Column B to form a logical sentence in Column A.)

Colonna A	Colonna B
1. _____ Il topo ...	A. bevono il latte.
2. _____ I gatti ...	B. ha otto zampe.
3. _____ I cavalli ...	C. partecipano al Palio di Siena.
4. _____ Il cane ...	D. è l'amico dell'uomo.
5. _____ Il ragno ...	E. mangia il formaggio.

ESERCIZIO D: Completare le seguenti frasi in italiano con le risposte originali.
(Complete the following sentences in Italian with original answers.)

1. Mi piacciono i conigli perché ...
2. Il mio miglior amico è ...
3. Non mi piacciono i serpenti perché ...
4. Nella fattoria ci sono ...
5. Il mio ... si chiama ...
6. Allo zoo ho visto ...

la Piazza Maggiore a Bologna

The majority of verbs in the past tense (*passato prossimo*) in Italian are conjugated with the auxiliary verb "to have" (*avere*). However, there are some verbs that require the auxiliary verb "to be" (*essere*).

Note that the format of "essere" verbs in the past tense (passato prossimo) is the same as "avere" verbs.

Review the following chart:

verbo ausiliare al presente + participio passato		
essere - *to be*		**-ato, -ata, -ati, -ate** (*-are*)
sono, sei, è	+	**-uto, -uta, -uti, -ute** (*-ere*)
siamo, siete, sono		**-ito, -ita, -iti, -ite** (*-ire*)

The differences are:

- the present tense of the verb "essere" is used.
- the past participles must end in **-o**, **-i**, **-a**, or **-e** because they function as adjectives and agree in gender and number with the subject of the sentence.

Esempi:

Carlo è uscit**o** con la sua famiglia.	Carlo **went out** with his family.
Giulia è andat**a** al cinema.	Giulia **went to** the movies.
I treni non sono partit**i** in orario.	The trains **did not leave** on time.
Io e Graziella siamo cadut**e** a terra.	Graziella and I **fell** on the ground.

Here are three regular verbs conjugated with **essere** in the past tense (*passato prossimo*):

andare	to go
io **sono andato/andata**	I went, did go, have gone
tu **sei andato/andata**	you went, did go, have gone
lui/lei/Lei **è andato/andata**	he/she/you went, did go, has/have gone
noi **siamo andati/andate**	we went, did go, have gone
voi **siete andati/andate**	you went, did go, have gone
loro **sono andati/andate**	they went, did go, have gone

cadere	to fall
io **sono caduto/caduta**	I fell, did fall, have fallen
tu **sei caduto/caduta**	you fell, did fall, have fallen
lui/lei/Lei **è caduto/caduta**	he/she/you fell, did fall, has/have fallen
noi **siamo caduti/cadute**	we fell, did fall, have fallen
voi **siete caduti/cadute**	you fell, did fall, have fallen
loro **sono caduti/cadute**	they fell, did fall, have fallen

uscire	to go out
io **sono uscito/uscita**	I went out, did go out, have gone out
tu **sei uscito/uscita**	you went out, did go out, have gone out
lui/lei/Lei **è uscito/uscita**	he/she/you went out, did go out, has/have gone out
noi **siamo usciti/uscite**	we went out, did go out, have gone out
voi **siete usciti/uscite**	you went out, did go out, have gone out
loro **sono usciti/uscite**	they went out, did go out, have gone out

Here are some common regular verbs that take the auxiliary verb **essere** (to be) in the past tense (*passato prossimo*).

andare - to go	**entrare** - to enter	**stare** - to be; to stay
arrivare - to arrive	**partire** - to leave; to depart	**tornare** - to return
cadere - to fall	**ritornare** - to return	**uscire** - to go out; to exit
diventare - to become	**riuscire** - to succeed	

Here is a list of irregular past participles that take "essere". They must be memorized.

infiniti in italiano	infiniti in inglese	participi passati irregolari	participi passati irregolari in inglese
essere	to be	essere **stato/a/i/e**	to have been
morire	to die	essere **morto/a/i/e**	to have died
nascere	to be born	essere **nato/a/i/e**	to have been born
rimanere	to remain	essere **rimasto/a/i/e**	to have stayed
scendere	to go down	essere **sceso/a/i/e**	to have descended; gone down
venire	to come	essere **venuto/a/i/e**	to have come

ESERCIZIO A: Scegliere la forma corretta del verbo fra parentesi.
(*Select the correct form of the verb in parentheses.*)

1. Io e Lorenzo (**sono stato/siamo stati**) a Bologna per una settimana.
2. Io (**sono partita/sono partite**) un mese fa.
3. I nostri amici (**sono arrivate/sono arrivati**) cinque minuti fa.
4. Il cielo (**è diventato/è diventata**) grigio.
5. A che ora (**sei tornato/siete tornati**) voi dal cinema?
6. Tu (**sei riuscito/sono riuscito**) a capire il passato prossimo con essere.

una spiaggia a Rimini

ESERCIZIO B: Scrivere il verbo tra parentesi al passato prossimo.
(Write the verb in parentheses in the past tense.)

    Esempio: Gino e Luciano (**andare**) alla festa.

                Gino e Luciano ***sono andati*** alla festa.

1. Perché ieri tu (m.) non (**uscire**) _____ con gli amici?
2. Io e i miei amici (**andare**) _____ in bici due giorni fa.
3. Io (m.) (**arrivare**) _____ in treno alle 14.00.
4. La lezione (**diventare**) _____ noiosa come una zanzara.
5. Le studentesse (**entrare**) _____ nel museo alle undici.
6. Linda (**tornare**) _____ da Parma un anno fa.
7. Tu (f.) e Virginia (**partire**) _____ per Ravenna ieri?

ESERCIZIO C: Riscrivere le seguenti frasi al passato prossimo.
(Rewrite the following sentences in the past tense.)

    Esempio: Gino e suo fratello **vanno** alla festa. (***presente***)

                Gino e suo fratello ***sono andati*** alla festa. (***passato prossimo***)

1. Io (f.) e Gaetana **usciamo** con Marina e Franco.
2. **Andate** voi (f.) a Bologna per tre o quattro settimane?
3. Le cugine **arrivano** in ritardo.
4. Noi studenti **entriamo** presto in aula.
5. I miei amici **tornano** in centro a piedi.
6. Giorgio non **è** troppo bravo oggi.
7. Le lezioni troppo lunghe **diventano** noiose.

ESERCIZIO D: Riscrivere le seguenti frasi dal singolare al plurale o vice versa.
(Rewrite the following sentences from the singular to the plural or vice versa.)

    Esempio: Gli studenti sono nati in dicembre.

                Lo studente è nato in dicembre.

1. Voi siete nate il tre giugno.

    _____

2. Le mie sorelle sono rimaste a casa ieri.

    _____

3. I giocatori non sono scesi dall'autobus.

    _____

4. Non sono uscita alle tre ieri pomeriggio.

    _____

5. Perché tua zia non è venuta a Modena?

    _____

6. Sei andato a Piacenza l'anno scorso?

    _____

ESERCIZIO E: Scrivere il verbo tra parentesi al passato prossimo.
(Write the verb in parentheses in the past tense.)

> **Esempio:** Gino e Luciano (**andare**) alla festa.
> Gino e Luciano **sono andati** alla festa.

1. Giorgio (**essere**) _____ malato tutto il giorno ieri.
2. Il mio fratellino (**nascere**) _____ un mese fa.
3. Gli studenti (**scendere**) _____ dal treno alle quindici.
4. Il tenore, Luciano Pavarotti (**morire**) _____ nel 2007.

ESERCIZIO F: Riscrivere le seguenti frasi dal presente al passato prossimo.
(Rewrite the following sentences from the present to the past tense.)

> **Esempio:** Gino e suo fratello **vanno** alla festa. (**presente**)
> Gino e suo fratello **sono andati** alla festa. (**passato prossimo**)

1. Perché le tue cugine non **vengono** alla mia festa?
2. Perché tu (m.) e Matteo non **rimanete** a Rimini?
3. La ragazzina **è** molto brava durante la cerimonia.

ESERCIZIO G: Scegliere il verbo corretto dalla seguente lista e scrivere la forma corretta del verbo al passato prossimo per completare il paragrafo.
(Select the correct verb from the following list and write the correct form of the verb in the past tense to complete the paragraph.)

venire   andare   essere   arrivare   rimanere   entrare   andare

Due settimane fa abbiamo festeggiato l'ottantesimo compleanno di mia nonna a casa mia. Tutti i parenti **(1)**... presto e quando la nonna **(2)**... in salotto, tutti noi abbiamo cantato «tanti auguri». **(3)**... una bella festa. La nonna **(4)**... molto sorpresa e contenta di vedere tutti i suoi parenti. Anche i suoi cugini **(5)**... da lontano per festeggiare con lei. Abbiamo mangiato, ballato e cantato. Verso mezzanotte, i parenti **(6)**... via. Dopo, io, mia zia Emilia, mia madre, mio padre e mio fratello abbiamo pulito tutta la casa. Finalmente, verso le due di notte, noi **(7)**... a letto.

1. _____
2. _____
3. _____
4. _____
5. _____
6. _____
7. _____

ESERCIZIO H: Scegliere il tempo verbale corretto per completare ogni frase.
(Select the correct tense of the verb to complete each sentence.)

> **Esempio:** Io e Matteo (*partiamo/**siamo partiti***) alle ventuno ieri sera.

1. Maria (**parte/è partita**) per l'Italia fra pochi minuti.
2. Io e i miei amici (**arriviamo/siamo arrivati**) negli Stati Uniti due mesi fa.
3. Tu e Carlo (**entrate/siete entrati**) in aula in ritardo questa mattina.
4. Io (**vengo/sono venuta**) ieri sera alle diciassette.
5. Lei (**sta/è stata**) molto male adesso.

Parma

Passato prossimo con "avere" o "essere"/ Past tense with "to have" or "to be"

When are the two auxiliary verbs (*avere; essere*) used?

The auxiliary verb *avere* is used with transitive verbs.

Transitive verbs are verbs that take a direct object. To determine if there is a direct object in a sentence, ask who? whom? or what? after the verb.

- Past participles of verbs that take **avere** do not change unless they are preceded by direct object pronouns.

  Esempi:

  Io **ho** comprat**o** un'aranciata.

  I bought an orange soda.

  I bought **what**? **an orange soda** - orange soda is a direct object

  Noi **abbiamo** vist**o** Rosa.

  We saw Rosa.

  We saw **whom**? **Rosa** - Rosa is a direct object

The auxiliary verb *essere* is used with intransitive verbs.

Intransitive verbs are verbs that do not take a direct object. They cannot answer the question who? whom? or what? after the verb.

- Past participles of verbs that take **essere** are adjectives. They must agree with the subject in gender and number.

  Esempi:

  Giulia **è** andat**a** al cinema.

  Giulia went to the movies.

  Giulia went? – *There is no answer to the questions who? whom? or what?*

  Therefore, it has no direct object.

  The verb "andare" takes the auxiliary verb essere because it is intransitive and the past participle "andat**a**" agrees with the subject **Giulia**.

  Voi **siete** arrivati alle tredici.

  You arrived at 1:00 pm.

  You arrived? – *There is no answer to the questions who? whom? or what?*

  Therefore, it has no direct object.

  The verb "arrivare" takes the auxiliary verb essere because it is intransitive and the past participle "arrivati" agrees with the subject **voi**.

ATTENZIONE!

Remember the auxiliary verbs **avere** or **essere** must be used with past participles in the past tense.

ATTENZIONE!

Usually verbs that take the auxiliary verb **essere** require the entire body to perform the action. Whereas verbs that take **avere** usually use one part of the body.

To remember which verbs take essere, learn SUPERMANSCAVE. Each letter of the word SUPERMANSCAVE represents a verb that takes **essere** in the past tense.

S	scendere
U	uscire
P	partire
E	essere
R	rimanere
M	morire
A	andare
N	nascere
S	stare
C	cadere
A	arrivare
V	venire
E	entrare

ESERCIZIO A: Scrivere il verbo in parentesi al passato prossimo usando i verbi ausiliari "avere" o "essere" secondo l'infinito.

(Write the verb in parentheses in the past tense using the auxiliary verbs "to have" or "to be" according to the infinitive.)

1. Tu (f.) e Marta (**andare**) _____ al cinema ieri.

2. Io e i miei fratelli (**mangiare**) _____ molta torta ieri sera.

3. Gino, perché non (**partire**) _____ con i tuoi parenti?

4. Che bella sorpresa quando io (**aprire**) _____ la porta e (**vedere**) _____ la mia migliore amica!

5. Le studentesse non (**capire**) _____ bene quella lezione.

6. Le mie cugine italiane (**venire**) _____ negli Stati Uniti l'estate scorsa.

7. (**Pulire**) _____ tu la tua stanza ieri pomeriggio?

8. (**Rispondere**) _____ voi a tutte le mail ieri?

9. Noi (**leggere**) _____ molti libri gialli l'anno scorso.

10. Elvira (**tornare**) _____ dall'Italia il primo marzo.

Ferrara

ESERCIZIO B: Riscrivere le seguenti frasi al passato prossimo.
(Rewrite the following sentences in the past tense.)

Esempio: *Sua cugina gioca a golf.*
Sua cugina ha giocato a golf.

1. La nostra professoressa insegna tutta la lezione in italiano.

2. Il bambino piange quando cade.

3. A che ora arrivi alla lezione d'italiano?

4. Con chi escono Emma e Giulio venerdì sera?

5. Dove metti il tuo zaino?

ESERCIZIO C: Che cosa hai fatto il weekend scorso? Scrivere quattro frasi con il verbo ausiliare «avere» e quattro frasi con il verbo ausiliare «essere».
(What did you do last weekend? Write four sentences with the auxiliary verb "to have" and four sentences with the auxiliary verb "to be".)

1. _____

2. _____

3. _____

4. _____

5. _____

6. _____

7. _____

8. _____

ESERCIZIO D: Riscrivere le seguenti frasi al presente.
(Rewrite the following sentences in the present tense.)

Esempio: Abbiamo fatto colazione molto presto.
Facciamo colazione molto presto.

1. Hai fatto i compiti con Michele?

2. Pietro e Federico hanno finito di leggere il giornale.

3. I professori sono venuti alla cerimonia.

4. Io sono andata al supermercato per fare la spesa.

5. Io e la mia mamma abbiamo preparato un buon pranzo.

ESERCIZIO E: Leggere il seguente brano attentamente e poi scegliere le risposte corrette.

(Read the following passage carefully and then select the correct responses.)

Ieri, io (m.) **(1)…** allo zoo in macchina con i miei amici a mezzogiorno. Noi **(2)…** le scimmie, gli elefanti, le giraffe, i leoni e molti altri begli animali. Dopo lo zoo **(3)…** di andare in una pizzeria vicino allo zoo. Abbiamo ordinato due pizze da dividere: una pizza Margherita e una pizza Quattro Stagioni. Da bere io **(4)…** una limonata e i miei amici hanno preso un tè freddo.

Alle due del pomeriggio, io **(5)…** a casa. Alle sedici la mia amica Alberta mi **(6)…** e abbiamo parlato per venti minuti. Alberta mi **(7)…** che anche lei è andata allo zoo con i suoi genitori, ma non mi **(8)…** .

Alle diciannove mio padre **(9)…** a casa dal lavoro e abbiamo mangiato gli spaghetti alla bolognese, una cena deliziosa. Mmm, che buoni!

Alle ventuno io **(10)…** i compiti di matematica e finalmente, alle ventidue **(11)…** a letto.

1. A. siamo andati	B. sono andato	C. sono andata	D. è andato
2. A. abbiamo visto	B. hai visto	C. hanno visto	D. ha visto
3. A. avete deciso	B. ha deciso	C. hanno deciso	D. abbiamo deciso
4. A. ho preso	B. ho fatto	C. ho mangiato	D. ho venduto
5. A. sono sceso	B. sono diventato	C. sono tornato	D. sono entrato
6. A. ho telefonato	B. ha telefonato	C. hai telefonato	D. hanno telefonato
7. A. ha scritto	B. ha letto	C. ha messo	D. ha detto
8. A. ha visto	B. ha dato	C. ha parlato	D. ha capito
9. A. è entrato	B. è tornato	C. è andato	D. è partito
10. A. ho bevuto	B. ho ricevuto	C. ho pulito	D. ho finito
11. A. sono stato	B. sono nato	C. sono andato	D. sono rimasto

ESERCIZIO F: Con un compagno/una compagna, fare e rispondere alle seguenti domande in italiano.

(With a classmate, ask and answer the following questions in Italian.)

1. In che mese sei nato/nata?
2. Quanti sms hai scritto ieri sera? A chi?
3. A che ora sei venuto/venuta a scuola stamattina?
4. Che cosa hai mangiato ieri sera a cena?
5. Per quanto tempo hai studiato ieri sera?

Le Cinque Abilità

Ascolto, Lettura, Scrittura, Comunicazione, Cultura

Ascolto 1 Interpretive Mode

Ascoltare la conversazione con attenzione e poi scegliere le risposte corrette.
(Listen carefully to the conversation and then select the correct responses.)

1. **Perché Patrizia è andata a Ravenna?**
   A. per vedere l'Emilia-Romagna
   B. per vedere la chiesa Santa Croce
   C. per passare due ore con altri studenti
   D. per vedere la tomba di Dante

2. **Chi c'è nella tomba di Dante a Firenze?**
   A. nessuno
   B. Ravenna
   C. Dante
   D. altre persone famose

3. **Per quale ragione è confusa Liliana?**
   A. Non è mai stata a Ravenna.
   B. Ci sono due tombe per Dante.
   C. Non ha capito la professoressa.
   D. Santa Croce ha molte tombe.

Dante Alighieri

Ascolto 2 Interpretive Mode

Ascoltare la conversazione attentamente e poi scegliere le risposte corrette.
(Listen carefully to the conversation and then select the correct responses.)

1. **A che cosa si riferisce Parma?**
   A. al pane
   B. al mercato
   C. al melone
   D. al prosciutto

2. **Cosa ha già comprato la mamma?**
   A. il prosciutto
   B. il melone
   C. il pane
   D. il pranzo

3. **Dove vuole andare Rita domani mattina?**
   A. al supermercato
   B. al liceo
   C. al mercato
   D. al parco

la tomba di Dante
Alighieri a Ravenna

Leggere il seguente brano con attenzione e poi scegliere le risposte corrette.
(Read the following passage carefully and then select the correct responses.)

Bologna, il capoluogo dell'Emilia-Romagna, si trova nell'Italia Centrale. È stata fondata dagli Etruschi e conosciuta come <<la Dotta, la Grassa e la Rossa>>. La chiamano <<la Dotta>> perché è la sede della più antica e famosa università di tutta l'Italia. Molti studenti la frequentano per studiare medicina. <<La Grassa>> si referisce al cibo perché Bologna è conosciuta per prodotti alimentari come la mortadella, il salame, il prosciutto e i tortellini. È conosciuta anche come <<la Rossa>> perché nella zona centrale della città ci sono molti edifici di mattone. Anni fa, Bologna era (was) una città piena di torri e campanili, ma oggi in Piazza Maggiore ci sono soltanto due torri: quella degli Asinelli e la Garisenda. Molti forse conoscono Bologna anche perché è famosa per le automobili Lamborghini e Maserati.

1. **Perché Bologna è conosciuta come la <<dotta>>?**
   A. La cucina è ottima.
   B. C'è un ottimo centro di studio.
   C. Gli edifici sono rossi.
   D. Ci sono le automobili.

2. **Cos'è la «Garisenda»?**
   A. un'università
   B. un salume
   C. una torre
   D. un'auto

3. **Secondo il brano, Bologna è famosa per …**
   A. la medicina e la cucina.
   B. il pane e il salame.
   C. le linguine e i mattoni.
   D. il campanile e il prosciutto.

Bologna

Hai risparmiato cinquecento dollari. Sei andato/andata al tuo negozio preferito per spendere i soldi.
Scrivere un tema di tre paragrafi (introduzione, sviluppo e conclusione) usando verbi con gli ausiliari "avere" ed "essere".

(You saved five-hundred dollars. You went to your favorite store to spend the money.
Write a three paragraph composition (introduction, body, conclusion) using the auxiliary
verbs "to have" and "to be".)

ESERCIZIO A: Con un compagno/una compagna, fare e rispondere alle seguenti domande in italiano.
(With a classmate, ask and answer the following questions in Italian.)

1. In che stagione sei nato/nata?
2. A che ora sei ritornato/ritornata da scuola ieri?
3. Che cosa hai messo nella valigia per il tuo viaggio?
4. Quali programmi hai guardato alla televisione?
5. Con chi hai parlato ieri sera?
6. Sei uscito/uscita domenica pomeriggio? Con chi?

ESERCIZIO B: Fare una conversazione con un compagno/una compagna.
(Converse with a classmate.)

Ti fa una domanda: He/She asks you a question:	Studente 1:	**Perché non sei venuto a scuola?**
Gli/Le rispondi: You answer him/her.	Studente 2:	
Ti parla di un problema: He/She talks to you about a problem:	Studente 1:	**Domani c'è un esame e non capisco bene questa lezione. Mi puoi aiutare?**
Gli/Le chiedi perché e commenti: You ask him/her why and comment:	Studente 2:	
Ti dà una spiegazione: He/She gives you an explanation:	Studente 1:	**Ho bisogno di superare quest'esame. Grazie dell'aiuto.**

Rimini

Cultura Interpretive Mode

Leggere le seguenti informazioni sull'Emilia-Romagna per completare e discutere gli esercizi.

(Read the following information about Emilia-Romagna to complete and discuss the exercises.)

1. È una regione del centro-nord.

2. Il suo capoluogo è Bologna.

3. Gli abitanti dell'Emilia-Romagna sono chiamati gli emiliani o i romagnoli.

4. È una regione industriale e agricola.

5. L'Emilia-Romagna è conosciuta in tutto il mondo per la produzione delle macchine sportive e di lusso come la Ferrari, la Lamborghini, la Maserati e la Ducati.

6. È conosciuta anche per la produzione *del prosciutto di Parma, la mortadella, i tortellini e la pasta alla bolognese.*

la mortadella

7. Il soprannome di Bologna è *la Dotta, la Grassa e la Rossa.*

   * *La Dotta* perché è la sede della più antica e famosa università di tutta Italia.
   * *La Grassa* perché Bologna è famosa per i suoi prodotti alimentari come la mortadella, il salame, il prosciutto, le lasagne, i ravioli e i tortellini.
   * *La Rossa* perché nella zona centrale della città ci sono molti edifici di mattoni rossi.

8. Bologna era (was) una città con molte torri e molti campanili. Oggi, però, sono rimaste solo due torri in Piazza Maggiore: la Torre degli Asinelli e la Torre Garisenda.

9. Altre città della regione sono:

   * **Modena** conosciuta per la produzione dell'aceto balsamico e la Ferrari
   * **Parma** conosciuta per il suo prosciutto
   * **Ravenna** famosa per i suoi monumenti bizantini ricchi di mosaici e per la tomba di Dante Alighieri.
   * **Rimini** famosa per le sue spiagge sull'Adriatico

la Torre degli Asinelli e la Torre Garisenda

10. Alcuni personaggi famosi dell'Emilia-Romagna sono:

    * Giuseppe Verdi (*compositore, 1813–1901*)
    * Enzo Ferrari (*automobilista, 1898–1988*)
    * Federico Fellini (*regista, 1920–1993*)
    * Luciano Pavarotti (*tenore, 1935–2007*)
    * Lucio Dalla (*cantante, 1943-2012*)
    * Gianni Morandi (*cantante, 1944–*)
    * Zucchero Fornaciari (*cantante, 1955–*)
    * Luciano Ligabue (*cantante, 1960–*)
    * Laura Pausini (*cantante, 1974–*)

 www.regione.emiliaromagna.it

Zucchero Fornaciari

Giuseppe Verdi

ESERCIZIO A: Leggere con attenzione e poi scegliere *Vero* o *Falso*.
(Read carefully and then select True or False.*)*

1.	Ravenna è il capoluogo dell'Emilia-Romagna.	Vero	Falso
2.	Dante Alighieri è morto a Ravenna.	Vero	Falso
3.	L'Emilia-Romagna si trova nell'Italia meridionale.	Vero	Falso
4.	I prodotti alimentari dell'Emilia-Romagna sono il prosciutto, il salame, i tortellini e la mortadella.	Vero	Falso
5.	La regione è molto industriale.	Vero	Falso
6.	Garisenda è il nome di una torre.	Vero	Falso
7.	In Piazza Maggiore ci sono molte torri.	Vero	Falso
8.	Bologna è la sede della più antica e famosa università di tutta l'Europa.	Vero	Falso
9.	Laura Pausini è nata in Emilia-Romagna.	Vero	Falso
10.	Le macchine Lamborghini si fabbricano in questa regione.	Vero	Falso

ESERCIZIO B: Scegliere le risposte corrette. Fare una ricerca su Internet se necessario.
(Select the correct responses. Do Internet research if necessary.)

1. La città di ... è conosciuta come la città *grassa, dotta e rossa*.
   A. Modena   B. Piacenza   C. Bologna   D. Ferrara

2. In Emilia-Romagna si producono le auto ... .
   A. FIAT   B. Ferrari   C. Lancia   D. Alfa Romeo

3. *Garisenda* e *Asinelli* sono due ... .
   A. torri   B. città   C. cantanti   D. macchine

4. Dante Alighieri ha scritto ... .
   A. *il Principe*   B. *il Decamerone*   C. *il Canzoniere* D. *la Divina Commedia*

5. ..., un tenore molto famoso, è nato in Emilia-Romagna.
   A. Toscanini   B. Pavarotti   C. Pausini   D. Verdi

Luciano Pavarotti

una Lamborghini Gallardo Superleggera

aggettivi

curioso - curious
dotto - scholarly; learned
lento - slow
miglior(e) - best
muto - mute
pazzo - crazy
solo - alone
velenoso - poisonous

altre parole

come - like; as
soltanto - only
tanti auguri - best wishes

espressioni

noioso come una zanzara - annoying like a mosquito
solo come un cane - alone like a dog

nomi

gli animali/gli insetti - animals/insects
(pagina 229, Indice 300)
il campanile - belltower
l'edificio - building
la fabbrica - factory
la fattoria - farm
il mattone - brick
il nido - nest
il soprannome - nickname
la sede - the seat (site)
la tomba - tomb
la torre - tower
le uova - eggs

verbi

conoscere - to know a person; to be acquainted with someone or some place (pagina 228)
diventare - to become
morire - to die
produrre - to produce
riuscire - to succeed
risparmiare - to save
salire - to climb
sapere - to know a fact; to know a piece of information; to know how (pagina 228, Indice 307)
uscire - to go out

la Cattedrale e il Battistero a Parma

RIPASSO FINALE

Objectives:

- Review and recycle vocabulary, grammar and culture from Sito Preliminare through Sito 11.
- Enhance listening and reading skills.
- Provide additional practice for assessments.

Per chiacchierare:

- In which grammar points are you most proficient and least proficient?
- In which vocabulary topics/themes are you most proficient and least proficient?
- What cultural aspects did you find most interesting? Why?

Give specific examples for each question.

Discuss the proverb:

Roma non fu fatta in un giorno.

Rome wasn't built in a day.

I. Ascoltare le frasi attentamente e poi scrivere la lettera che corrisponde a ciascun'immagine sulla linea.

(Listen to the sentences carefully and then write the letter that corresponds to each image on the line.)

| A | B | C | D | E |

1. _____   **2.** _____   **3.** _____   **4.** _____   **5.** _____

II. Completare le frasi nella Colonna A con le risposte corrette nella Colonna B.

(Complete the sentences in Column A with the correct responses in Column B.)

Colonna A	Colonna B
1. _____ L'Italia ha … regioni.	A. mari
2. _____ Il Vesuvio è …	B. indipendenti
3. _____ La capitale d'Italia è …	C. un vulcano
4. _____ Una catena di montagne è …	D. Maggiore
5. _____ Uno dei fiumi principali è…	E. Svizzera
6. _____ Ci sono due stati … in Italia.	F. Roma
7. _____ La … è l'isola più grande in Italia.	G. il Tevere
8. _____ Il Lago … è grande.	H. le Alpi
9. _____ L'Italia è circondata da molti …	I. Sicilia
10. _____ L'Italia confina con la …	J. venti

Roma

III. Scegliere la parola nella Colonna B che corrisponde alla parola nella Colonna A.

(Select the word in Column B that corresponds to the word in Column A.)

Colonna A	Colonna B
1. _____ la moda	A. la Maserati
2. _____ un formaggio	B. Raffaello Sanzio
3. _____ la musica	C. la Torre Pendente
4. _____ un'automobile	D. la pallavolo
5. _____ un artista	E. Valentino
6. _____ un monumento	F. Dante Alighieri
7. _____ una città	G. Bel Paese
8. _____ una bevanda	H. il tenore
9. _____ uno sport	I. Verona
10. _____ uno scrittore	J. un'aranciata

Raffaello Sanzio

IV. Leggere il seguente brano e poi scegliere le risposte corrette.
(Read the following passage and then select the correct responses.)

> Laura Pausini è una cantante molto famosa in Italia ed anche in altre parti
> del mondo. Lei è nata il 16 maggio 1974 a Faenza, una cittadina nella regione
> dell'Emilia-Romagna in Italia. Canta in spagnolo, portoghese, inglese, francese e
> naturalmente, in italiano. Le sue canzoni sono considerate malinconiche perché
> canta dei problemi e delle storie d'amore degli adolescenti. Ha una voce potente
> e calda. È paragonata a vari artisti femminili come Celine Dion, Mariah Carey e
> Barbra Streisand.

1. **Dov'è nata Laura Pausini?**
   A. nell'Italia Settentrionale
   B. nell'Italia Meridionale
   C. nell'Italia Centrale
   D. nell'Italia Insulare

2. **Com'è la voce di Laura Pausini?**
   A. bassa
   B. forte
   C. arrogante
   D. maschile

3. **In quante lingue canta Laura Pausini?**
   A. quattro
   B. due
   C. tre
   D. cinque

Laura Pausini

Ripasso di Sito Uno

I. Ascoltare le frasi attentamente e poi scrivere la lettera che corrisponde a ciascun'immagine sulla linea.
(Listen to the sentences carefully and then write the letter that corresponds to each image on the line.)

A   B   C   D   E

1. _____ 2. _____ 3. _____ 4. _____ 5. _____

II. Scegliere le risposte nella Colonna B che corrispondono alle espressioni della Colonna A.
(Select the responses in Column B that correspond to the expressions in Column A.)

Colonna A	Colonna B
1. _____ Le presento la mia amica, Giulia.	A. A più tardi
2. _____ Come sta?	B. Buonanotte
3. _____ Come si chiama Lei?	C. Ciao
4. _____ Grazie	D. Sto molto bene, grazie.
5. _____ Arrivederci	E. Prego
6. _____ Buonasera	F. Grazie
7. _____ Salve	G. Piacere
8. _____ A presto	H. Buonasera
9. _____ Benvenuti!	I. Mi chiamo Angela.
10. _____ Buonanotte	J. ArrivederLa

III. Completare le frasi e le domande in italiano.
(Complete the sentences and the questions in Italian.)

1. Mi piace _____
2. Ti piace _____
3. Non mi piace _____
4. Ti piacciono _____

5. Ti piace _____?
6. Ti piacciono _____?
7. Non ti piace _____?
8. Non ti piacciono _____?

Vernazza

IV. Leggere il seguente brano e poi scegliere le risposte corrette.
(Read the following passage and then select the correct responses.)

Venezia, chiamata <<la Serenissima>> è il capoluogo del Veneto. È una bella città nell'Italia Settentrionale ed è anche un porto sul Mar Adriatico. Ogni anno molti turisti visitano Venezia per vedere la Piazza San Marco con la Basilica di San Marco, il Campanile e il Palazzo dei Dogi.

Venezia ha più di 100 isole, 400 ponti e 160 canali. È famosa per il Ponte dei Sospiri, il Ponte di Rialto e il Canal Grande dove ci sono molte gondole e molti vaporetti che portano la gente da un posto all'altro.

Tre isole ben conosciute a Venezia sono Burano, famoso per il merletto, Murano, famoso per il vetro e Lido, famoso per il festival del Cinema di Venezia.

1. **Venezia è una città e un porto sul Mar... .**
   A. Ionio
   B. Tirreno
   C. Ligure
   D. Adriatico

2. **Il vetro viene da... .**
   A. Venezia
   B. Burano
   C. Murano
   D. Lido

3. **In Piazza San Marco non c'è ... .**
   A. il Ponte di Rialto
   B. la Basilica San Marco
   C. il Campanile
   D. il Palazzo dei Dogi

la Basilica di San Marco a Venezia

I. Ascoltare ogni domanda due volte e poi scegliere la risposta corretta.
(Listen to each question twice and then choose the correct response.)

1. A. Sono basso/a e biondo/a. B. Ho venti anni. C. Mi piace giocare a tennis.	**6.** A. Abito a New York. B. Sono nato/a in America. C. Ho tre sorelle.
2. A. Ho due fratelli. B. Studio l'italiano. C. Mia sorella si chiama Elena.	**7.** A. Studio l'italiano. B. Sono basso/a. C. Mi piace la pallacanestro.
3. A. Abito a New York. B. Sono nato/a negli Stati Uniti. C. Mi chiamo Enrico.	**8.** A. Ho un fratello. B. I miei fratelli si chiamano Paolo e Enzo. C. Mio fratello si chiama Roberto.
4. A. Sono alti. B. Sono azzurri. C. Sono castani.	**9.** A. Abito in Lombardia. B. Mi chiamo Giuseppe. C. Ti piace il gelato.
5. A. Ho gli occhi azzurri. B. Ho ventidue anni. C. Ho una lezione.	**10.** A. Fa dieci. B. Fa quindici. C. Fa venti.

II. Scrivere le seguenti frasi al plurale.
(Write the following sentences in the plural.)

1. Non c'è la lezione di biologia.
2. Ecco lo zio di Alessandra.
3. C'è il professore d'italiano?
4. Ecco l'amica di Stefano.
5. C'è l'ombrello?
6. C'è il calendario d'Italia.

III. Scrivere le seguenti frasi al singolare.
(Write the following sentences in the singular.)

1. Mi piacciono le maglie di Annamaria.
2. Ecco i fogli di carta.
3. Ecco gli studenti.
4. Ci sono le sedie, gli zaini e i libri.
5. Ti piacciono le FIAT?

la Toscana

IV. Rispondere con frasi complete in italiano.
(Answer with complete Italian sentences.)

1. Quanto fa trenta diviso due? _____
2. Quanto fa ventidue meno tre? _____
3. Quanto fa sei più dieci?_____
4. Quanto fa quattro per cinque?_____
5. Quanti anni hai?_____
6. Quanti studenti ci sono in questa classe? _____

V. Leggere il seguente brano e poi scegliere le risposte corrette.
(Read the following passage and then select the correct responses.)

La moda

Milano è la capitale italiana della moda. Durante tutto l'anno, stilisti come Gucci, Armani, Prada, Versace, Valentino, Dolce e Gabbana, Pucci e Fendi organizzano sfilate (fashion shows) per presentare le nuove collezioni di moda femminile e maschile.

Ogni anno c'è *La Settimana della Moda di Milano* dove gli stilisti presentano le loro collezioni primavera-estate per l'anno seguente. A giugno ci sono le collezioni maschili all'evento, *il Milano Moda Uomo*, e a settembre ci sono le collezioni femminili all'evento, *il Milano Moda Donna*. Durante *La Settimana della Moda* di Milano i più importanti stilisti presentano i loro vestiti come opere d'arte di un museo. Il calendario della moda milanese è sempre pieno e chic.

1. **Quando si presentano le nuove collezioni maschili di moda?**
   A. in aprile   C. in settembre
   B. in gennaio   D. in giugno

2. **Cosa c'è a Milano ogni anno?**
   A. Ci sono molte sfilate.   C. Ci sono molti musei.
   B. Ci sono molti calendari.   D. Ci sono molte settimane.

3. **Com'è la moda durante *La Settimana della Moda* di Milano?**
   A. modesta   C. artistica
   B. industriale   D. comica

La Settimana della Moda a Milano

I. Ascoltare ogni frase due volte. Poi, tra le quattro immagini, scegliere l'immagine che corrisponde alla frase.

(Listen to each sentence twice. Then, from the four images, choose the image that best corresponds to the spoken sentence.)

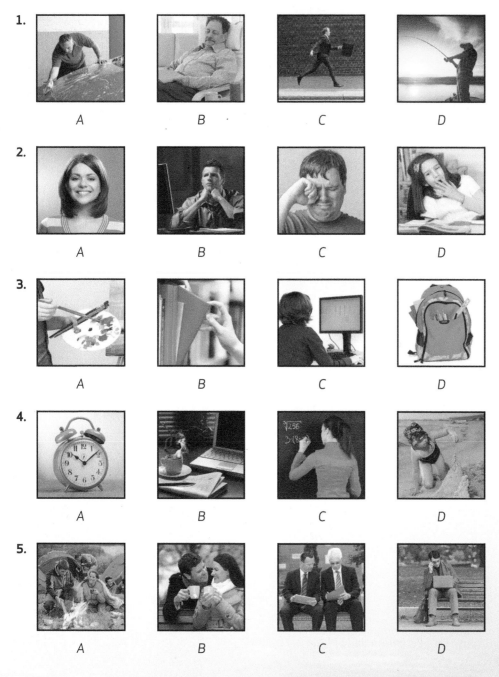

1.

   A   B   C   D

2.

   A   B   C   D

3.

   A   B   C   D

4.

   A   B   C   D

5.

   A   B   C   D

II. Scegliere il pronome corretto per ogni verbo.
(Select the correct pronoun for each verb.)

1. **(Io/Lui)** dorme otto ore ogni notte.
2. **(Lei/Noi)** capiamo l'italiano molto bene.
3. **(Tu/Voi)** pulisci la camera da letto ogni giorno.
4. **(Loro/Voi)** prendete un cappuccino ogni mattina.
5. **(Io/Lui)** aspetto l'autobus alle sette.

 III. Scegliere il verbo corretto per ogni frase.
(Select the correct verb for each sentence.)

1. I bambini **(parla/parlano)** in italiano.
2. Il professore **(spiega/spieghi)** la lezione molto bene.
3. Io **(offri/offro)** un espresso al mio amico.
4. Noi non **(scriviamo/scrivete)** alla lavagna.
5. Loro non **(leggete/leggono)** ad alta voce.

 IV. Scegliere il verbo corretto per ogni frase.
(Select the correct verb for each sentence.)

1. Mi piace **(leggere/chiedere)** le riviste italiane.
2. Io **(pulisco/finisco)** la cucina spesso.
3. I miei professori **(insegnano/abitano)** la cultura italiana.
4. Dove **(aspetti/compri)** i dizionari italiani?
5. Noi **(conosciamo/mettiamo)** i libri negli zaini.

Capri

V. Leggere il seguente brano e poi scegliere le risposte corrette.
(Read the following passage and then select the correct responses.)

Io studio l'italiano perché …

è una lingua musicale ed è la lingua di grandi artisti, pittori, poeti, esploratori, scrittori e scienziati. È anche la lingua della moda, del cinema, delle automobili, della cucina e dello sport.

Per me l'italiano è facile perché è una lingua romanza come lo spagnolo. Io sono nato e ancora abito in Argentina dove la lingua ufficiale è lo spagnolo, ma ci sono molte persone che parlano anche italiano.

Studio l'italiano perché a luglio vado a Roma con la mia famiglia. Andiamo a vedere un'opera alle Terme di Caracalla, la Pietà nella Basilica di San Pietro, il Colosseo e il Foro Romano. Naturalmente desidero visitare anche Via Condotti per comprare i vestiti del mio stilista preferito, Versace.

1. Di che nazionalità è questa persona?

A. spagnolo   C. argentino

B. italiano   D. romano

2. Questa persona studia l'italiano per ....

A. capire i film italiani.   C. leggere i libri italiani.

B. viaggiare in Italia.   D. parlare con la sua famiglia.

3. Perché l'italiano è facile per questa persona?

A. È nato in Italia.   C. È professore d'italiano.

B. Ascolta la musica italiana.   D. Parla un'altra lingua.

Via Condotti a Roma

la Pietà

I. Ascoltare ogni domanda due volte e poi scegliere la risposta corretta.
(Listen to each question twice and then choose the correct response.)

1. A. Non ha freddo.   C. Non ha fame.
   B. Non ha sonno.   D. Non ha ragione.

2. A. Lui ha dodici anni.   C. Lei ha dodici anni.
   B. Tu hai dodici anni.   D. Loro hanno dodici anni.

3. A. Ha mal di schiena.   C. Ha torto.
   B. Ha settant' anni.   D. Ha fretta.

4. A. Ascolto in classe.   C. Ritorno a scuola.
   B. Frequento la lezione.   D. Faccio uno sport.

5. A. un portatile   C. una lavagna
   B. un cestino   D. una bandiera

6. A. del ragazzo   C. della signora
   B. del leone   D. della casa

7. A. È mezzogiorno.   C. Sono le due di mattina.
   B. È mezzanotte.   D. Sono le ventidue.

8. A. alle undici e mezza   C. alle sedici
   B. alle otto   D. alle ventitré

9. A. Fa cinquanta.   C. Fa sessanta.
   B. Fa settanta.   D. Fa ottanta.

10. A. Hanno sete.   C. Ho sete.
    B. Abbiamo sete.   D. Hai sete.

il Foro Romano a Roma

 II. Scrivere gli articoli indeterminativi e determinativi corretti in italiano.
(Write the correct indefinite and definite articles in Italian.)

ESEMPIO: Ecco **una** bicicletta; è **la** bicicletta di Roberto.

1. Ecco _____ zaino nuovo; è _____ zaino di Maria.
2. Ecco _____ aula molto grande; è _____ aula della professoressa Alighieri.
3. C'è _____ portatile nuovo sul banco; è _____ portatile dello studente.
4. C'è _____ macchina nel garage; è _____ macchina di mio fratello Paolo.

la Toscana

III. Scrivere l'ora in italiano secondo ogni orologio.
(Write the time in Italian according to each clock.)

  1   2   3   4   5

1. _____

2. _____

3. _____

4. _____

5. _____

IV. Rispondere con frasi complete in italiano.
(Answer with complete Italian sentences.)

1. Che ora è?/Che ore sono?
2. A che ora arrivi a scuola?
3. A che ora cominci a fare i compiti ogni sera?
4. A che ora ti piace guardare la televisione?
5. A che ora prendi l'autobus la mattina?

la Basilica di Santa Maria del Fiore a Firenze

V. Leggere il seguente brano e poi scegliere le risposte corrette.
(Read the following passage and then select the correct responses.)

L'Etna, un vulcano nella Sicilia nord orientale, è attivo da molti anni. È il vulcano più alto d'Europa. È circa 3.000 metri, il doppio del Vesuvio. Nel dialetto siciliano è chiamato *Muncibeddu*, o in italiano Mongibello. Questo nome deriva da due parole: una greca e una araba che significano «montagna». L'Etna è sempre attivo e cambia continuamente la topografia della Sicilia. Molti turisti di molte parti del mondo desiderano osservare le attività e le esplosioni del vulcano da vicino. Questo desiderio può trasformarsi in un'avventura molto pericolosa. Di tanto in tanto ci sono incidenti fatali. Hai voglia di visitare l'Etna?

1. **Com'è l'Etna?**
   A. calmo
   B. potente
   C. debole
   D. tranquillo

2. **Il nome di questo vulcano deriva dalla parola … .**
   A. montagna
   B. metro
   C. vulcano
   D. europa

3. **Secondo il brano, non è una buona idea visitare l'Etna da vicino perché …**
   A. è molto alto.
   B. ci sono molti turisti.
   C. la topografia cambia.
   D. le esplosioni sono pericolose.

l'Etna

I. **Ascoltare ogni domanda due volte e poi scegliere la risposta corretta.**
(Listen to each question twice and then choose the correct response.)

1. A. gennaio   C. il giovedì
   B. domenica   D. la primavera

2. A. i funghi   C. la bistecca
   B. il risotto   D. l'insalata

3. A. Fa fresco.   C. Nevica.
   B. Fa caldo.   D. È nuvoloso.

4. A. sabato   C. luglio
   B. l'estate   D. l'autunno

5. A. il mercoledì   C. oggi
   B. a febbraio   D. ieri

6. A. Vediamo un film.   C. Vedo un film.
   B. Vedono un film.   D. Vede un film.

7. A. il pesce   C. il panino
   B. una minestra   D. un biscotto

8. A. Non fa bello.   C. Fa molto caldo.
   B. Non c'è il sole.   D. Piove molto.

9. A. le patate fritte   C. l'aragosta
   B. l'arancia   D. la pasta al sugo

10. A. dodici   C. undici
    B. dieci   D. nove

le Dolomiti

II. Rispondere ad ogni domanda indicando la stagione, il tempo, il mese e la data di una festa che corrisponde alle immagini.

(Answer each question indicating the season, weather, month, and date of one holiday that corresponds to the picture.)

1.
   A. Che stagione è? _____
   B. Che tempo fa? _____
   C. Che mese è? _____
   D. Qual è la data? _____

2.
   A. Che stagione è? _____
   B. Che tempo fa? _____
   C. Che mese è? _____
   D. Qual è la data? _____

3.
   A. Che stagione è? _____
   B. Che tempo fa? _____
   C. Che mese è? _____
   D. Qual è la data? _____

4.
   A. Che stagione è? _____
   B. Che tempo fa? _____
   C. Che mese è? _____
   D. Qual è la data? _____

III. Abbinare la Colonna A con la Colonna B.

(Match Column A with Column B.)

Colonna A	Colonna B
1. _____ È un primo piatto.	A. i fagiolini
2. _____ È un secondo piatto.	B. l'uva
3. _____ È un contorno.	C. l'acqua minerale
4. _____ È una bevanda.	D. la minestra
5. _____ È una frutta.	E. il pesce

IV. Leggere il seguente brano e poi scegliere le risposte corrette.
(Read the following passage and then select the correct responses.)

Il Piemonte è una regione molto grande e bella. Torino, il suo capoluogo, è ricca di storia e possiede varie industrie. Un'industria torinese è quella delle automobili FIAT. La fabbrica è enorme e ogni anno gli operai producono molte macchine italiane. Torino è una città conosciuta anche per la cioccolata, particolarmente la Nutella. Ci sono molte altre belle città nel Piemonte, ma la mia preferita è Alba. Mi piace perché è piccola con una piazza molto bella dove i bambini giocano; i giovani passeggiano con un gelato in mano; gli adulti mangiano nei loro ristoranti preferiti; e gli anziani conversano con calma. Mi piacciono anche i fiori che circondano la piazza perché creano un ambiente rilassante e tranquillo.

1. Una fabbrica di … è la FIAT.
    A. macchine   C. cioccolata
    B. nutella   D. gelato

2. Perché questa persona preferisce la città di Alba?
    A. C'è molto traffico.   C. Ci sono solo giovani.
    B. Tutti hanno fretta.   D. È un posto molto calmo.

3. Il centro di attività ad Alba è …
    A. la fabbrica   C. i fiori
    B. la piazza   D. le automobili

una FIAT PANDA

Ripasso di Sito Sei

I. Ascoltare le frasi attentamente e poi scrivere la lettera che corrisponde a ciascun'immagine sulla linea.
(Listen to the sentences carefully and then write the letter that corresponds to each image on the line.)

   A   B   C   D   E

1. _____   **2.** _____   **3.** _____   **4.** _____   **5.** _____

II. Scegliere l'aggettivo corretto per ogni frase.
(Choose the correct adjective in each sentence.)

1. Io sono nato a Madrid. Sono ... .
   A. spagnolo   B. spagnola   C. spagnoli   D. spagnole

2. I bambini di Fabio e Nina sono ...
   A. carino   B. carina   C. carini   D. carine

3. L'automobile dei miei nonni è di una marca ... .
   A. americano   B. americana   C. americani   D. americane

4. Noi abbiamo i capelli castani e ... .
   A. lungo   B. lunga   C. lunghi   D. lunghe

5. La bandiera americana è rossa, blu e ... .
   A. bianco   B. bianca   C. bianchi   D. bianche

6. Mi piacciono le mie professoresse perché sono sempre ... .
   A. emozionato   B. emozionata   C. emozionati   D. emozionate

III. Abbinare la Colonna A con la Colonna B.
(Match Column A with Column B.)

Colonna A

1. _____ Le gonne di Rita sono ...
2. _____ Il mio cappello è ...
3. _____ Gli occhi di Sandra sono ...
4. _____ Tu preferisci il ristorante...
5. _____ Lei non è molto ...
6. _____ La borsa della ragazza è ...
7. _____ Il football è uno sport ...
8. _____ Non siamo tristi; siamo ...

Colonna B

A. azzurri
B. contenti
C. cinese
D. belle
E. nuova
F. pericoloso
G. nero
H. coraggiosa

IV. Scrivere le seguenti date in italiano.
(Write the following dates in Italian.)

1. 5/9   _____

2. 18/8   _____

3. 27/6   _____

4. 16/11   _____

5. 1/2   _____

V. Scegliere il verbo corretto.
(Select the correct verb.)

1. Tu e Franco **(potete/andate)** a casa.

2. La signora **(va/può)** in treno.

3. Io **(posso/vado)** vincere la partita di calcio.

4. Io e Lucrezia **(andiamo/possiamo)** al Palio il due luglio.

5. Mercoledì loro **(vanno/possono)** andare a vedere la famosa Torre Pendente.

la Torre Pendente

VI. Leggere la seguente mail e poi scegliere le risposte corrette.
(Read the following e-mail and then select the correct responses.)

Una mail italiana /An Italian e-mail

Da:	"Coppa, Valentina" coppav@virgilio.it
A:	"Celli, Rosa" cellir@hotmail.com
Spedita:	lunedì 4 maggio
Oggetto:	**il tuo viaggio**

Cara Rosa,

ti scrivo per dirti di arrivare a Siena giovedì trenta giugno così possiamo andare a vedere il Palio, la famosa corsa di cavalli. Il Palio ha luogo in Piazza del Campo due volte all'anno: il due luglio e il sedici agosto. Siccome io conosco bene il proprietario di una trattoria in Piazza del Campo, possiamo andare in piazza verso le quindici, prendere qualcosa da mangiare e da bere nella trattoria e poi andare al terzo piano per guardare la corsa. Dal terzo piano possiamo vedere chiaramente i bei costumi medioevali. Secondo me, l'Oca vince quest'anno, ma i miei amici dicono la Giraffa. Chi avrà ragione? Io o loro? Vediamo!

Un abbraccio,
Valentina

1. Quando arriva Rosa?

A. il quattro maggio   C. il due luglio

B. il trenta giugno   D. il sedici agosto

2. Perché Rosa e Valentina vanno al terzo piano della trattoria?

A. per guardare il Palio   C. per prendere una bevanda

B. per pranzare   D. per vedere una giraffa

3. A che ora arrivano le ragazze in Piazza del Campo?

A. all'una   C. alle due

B. a mezzogiorno   D. alle tre

il Palio a Siena

I. Ascoltare ogni domanda due volte e poi scegliere la risposta corretta.
(Listen to each question twice and then choose the correct response.)

1. A. nostro cugino   C. nostro nipote
   B. nostra cugina   D. nostra nipote

2. A. mio figlio   C. mio padre
   B. mia figlia   D. mia madre

3. A. Ho mal di stomaco.   C. Ho mal di testa.
   B. Ho mal di schiena.   D. Ho mal di denti.

4. A. Esce con gli amici.   C. Ha una famiglia grande.
   B. Fa bel tempo.   D. È stanca.

5. A. Mio nonno ha settant'anni.   C. Tuo nonno ha settant'anni.
   B. Suo nonno ha settant'anni.   D. Nostro nonno ha settant'anni.

II. Identificare e descrivere ogni membro di questa famiglia.
(Identify and describe each member of this family.)

1	2	3	4	5	6

1. _____

2. _____

3. _____

4. _____

5. _____

6. _____

III. Scegliere l'aggettivo possessivo corretto.
(Choose the correct possessive adjective.)

1. **(Your)** foto è di Firenze.
   A. Il tuo   B. La tua   C. Le tue   D. I tuoi

2. **(Their)** film sono molto lunghi.
   A. Il loro   B. La loro   C. Le loro   D. I loro

3. **(My)** sport preferito è il calcio.
   A. Il mio   B. La mia   C. Le mie   D. I miei

4. **(Her)** occhi sono azzurri.
   A. Il suo   B. La sua   C. Le sue   D. I suoi

5. **(Our)** mani sono piccole.
   A. I nostri   B. La nostra   C. Le nostre   D. I nostri

IV. Scegliere l'aggettivo possessivo corretto.
(Choose the correct possessive adjective.)

1. **(Il tuo/La tua)** bici è nel garage.
2. **(Il mio/Mio)** padre ha quarantatré anni.
3. **(Le loro/I loro)** facce sono rosse come una mela.
4. **(I nostri/Le nostre)** università sono molto costose.
5. **(I suoi/Le sue)** problemi sono complicati.

V. Scegliere la parola corretta per completare ogni frase.
(Select the correct word to complete each sentence.)

bocca dita gambe testa braccia

1. Usiamo le _____ per camminare.
2. Usiamo le _____ per abbracciare.
3. Usiamo la _____ per parlare.
4. Usiamo le _____ per contare.
5. Usiamo la _____ per pensare.

VI. Completare le seguenti frasi con il verbo corretto.
(Complete the following sentences with the correct verb.)

1. A che ora **(uscite/date)** venerdì sera?
2. Vogliono **(dare/uscire)** un regalo speciale ai bisnonni.
3. Le figlie **(escono/danno)** una bella festa di compleanno.
4. Annamaria non **(esce/dà)** più con Emilio.

VII. Leggere il seguente brano e poi scegliere le risposte corrette.
(Read the following passage and then select the correct responses.)

Una delle attrazioni turistiche della Riviera di Levante è le Cinque Terre. È un insieme di questi cinque piccoli paesi: Monterosso al Mare, Vernazza, Corniglia, Manarola e Riomaggiore. Il clima delle Cinque Terre è mite, grazie alla catena montuosa che blocca i venti del nord. In primavera e in autunno piove spesso e in estate piove, ma per poco tempo. È difficile andare alle Cinque Terre in macchina perché le strade sono strette e hanno molte curve. Un altro problema è che c'è poco parcheggio per le auto perché le strade dei cinque borghi sono aperte solo per i residenti. Le Cinque Terre hanno una costa rocciosa con un mare cristallino. La spiaggia più famosa dei cinque borghi si trova a Monterosso, con la sua sabbia, i suoi ombrelloni e le sue sedie a sdraio.

1. Le Cinque Terre sono ... .

A. riviere

B. nazioni

C. borghi

D. strade

2. Perché non è facile andare alle Cinque Terre in macchina?

A. La costa non è rocciosa.

B. C'è molto parcheggio.

C. Le strade non sono larghe.

D. C'è molto traffico.

3. La spiaggia più famosa si trova a ... .

A. Vernazza

B. Manarola

C. Corniglia

D. Monterosso

Ripasso di Sito Otto

I. Ascoltare le domande attentamente e poi scrivere la lettera che corrisponde a ciascun'immagine sulla linea.
(Listen to the questions carefully and then write the letter that corresponds to each image on the line.)

A   B   C   D   E

1. _____   **2.** _____   **3.** _____   **4.** _____   **5.** _____

II. Scegliere il verbo corretto.
(Select the correct verb.)

1. Tu **(devi/vieni)** leggere gli appunti.
2. Tua zia **(vuole/viene/deve)** un panino al prosciutto.
3. Perché i loro zii non **(devono/vogliono/vengono)** alla festa?
4. Quando **(venite/volete)** andare al negozio?
5. Io e Aldo **(dobbiamo/vogliamo/veniamo)** una bevanda fredda.
6. A che ora **(vengono/devono)** arrivare gli studenti a scuola?
7. Io non posso **(dovere/venire/volere)** in palestra oggi.
8. Tu e Alfredo **(venite/dovete/volete)** in Calabria quest' estate?
9. Angela non **(viene/deve)** lavorare sabato sera.

Tropea

III. Scrivere le preposizioni o le preposizioni articolate corrette per ogni frase.
(Write the prepositions or the prepositional contractions for each sentence.)

1. La banca è **(near)** _____ alla farmacia.
2. Quando ritornano **(from the)** _____ ufficio postale?
3. Il mese di dicembre viene **(after)** _____ novembre.
4. La chiesa è **(far)** _____ dal parco.
5. Con chi andate **(to the)** _____ cinema stasera?
6. Gli occhi **(of the)** _____ bambina sono castani.
7. Mi piace molto formaggio **(on the)** _____ spaghetti.
8. Gli animali **(in the)** _____ zoo non sono selvatici.
9. La sala da pranzo è **(between)** _____ la cucina e il salotto.
10. I suoi libri sono **(under)** _____ il banco.

IV. Scrivere l'aggettivo dimostrativo corretto per ogni frase.
(Write the correct demonstrative adjective for each sentence.)

1. Mi piace **(this)** _____ cravatta rossa.
2. Marta, devi comprare **(these)** _____ scarpe per il ballo.
3. **(That)** _____ verdura è buona per fare il minestrone.
4. **(Those)** _____ stivali sono piccoli.
5. Ti piace **(this)** _____ antipasto?
6. **(Those)** _____ signore sono francesi e spagnole.
7. **(Those)** _____ fiumi sono grandi.
8. **(That)** _____ vulcano si trova in Sicilia.

Tropea in Calabria

268 Sito Dodici Ripasso finale

V. Leggere il seguente brano e poi scegliere le risposte corrette.
(Read the following passage and then select the correct responses.)

Un'esperienza indimenticabile per il turista nella provincia di Cosenza è visitare il Parco Nazionale della Sila. È il più nuovo parco della Calabria. Il luogo è molto attivo e offre al turista la possibilità di partecipare ad una varietà di attività dentro il parco. Qui si possono fare escursioni a piedi o a cavallo e gite in barca. Molti ci vanno per osservare gli uccelli e fotografare la natura. In inverno si può anche sciare. Il parco offre belle cose da fare in ogni stagione dell'anno. Nella Sila ci sono alloggi di ogni tipo per trascorrere le vacanze: alberghi, pensioni, appartamenti, ecc. Venite al Parco Nazionale della Sila dove secondo alcune ricerche recenti, si può respirare l'aria più pulita d'Europa.

1. Che cosa offre il Parco Nazionale della Sila ai turisti?
   A. un museo indimenticabile
   B. molti passatempi differenti
   C. uno stadio nazionale
   D. molti film internazionali

2. In che stagione è attivo il parco?
   A in autunno
   B. in estate e in primavera
   C. in inverno
   D. in tutte le stagioni

3. Il parco offre ... più pura del continente.
   A. l'escursione
   B. l'aria
   C. la pensione
   D. la gita

il Parco Nazionale della Sila

Ripasso di Sito Nove

I. Ascoltare ogni domanda due volte e poi scegliere la risposta corretta.
(Listen to each question twice and then choose the correct response.)

1. A. in luglio
   B. il giovedì
   C. in estate
   D. il mese

2. A. Lavoriamo domani.
   B. Festeggiamo il compleanno.
   C. Andiamo a Perugia.
   D. Vogliamo i pantaloni nuovi.

3. A. una maglietta
   B. un impermeabile
   C. una cintura
   D. un cappotto

4. A. Vado al mare.
   B. Ho sete.
   C. Faccio una domanda.
   D. Voglio uno spuntino.

5. A. novecento dollari
   B. duecentocinquanta dollari
   C. trecentomila dollari
   D. diecimila dollari

II. Abbinare il vestiario della Colonna B con la parte del corpo nella Colonna A.
(Match the clothing item in Column B with the body part in Column A.)

Colonna A	Colonna B
1. _____ i piedi	A. la cravatta
2. _____ la testa	B. i guanti
3. _____ le mani	C. i pantaloni
4. _____ il collo	D. il cappello
5. _____ le gambe	E. le scarpe

III. Usare espressioni con «fare» per descrivere le seguenti immagini.
(Use expressions with the verb "to do", "to make" (fare) to describe the following pictures.)

1. _____

2. _____

3. _____

4. _____

IV. Scrivere i seguenti numeri in parole.
(Write the following numbers out in words.)

A. 781 _____

B. 43,125 _____

C. 16 million people _____

D. 1 billion euro _____

V. Rispondere alle seguenti domande con un pronome di oggetto diretto.
(Answer the following questions using a direct object pronoun.)

1. In quale stanza vuoi mettere il tavolo nuovo?
2. Perché non compri quei calzini?
3. Perché non mi aspettate?
4. Quando chiude le finestre la mamma?
5. Quale giorno della settimana fai le spese?
6. Ci ascoltate o no?

le Dolomiti

VI. Scrivere un'esclamazione corretta per ogni situazione.
(Write a correct exclamation for each situation.)

1. La tua amica prende 100 nella prova. _____

2. Oggi tuona e lampeggia. _____

3. Il tuo professore dà molti compiti. _____

4. Il tuo fratellino mangia molta pasta. _____

5. Tua zia beve molto caffè. _____

VII. Leggere il seguente brano e poi scegliere le risposte corrette.
(Read the following passage and then select the correct responses.)

L'Umbria è una delle venti regioni italiane. Questa regione è anche conosciuta come <<Il cuore verde d'Italia>> perché non è bagnata da nessun mare. Il suo capoluogo è Perugia dove c'è la famosa Università per Stranieri. Studenti di tutto il mondo vengono a quest' università per studiare la lingua e la cultura italiana. C'è anche la fabbrica della Perugina dove si producono le famose caramelle Perugina ed i cioccolatini <<Baci>>.

Altre belle città della regione sono: Spoleto, Gubbio, Todi, Spello e Assisi.

Molti turisti visitano la città medioevale di Assisi perché è il luogo di nascita di San Francesco e vogliono ammirare la bellezza degli affreschi di Giotto nella Basilica di San Francesco. In Umbria c'è anche il quarto lago più grande d'Italia, il Lago Trasimeno.

la Basilica di San Francesco ad Assisi

1. Perché l'Umbria è diversa dalle altre regioni italiane?

   A. Non confina con il mare.   C. Non ha un lago.

   B. È molto grande.   D. È molto moderna.

2. Chi frequenta l'Università per Stranieri a Perugia?

   A. i lavoratori della Perugina   C. tutti gli americani

   B. solo i perugini   D. gli studenti internazionali

3. Dentro la Basilica di San Francesco ci sono ... .

   A. i baci   C. gli affreschi

   B. le caramelle   D. le fabbriche

le vigne in Umbria

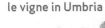

I. Ascoltare le frasi attentamente e poi scrivere la lettera che corrisponde a ciascun'immagine sulla linea.
(Listen to the sentences carefully and then write the letter that corresponds to each image on the line.)

| A | B | C | D | E |

1. _____   2. _____   3. _____   4. _____   5. _____

 II. Scegliere il verbo corretto per ogni frase.
(Choose the correct verb for each sentence.)

1. Io e la mia mamma **(ho fatto/abbiamo fatto)** due pizze oggi.
2. Tu e Fabrizio non **(hai comprato/avete comprato)** un vestito grigio per Luigi.
3. Francesca e Serafina **(ha aperto/hanno aperto)** le finestre perché fa caldo.
4. Chi **(hai chiuso/ha chiuso)** la porta dell'aula?
5. Gli studenti **(ha preso/hanno preso)** un bel voto.
6. Nella classe d'italiano noi **(abbiamo imparato/ha imparato)** il passato prossimo.
7. Io **(ho chiesto/abbiamo chiesto)** il conto al cameriere.
8. Lei **(ha avuto/avete avuto)** un brutto raffreddore la settimana scorsa.
9. I bambini **(avete dormito/hanno dormito)** dieci ore ieri sera.
10. Perché tu non **(hai capito/avete capito)** bene la lezione?

 III. Riscrivere queste frasi al passato prossimo.
(Rewrite these sentences in the past tense.)

1. Lo stilista **studia** la moda.
2. Il cantante **canta** molto bene.
3. Le studentesse **leggono** ad alta voce.
4. Gli studenti **puliscono** le loro camere.
5. Tu e la tua amica **vedete** molti film.
6. I miei nonni **preparano** gli gnocchi.
7. Mia zia **scrive** molte mail.
8. Io **starnutisco** molto.
9. I nostri genitori **pattinano** sabato.
10. Lo zio **vende** la sua casa a Napoli.

 IV. Rispondere alle seguenti domande con un pronome di oggetto diretto.
(Answer the following questions with a direct object pronoun.)

1. Quando hai visto tua cugina?
2. Hai preso l'insalata a pranzo?
3. Dove hai messo i soldi?
4. Quando hai scritto le mail?
5. Hai studiato il vocabolario?
6. A che ora hai finito i compiti?

la Piazza del Plebiscito a Napoli

V. Rispondere in frasi complete in italiano.
(Answer in complete Italian sentences.)

1. Qual è il dodicesimo mese dell'anno? _____

2. Qual è la seconda stagione dell'anno?_____

3. Qual il sesto giorno della settimana?_____

4. Cosa festeggiamo il primo gennaio?_____

VI. Leggere il seguente brano e poi scegliere le risposte corrette.
(Read the following passage and then select the correct responses.)

Napoli, il capoluogo della Campania, è una città famosa per la pizza napoletana. Infatti la pizza che tutti conosciamo come la Pizza Margherita è stata creata proprio a Napoli verso la fine del diciannovesimo secolo.

Nel 1889 il re Umberto I è andato in vacanza a Napoli con sua moglie, la regina Margherita. Alla regina piaceva molto la pizza. Il re, per fare qualcosa di speciale per sua moglie, ha chiesto ai proprietari della pizzeria <<Pietro il pizzaiolo>>, Raffaele Esposito e sua moglie Rosa di fare delle pizze con diversi ingredienti. Così loro hanno fatto tre pizze: la prima con formaggio e basilico; la seconda con aglio, olio e pomodoro; e la terza con mozzarella, pomodoro e basilico, come i colori della bandiera italiana. Delle tre pizze preparate, la regina ha scelto la pizza con mozzarella, pomodoro e basilico. Così è nata la <<Pizza Margherita>>.

1. Il nome Pizza Margherita viene dal nome … .

A. del re   C. di Napoli

B. della regina   D. di Rosa

2. Di chi è la pizzeria?

A. di Margherita   C. di Umberto I

B. di Raffaele   D. di Pietro

3. Gli ingredienti della Pizza Margherita sono pomodoro, mozzarella e… .

A. aglio   C. basilico

B. olio   D. prosciutto

I. Ascoltare le frasi attentamente e poi scrivere la lettera che corrisponde a ciascun'immagine sulla linea.
(Listen to the sentences carefully and then write the letter that corresponds to each image on the line.)

A	B	C	D	E

1. _____   **2.** _____   **3.** _____   **4.** _____   **5.** _____

II. Completare il seguente dialogo con la forma corretta del verbo «conoscere» o «sapere».
(Complete the following dialogue with the correct form of the verbs "to know".)

Teresa: Vito, vorrei discutere il mio voto con il professore, ma non lo **(1)**_____ troppo bene. Lo **(2)**_____ tu?

Vito: Il professore di storia? Certo che lo **(3)**_____. È molto bravo.

Teresa: **(4)** _____ dov'è il suo ufficio?

Vito: **(5)** _____ che si trova nell'edificio Molli, ma non **(6)**_____ il numero del suo ufficio.

III. Scegliere il verbo corretto per ogni frase.
(Choose the correct verb for each sentence.)

1. Perché Annamaria non **(è andato/è andata)** in biblioteca?
2. Chi **(è entrato/sei entrato)** dopo di me?
3. Con chi **(siamo arrivati/sono arrivati)** gli studenti?
4. In che mese **(è morto/è morta)** il nonno di Dina?
5. Io e Gianluca non **(siamo usciti/sono usciti)** ieri sera.
6. Tu e Paola **(sei partito/siete partiti)** verso le ventidue.
7. In che anno **(è nata/sei nata)** tu?
8. Io **(sono cresciuto/sei cresciuto)** in Italia.
9. La faccia di Bianca **(è diventata/sono diventata)** rossa.
10. Il ragazzino non **(è rimasto/sei rimasto)** a casa da solo.

IV. Riscrivere le frasi al passato prossimo.
(Rewrite the sentences in the past tense.)

1. Io e Sofia **scendiamo** dall'autobus alla terza fermata.
2. I vostri amici **sono** molto bravi.
3. I tuoi genitori **ritornano** dalle vacanze venerdì sera.
4. Io **rimango** a casa per aiutare la mia sorellina.
5. A che ora **vieni** a scuola?

la Basilica e il Campanile a Parma

V. Riscrivere le seguenti frasi al passato prossimo.
(Rewrite the following sentences in the past tense.)

1. Io **scendo** dal treno con una valigia.
2. Noi **andiamo** a scuola alle sette.
3. Le loro cugine **comprano** le maglie pesanti.
4. Io e mia sorella **regaliamo** un paio di pantaloni blu a nostro fratello.
5. Mia nipote **parte** da Chicago alle diciannove e trenta.
6. I loro amici **bevono** molto caffellatte.
7. Il mio papà **finisce** di leggere il giornale alle venti.
8. Tu **apri** la porta per la signora.
9. Il loro nipotino **dice** <<permesso>>.
10. Voi non **uscite** martedì sera.

VI. Leggere il seguente brano e poi scegliere le risposte corrette.
(Read the following passage and then select the correct responses.)

Parma, una città nell'Emilia-Romagna, è conosciuta per il suo prosciutto.
Il prosciutto è una carne di maiale semplice e saporita. Per conservarlo e
trasportarlo, il prosciutto ha bisogno di un clima particolare e dell'ingrediente
più importante, il sale. Il sale elimina l'acqua, aiuta il processo di maturità e dà un
sapore unico al prodotto. Viene curato per almeno dieci mesi e poi è pronto per la
tavola. Può essere servito cotto o crudo e tagliato fino fino.
Per assaggiare i vari sapori del prosciutto di Parma, andate al *Festival del
Prosciutto di Parma* che ha luogo durante il mese di settembre dal 6 al 22.

1. **Per curare il prosciutto è necessario usare ... .**
   A. il sale   C. la tavola
   B. l'acqua   D. il sapore

2. **In quale stagione è *il Festival del Prosciutto di Parma*?**
   A. in primavera   C. in estate
   B. in autunno   D. in inverno

3. **Il prosciutto di Parma è servito tipicamente ... .**
   A. fritto   C. freddo
   B. gelato   D. crudo

Bologna

	Ho imparato …? /Did I learn…?	Sì	No
1	**le parole interrogative**/interrogative words		
2	**il genere e il numero dei nomi**/gender and number of nouns		
3	**gli articoli determinativi**/definite articles		
4	**"mi piace", "mi piacciono", "ti piace", "ti piacciono"**/"I like", "you like"		
5	**i pronomi soggetto**/subject pronouns		
6	**le espressioni idiomatiche con il verbo avere**/idiomatic expressions with the verb "to have"		
7	**gli aggettivi e la concordanza degli aggettivi**/adjectives and adjective agreement		
8	**gli articoli indeterminativi**/indefinite articles		
9	**l'ora**/telling time		
10	**i sostantivi irregolari**/ irregular nouns		
11	**il presente indicativo dei verbi della prima, seconda e terza coniugazione**/present tense of first, second, and third conjugation verbs		
12	**l'uso degli aggettivi possessivi**/ Usage of possessive adjectives		
13	**gli aggettivi possessivi con termini di parentela**/possessive adjectives with family members		
14	**gli aggettivi dimostrativi "questo", "questa", "quest' ", "questi", "queste"**/ demonstrative adjectives "this" and "these"		
15	**l'aggettivo dimostrativo "quello" "quella", "quel", "quell' ", "quegli", "quei", "quelle"**/demonstrative adjectives "that" and "those"		
16	**il presente indicativo dei verbi irregolari**/present tense of irregular verbs: *to say; to tell to want to be to go out to give to know how to come to stay to have to have to; must to go to be able; can to do; to make*		
17	**i pronomi di oggetto diretto**/direct object pronouns		
18	**le date**/dates		
19	**le preposizioni e le preposizioni articolate**/preposition and prepositional contractions		
20	**il passato prossimo con il verbo ausiliare "avere"**/past tense with the auxiliary verb "to have"		
21	**il passato prossimo con il verbo ausiliare "essere"**/past tense with the auxiliary verb "to be"		
22	**i participi passati irregolari**/irregular past participles		
23	**i verbi "conoscere" e "sapere"**/the verbs "to know"		

Ho imparato … ? /Did I learn…?	Sì	No
1 **la geografia**/geography		
2 **i nomi** /names		
3 **le parole interrogative**/interrogative words		
4 **gli oggetti dell'aula**/classroom objects		
5 **i numeri fino a un miliardo**/numbers up to a billion		
6 **i dodici mesi dell'anno**/twelve months of the year		
7 **i sette giorni della settimana**/seven days of the week		
8 **le quattro stagioni**/four seasons		
9 **il tempo**/weather		
10 **il cibo/le bevande**/food/beverages		
11 **i pasti**/meals		
12 **gli aggettivi**/adjectives		
13 **la famiglia**/family		
14 **le parti del corpo umano**/parts of the human body		
15 **i posti/i luoghi**/places		
16 **i vestiti**/clothing		
17 **gli sport**/sports		
18 **i numeri cardinali e ordinali**/ cardinal and ordinal numbers		
19 **gli animali/gli insetti**/animals/insects		

Palermo

Have you met the objectives for Chiarissimo Uno?

Can you ...

- speak with the correct pronunciation and intonation?
- greet people informally and formally?
- ask and answer simple questions using short phrases or sentences?
- understand basic information such as time, dates, days, months, seasons, numbers, and weather expressions?
- understand simple words, phrases, sentences, and paragraphs?
- describe people, places, and things?
- describe likes and dislikes?
- communicate with Italian speakers in a simplistic manner?
- share some information about school, family, friends, and activities?
- make short spontaneous presentations on familiar topics?
- present information about cultural topics in Italian and/or in English?
- read and summarize passages briefly?
- engage in conversations in the present and past tenses?
- discuss some Italian proverbs?
- compete on the AATI National Italian High School Contest Examination?
- respond to simple prompts like those found on the Italian AP Language & Culture Exam?

la Grotta Azzurra

Inglese-Italiano

-A-

a little; a bit - poco *6*
a lot - molto *1*
about - di above - su; sopra *8*
above - su; sopra *8*
accept (v.) - accettare *8*
according to - secondo *9*
admire (v.) - ammirare *2, 3*
after - dopo (di) *2, 8*
afternoon - pomeriggio *4*
ago - fa *10*
agricultural - agricolo *8*
airplane - aereo *6*
airport - aeroporto *8*
all - tutto *1*
almost - quasi *3*
alone - solo *11*
aloud - ad alta voce *2*
also; too - anche *1*
American - americano *6*
ancient - antico *9*
angry; mad - arrabbiato *6*
anniversary - anniversario *10*
answer (v.) - rispondere *3*
ant - formica *11*
antipasto - antipasto *5*
apple - mela *5*
April - aprile *5*
arm - braccio *7*
arrive (v.) - arrivare *3*
art - arte (f.) *2, 6*
artichoke - carciofo *5*
as; like - come *5, 11*
as usual - come al solito *5*
ask (v.) - chiedere *3*
ask (v.) - domandare *2*
ask a question (v.) - fare una domanda *9*
at - a *8*
at home - a casa *1*
at least – almeno *3*
at the end - alla fine *1*
athletic - atletico; sportivo *6*
ATM machine - bancomat (m.) *8*
attend (v.) - frequentare *3*
August - agosto *5*
aunt - zia *7*
aunts and uncles - zii *7*

-B-

back - schiena *7*
backpack - zaino *2*
bad - cattivo *6*
bad; badly - male *1*
banana - banana *5*
bank - banca *8*
bar; coffee shop - bar; caffè (m.) *8*
baseball - baseball (m.) *10*
basil - basilico *5*
basketball - basket/pallacanestro *10*
bathing suit - costume da bagno (m.) *9*
bathroom - bagno *8*
be (v.) - essere *6*
be … years (v.) - avere … anni *4*
be able; can (v.) - potere *6*
be afraid (v.) - avere paura *4*
be cold (v.) - avere freddo *4*
be cool (v.) - avere fresco *4*
be hungry (v.) - avere fame *4*
be in a hurry (v.) - avere fretta *4*
be right (v.) - avere ragione *4*
be sleepy (v.) - avere sonno *4*
be surprised - rimanere a bocca aperta *9*
be thirsty (v.) - avere sete *4*
be warm (v.) - avere caldo *4*
be wrong (v.) - avere torto *4*
beans(string) - fagiolini *5*
beige - beige *6*
beat (v.) - battere *7*
beautiful/handsome - bello *2, 6*
become – diventare *11*
bed - letto *7*
bedroom - camera da letto *8*
before - prima (di) *8*
begin; start (v.) - cominciare *3*
behind; in back of - dietro *8*
below - sotto *8*
belltower - campanile (m.) *11*
belong (v.) - appartenere *2*
belt - cintura *9*
bend (v.) - piegare *7*
best - miglior(e) *10, 11*
best wishes - tanti auguri *11*
between; within - fra/tra *8*
beverage - bevanda *5*
big - grande *2, 6*
bike - bici(cletta) *6*

bike ride (v.) - fare il ciclismo *10*
biking - ciclismo *10*
bird - uccello *11*
birthday - compleanno *4, 6*
black - nero *6*
blackboard - lavagna *2*
blond - biondo *2, 6*
blouse - camicetta *9*
blue - azzurro *6*
board eraser - cancellino *2*
boat - barca *6*
bocce; lawn bowling - bocce *10*
body - corpo *7*
book - libro *1, 2*
bookcase - scaffale (m.) *2*
boots - stivali *9*
border (v.) - confinare *2*
boring - noioso *6, 11*
box - scatola *8*
bread - pane (m.) *5*
breakfast - colazione (f.) *5*
brick - mattone (m.) *11*
bring; wear (v.) - portare *3, 9*
broccoli - broccoli *5*
brother - fratello *2, 7*
brown - marrone *6*
brunette; dark haired - bruno *2*
build (v.) - costruire *3*
building - edificio *11*
burn (v.) - bruciare *3*
bus - autobus (m.) *6, 7*
but; however - ma; però *5*
butter - burro *5*
buy (v.) - comprare *1, 3*
buy a ticket (v.) - fare il biglietto *9*
by - da *8*
by the way - a proposito *1*

-C-

cake - torta *5*
calculator - calcolatrice (f.) *2*
calendar - calendario *2*
can't wait to (v.) - non vedere l'ora *8*
Canadian - canadese *6*
cantaloupe; melon - melone *5*
capital - capitale (f.) *P*
car - macchina; automobile (f.) *6*
carrot - carota *5*
cat - gatto *4, 11*
celebrate (v.) - festeggiare *3*

cell phone - cellulare (m.) *4*
center; downtown - centro *6*
cereal - cereali *5*
chain - catena *P*
chair - sedia *2*
chalk – gesso *2*
check; control (v.) - controllare *6*
cheerful - allegro *6*
cheese – formaggio *5*
cherries - ciliege *5*
chicken - pollo *5*
children - figli *7*
Chinese - cinese *6*
chocolate - cioccolata; cioccolato; cacao *5, 9*
choice - scelta *5*
church - chiesa *2, 8*
cinema - cinema (m.) *8*
city - città *P*
city hall; town hall - comune (m.) *6*
clams - vongole *5*
clarinet - clarinetto *3*
class - classe (f.) *2*
classroom - aula *2*
clean (v.) – pulire *3*
clear - chiaro; sereno *5*
climb (v.) - salire *11*
close (v.) - chiudere *3*
clothes - vestiti *9*
coat - cappotto *9*
coffee - caffè (m.) *1, 5*
coffee (black and strong) - espresso *5*
coffee with foamed milk - cappuccino *5*
coffee with hot milk - caffellatte *5*
coffee shop - bar; caffè *8*
cold - freddo *4, 5*
come (v.) - venire *8*
common - comune *5*
complete (v.) - completare *1*
computer - computer (m.) *2*
consist of (v.) - essere composto da *5*
continue (v.) - continuare *9*
conversation - conversazione (f.) *2*
cook (v.) - cucinare *3*
cookies - biscotti *1, 5*
cool; fresh - fresco *4, 6*
cornmeal porridge - polenta *5*
cost (v.) - costare *3*
costly - costoso *10*
count (v.) - contare *2*
courageous - coraggioso *6*

cousin (f.) - cugina 7
cousin (m.) - cugino 7
cousins - cugini 7
cow - mucca; vacca 6, 11
crazy - pazzo 11
create (v.) - creare 2
credit card - carta di credito 9
cricket - grillo 11
croissant - cornetto; brioche 2
cultural - culturale 2
curious - curioso 11
cute - carino 6

-D-

dad - papà (m.) 7
daddy - babbo 7
dance (v.) - ballare 3
dangerous - pericoloso 6
dark haired - bruno 6
date - data 6
daughter - figlia 7
dear; expensive - caro 2
debit card - carta di debito 9
December - dicembre 5
decision - decisione (f.) 10
derive (v.) - derivare 2
describe (v.) - descrivere 6
description - descrizione(f.) 4
desk - banco 2
desserts; sweets - dolci 5
dictionary - dizionario 1, 2
die (v.) - morire 11
difficult; hard - difficile 6
diligent - diligente 1
dining room - sala da pranzo 8
dishonest - disonesto 6
divided by - diviso 2
do homework (v.) - fare i compiti 1
do; make (v.) - fare 1, 5
doctor (f.) - dottoressa 1
doctor (m.) - dottore 1
document - documento 10
dog - cane (m.) 4, 11
door - porta 2
drinkable; potable - potabile 8
downtown - centro 8
draw (v.) - disegnare 7
drink (v.) - bere 6
dynamic - dinamico 6

-E-

each; every - ogni 4
early - presto 4
ears - orecchie; orecchi 7
east - est (m.) P
easy - facile 6
eat (v.) - mangiare 1, 3
eat supper (v.) – cenare 5
eggs - uova (f.pl.) 5
eight hundred - ottocento 9
eighth - ottavo 10
eighteen - diciotto 2
eighty - ottanta 4
elderly - anziano 6
email - mail (f.) 1
end - fine (f.) 10
English - inglese 1, 6
enjoyable; fun - divertente 6, 7
equation - operazione 4
eraser - gomma 2
evening - sera; serata 4, 10
excellent - ottimo; benissimo 1, 2
excited; thrilled - emozionato 6
excuse me - scusa; scusi 1
exercise - esercizio 1
experience - esperienza 2
express (v.) - esprimere 4
exquisite - squisito 5
extremely well - benissimo 1
eyes - occhi 2, 7

-F-

face - faccia; viso 7
factory - fabbrica 11
fall; autumn - autunno 5
family - famiglia 3, 7
famous - famoso 2
fantastic - fantastico 7
far (from) - lontano (da) 8
farm - fattoria 11
fascinating - affascinante 10
fast - veloce 7
father - padre (m.) 7
favorite - preferito 2
February - febbraio 5
feel like (v.) - avere voglia di 4
fever - febbre (f.) 7
fifth - quinto 10

fifty - cinquanta *4*
find (v.) - trovare *3, 4*
fine; well - bene *1*
finger - dito *7*
finish (v.) - finire *3*
first - primo *6, 10*
fish - pesce (m.) *5, 11*
fishing – pesca *10*
five hundred - cinquecento *9*
flag - bandiera *2*
flavor; taste - sapore (m.) *5*
floor (building) - piano *10*
flower - fiore (m.) *5*
fly - mosca *11*
fog - nebbia *5*
follow (v.) - seguire *3*
foot - piede (m.) *7*
football - futbol americano (m.) *10*
for; times (x) - per *2, 8*
forget (v.) - dimenticare *3*
fortunately - per fortuna
forty – quaranta *4, 10*
fox - volpe (f.) *8*
four hundred - quattrocento *9*
fourth; quarter hour - quarto *4, 10*
free - libero *5*
French - francese *6*
french fries - patatine fritte *5*
Friday - venerdì *5*
friend - amico; amica *2*
from; by - da *8*
fruit - frutta *5*
fruit juice - succo di frutta *5*
fun; enjoyable - divertente *6*
funny; comical - comico *4*

-G-

game (sport) - partita *7, 8, 10*
generous - generoso *6*
German - tedesco *6*
get; take; take in (v.) - prendere *3*
giant - gigantesco *9*
gift - regalo *7*
give (v.) - dare *7*
gloves - guanti *9*
go (v.) - andare *6*
go fishing (v.) - fare la pesca *10*
go out (v.) - uscire *7, 11*
gold - oro *6*

golf - golf (m.) *10*
good - buono *6*
good day; good morning - buongiorno *1*
good evening - buonasera *1*
good night - buonanotte *1*
good; great; well done - bravo *1*
goodbye - arrivederci/arrivederLa *1*
grade - voto *2*
grandchildren - nipoti *7*
grandfather - nonno *7*
grandmother - nonna *7*
grandparents - nonni *7*
grapes - uva (f.s.) *5*
grass - erba *5*
gray - grigio *6*
great job - bravo *6*
great-grandfather - bisnonno *7*
great-grandmother - bisnonna *7*
great-grandparents - bisnonni *7*
green - verde *6*
greeting - saluto *1*
grocery shop (v.) - fare la spesa *9*
guess (v.) - indovinare *9*
guitar - chitarra *3*
gym - palestra *8*

-H-

hair - capelli (m. pl.) *2, 7*
half; half past - mezzo; mezza *4*
ham - prosciutto *5*
hand - mano (f.) *7*
happy – contento; felice; allegro *2, 3, 6*
hard; difficult - difficile *6*
hat - cappello *9*
have (v.) - avere *4*
have ... ache (v.) - aver mal di ... *4*
have breakfast (v.) - fare colazione *9*
have intention of... (v.) - avere intenzione di... *4*
have to; must (v.) - dovere *8*
hazelnut - nocciola *6*
he - lui *3*
head – capo; testa *7*
hear (v.) - sentire *3*
help (v.) - aiutare *3*
hen; chicken - gallina *11*
here - qui *5*
here is; here are - ecco *2*
hi (formal) - salve *1*
hi/goodbye (informal) - ciao *1*

high school - liceo *8*
history; story - storia *2*
hockey - hockey (m.) *10*
homework - compiti *1, 2*
honest - onesto *6*
horror - orrore (m.) *7*
horse - cavallo *11*
hospital - ospedale (m.) *8*
hospitality - ospitalità *9*
hot chocolate - cioccolata calda *5*
hotel - albergo *8*
hour; time - ora *4*
house; home - casa *2*
how; like; as - come *1*
how many - quanti/e *2*
how much - quanto/a *2*
hug (v.) - abbracciare *3*
hug - abbraccio *2, 3*
human - umano *7*
husband - marito *7*

-I-

I - io *3*
I'm sorry - mi dispiace *1*
ice - ghiaccio *5*
ice cream - gelato *5*
ice cream shop - gelateria *6*
identify (v.) - identificare *12*
immediately - subito *6*
in front of - davanti (a) *6, 8*
in; inside- in; dentro *8*
in my opinion - secondo me *3*
increased - aumentato *7*
incredible - incredibile *9*
industrial - industriale *2*
inexpensive - economico
infinitive - infinito *3*
intelligent - intelligente *6*
intend to - avere intenzione di *4*
interesting - interessante *6*
invite (v.) - invitare *8*
Irish - irlandese *6*
island - isola *P*
Italian - italiano *1, 6*

-J-

jacket - giacca *9*
January - gennaio *5*

Japanese - giapponese *6*
jelly; jam - marmellata *5*
jewelry - gioielli *6*
jewelry shop - gioielleria *6*
jockey; rider - fantino *6*
July - luglio *5*
June - giugno *5*

-K-

key - chiave (f.) *8*
kind - simpatico; gentile *6*
kiss (v.) - baciare *3*
kitchen - cucina *8*
kitten - gattino *11*
knee - ginocchio *7, 11*
know (fact/information) (v.) - sapere *11*
know (person/place) (v.) - conoscere *11*
known - conosciuto *4*

-L-

lady; woman - donna *6*
lake - lago *P*
laptop - portatile (m.) *2*
large church - duomo *2*
last (v.) - durare *9*
last name - cognome (m.) *1*
laugh (v.) - ridere *3*
lavatory - bagno *8*
lawyer - avvocato *8*
lazy - pigro *6*
learn (v.) - imparare *3*
leave (v.) - partire *3*
leave behind (v.) - lasciare *3*
leg - gamba *7*
lemon - limone (m.) *4*
lemonade; lemon soda - limonata *5*
lesson - lezione *5*
lettuce - lattuga *5*
library - biblioteca *2, 3, 8*
lie (v.) - mentire *3*
lift weights (v.) - sollevare i pesi *10*
light - leggero *5*
lightening (v.) - lampeggiare *5*
like; as - come *11*
lips - labbra (f. pl.) *7*
list - lista *1*
listen (to) (v.) - ascoltare *3*
live (v.) - abitare *2, 3*

lively; vivacious - vivace *6*
living room - salotto *8*
lobster - aragosta *5*
long - lungo *6*
look (for) (v.) - cercare *3*
lose (v.) - perdere *3*
love (v.) - amare *3*
lower (v.) - abbassare *7*
lunch; dinner - pranzo *5*

-M-

made - fabbricato *4*
magazine - rivista *1, 2*
mail (v.) - spedire; mandare *3*
main city; regional capital - capoluogo *P*
mall - galleria *2*
manifestation - manifestazione (f.) *9*
map - mappa *2*
March - marzo *5*
marker - pennerello *2*
masterpiece - capolavoro *2, 6*
Math - matematica *2*
maternal - materno *7*
May - maggio *5*
meal - pasto *5*
meat - carne (f.) *5*
medicine - medicina *4*
medieval - medioevale *9*
meet (v.) - incontrare *1*
member - membro *7*
memorize (v.) - imparare a memoria *6*
menu - menù (m.) *8*
Mexican - messicano *6*
midnight - mezzanotte (f.) *4*
milk - latte (m.) *5*
mineral water - acqua minerale *5*
minus - meno *2*
Miss; young lady - signorina *1*
mom - mamma *7*
Monday - lunedì *2, 5*
money - soldi *9*
monkey - scimmia *11*
more; plus (+) - più *2*
morning - mattina *4*
mosquito - zanzara *11*
mother - madre (f.) *7*
motorcycle - moto(cicletta) (f.) *6*
mountain - montagna *P*
mountain climb (v.) - fare l'alpinismo *11*

mountain climbing - alpinismo *11*
mountainous - montagnoso *8*
mouse - topo *11*
mouth - bocca *7*
move (v.) - muovere *7*
movie theater - cinema (tografo) (m.) *6, 8*
Mr.; mister; sir - signore (m.) *1*
Mrs. - signora *1*
museum - museo *8*
mushrooms - funghi *5*
music - musica *P*
mute - muto *11*

-N-

name - nome (m.) *1*
nation - nazione (f.) *P*
natural - naturale *5*
navy blue - blu *6*
near - vicino a *8*
neck - collo *7*
need...(v.) - avere bisogno di... *4*
Neopolitan - napoletano *10*
nephew; grandson - nipote (m.) *7*
nest - nido *11*
never; ever - mai *5*
new - nuovo *6*
newspaper - giornale (m.) *1*
nice; kind - simpatico *6*
nickname - soprannome *9, 11*
niece; granddaughter - nipote (f.) *7*
night - notte (f.) *4*
nine hundred - novecento *9*
nineteen - diciannove *9*
ninety - novanta *4*
ninth - nono *10*
noon - mezzogiorno *4*
north – nord; settentrionale (m.) *P*
nose - naso *7*
notebook - quaderno *2*
notes - appunti *2*
November - novembre *5*
now - adesso; ora *1, 4*

-O-

observe (v.) - osservare *6*
occasion - occasione (f.) *9*
ocean - mare (m.) *1, 4*
October - ottobre *5*

of - di *8*
offer (v.) - offrire *3*
office - ufficio *8*
often - spesso *3*
old - anziano; vecchio *6*
olive - oliva *5*
omelet - frittata *5*
on; above - su; sopra *8*
one billion – un miliardo *9*
one hundred - cento *4, 9*
one million – un milione *9*
one thousand - mille *9*
only - soltanto *11*
open (v.) - aprire *3*
open air - all'aperto *5, 9*
open air market - mercato *5, 6, 9*
operation - operazione (f.) *2*
orange - arancia *5*
orange (color) - arancione *6*
orange drink; soda - aranciata *5*
order (v.) – ordinare *10*
outside - fuori *8*
overweight - grasso *6*

-P-

pack (v.) - fare la valigia *9*
page - pagina *1, 2*
paint (v.) - dipingere *10*
pair - paio *9*
pants - pantaloni *1, 9*
paper - carta *2*
parents - genitori *7*
park - parco *8*
park (v.) - parcheggiare *3*
particular - particolare *10*
pass; spend time (v.) - passare *3*
pay (for) (v.) - pagare *3*
pay attention (v.) - fare attenzione *9*
peach - pesca *5*
pear - pera *5*
peas - piselli *5*
pen - penna *2*
pencil - matita *2*
peninsula - penisola *P*
people - gente (f. s.) *9*
peppers - peperoni *5*
perfect - perfetto *6*
pharmacy - farmacia *4, 8*
photo(graph) - foto(grafia) (f.) *7*
picture - immagine (f.) *4*

pie - crostata *5*
pink - rosa *6*
place – luogo; posto *P*
play a sport (v.) - giocare (a) *1, 3*
play an instrument (v.) - suonare *3*
player - giocatore (m.); giocatrice (f.) *8, 10*
pleasant - piacevole
please - per favore/per piacere *1*
poisonous - velenoso *11*
portion - porzione (f.) *10*
Portuguese - portoghese *6*
post office - ufficio postale *8*
potato - patata *5*
pray; beg (v.) - pregare *3*
prefer (v.) - preferire *3*
prescription - ricetta *8*
present - presente *3*
present (v.) - presentare *3*
price - prezzo *9*
problem - problema (m.) *7*
produce (v.) - produrre *11*
product - prodotto *6*
pronoun - pronome (m.) *3*
pronounce (v.) - pronunciare *1*
province - provincia *P*
purple - viola *6*
purse - borsa *9*
put; place (v.) - mettere *3*

-Q-

question - domanda *1,4*
quite well - abbastanza bene *1*
quiz - esamino *2*

-R-

rabbit - coniglio *11*
race - corsa *6*
racket - racchetta *10*
radio - radio (f.) *7*
raincoat - impermeabile (m.) *9*
raise; lift (v.) - alzare *1, 7*
read (v.) - leggere *1, 3*
receive (v.) - ricevere *3*
red - rosso *6*
region - regione (f.) *P*
repeat (v.) - ripetere *1*
report card - pagella *2*
respond; answer (v.) - rispondere *3*
restaurant - ristorante (m.) *8*
return (v.) – ritornare/tornare *2, 3*

rewrite (v.) - riscrivere 7
rice dish - risotto 5
ride - passaggio 7
river - fiume (m.) P, 6
root - radice (f.) 3
ruler - riga 2
run (v.) - correre 3
run track (v.) - fare la corsa 10
Russian - russo 6

-S-

sad - triste 6
salad - insalata 5
salami - salame (m.) 5
same - stesso
sandwich - panino 1, 5
Saturday - sabato 5
sauce - sugo 10
sausage - salsiccia 5, 8
save money (v.) - risparmiare 11
say; tell (v.) - dire 10
scarf - sciarpa 9
scholarly; learned – dotto 11
school - scuola 2
score (v.) - segnare 10
screen - schermo 2
sea - mare (m.) P
seat (site) - sede (f.) 11
second - secondo 10
see (v.) - vedere 3
selection; choice - scelta 5
sell (v.) - vendere 3
send (v.) - spedire; mandare 4
sense - senso 10
September - settembre 5
serve (v.) – servire 3
seven hundred - settecento 9
seventh - settimo 10
seventy - settanta 4
she - lei 3
sheep - pecora 11
sheet of paper - foglio di carta 2
shine (v.) - brillare 5
shirt - camicia 9
shoes - scarpe 1, 9
shop (v.) - fare le spese; fare lo shopping 1, 9
short (height) - basso 2, 6
short (length) - corto 6
shoulder - spalla 7

show (v.) - mostrare 2
shrimp - gamberi 2
siblings - fratelli 7
side dish - contorno 5
silver - argento 6
sincere - sincero 6
sing (v.) - cantare 3
sister – sorella 2, 7
six hundred - seicento 9
sixth - sesto 10
sixty- sessanta 4
skate (v.) - fare il pattinaggio 10
skating - pattinaggio 10
ski (v.) - sciare; fare lo sci 3, 10
skiing; skis - sci 10
skirt - gonna 9
sleep (v.) - dormire 1, 3
slow - lento 11
small - piccolo 6
smile (v.) - sorridere 3
snack – merenda/spuntino 5
snake - serpente (m.) 11
sneakers - scarpe da tennis 9
sneeze (v.) - starnutire 3
so, so - così così 1
soccer - calcio 10
socks - calzini 9
soda - gassosa 5
some - alcune/alcuni 6
son - figlio 7
song - canzone (f.) 1
soup (veg.) – minestra 5
south - sud/meridionale (m.) P
Spanish - spagnolo 6
sparkling - frizzante 5
speak; talk (v.) - parlare 3
spider - ragno 11
spinach - spinaci 5
sport - sport (m.) 3, 11
spring - primavera 5
square - piazza 8
squid - calamari 5
stadium - stadio 6, 8
stamp - francobollo 8
state - stato 4
station - stazione (f.) 2
steak - bistecca 5
stockings - calze 9
stomach - stomaco 4, 7

store - negozio *8*
store window - vetrina *6*
strawberries - fragole *5*
street - via *8*
string beans – fagiolini *5*
striped - a righe *9*
strong - forte *6*
student (f.) - studentessa *2*
student (m.) - studente *1, 2*
studious - studioso *6*
study (v.) - studiare *1, 3*
stylish – di moda *9*
subject – materia; soggetto *3*
subway - metro(politana)
succeed (v.) - riuscire *11*
suggest (v.) - suggerire *3*
suit; dress – abito; vestito *9*
summer - estate (f.) *5*
summer - estivo *5*
sun - sole *5*
Sunday - domenica *5*
supermarket - supermercato *8*
supper - cena *5*
support (v.) - sopportare *8*
sweater - maglia *9*
sweatshirt - maglione (m.) *9*
sweet - dolce *5*
swim (v.) - nuotare; fare il nuoto *3, 10*
swimming - nuoto *10*

-T-

t-shirt – maglietta *9*
table - tavola *2*
take a picture (v.) - fare una foto *9*
take a (long) trip (v.) - fare un viaggio *9*
take a (short) trip (v.) - fare una gita *9*
take a walk (v.) - fare una passeggiata *9*
talk; speak (v.) - parlare *3*
tall; high - alto *2, 6*
taste (v.) - assaggiare *3*
taste; flavor - gusto *6*
tea - tè (m.) *1, 5*
teach (v.) - insegnare *3*
teacher (f.) - professoressa *1, 2*
teacher (m.) - professore *1, 2*
teacher's desk - cattedra *2*
telephone (v.) - telefonare (a) *3*
telephone - telefono *1*
television - televisione (f.) *3*
tennis player - tennista (m./f.) *10*

tennis - tennis *10*
tense; time; weather - tempo *3*
tenth - decimo *10*
terrible - malissimo; terribile *1*
test; exam - esame (m.); prova *2*
thank you - grazie *1*
that - quello *8*
theater - teatro *6*
there are - ci sono *1, 2*
there is - c'è *1, 2*
they - loro *3*
thin; skinny - magro *6*
third - terzo *6, 10*
thirty - trenta *2, 4*
this – questo *1, 2, 8*
three hundred - trecento *9*
throat - gola *7*
through - per *8*
thunder (v.) - tuonare *5*
Thursday – giovedì *2, 5*
tie - cravatta *9*
to - a *8*
toast - pane tostato *5*
today - oggi *1, 2*
together - insieme *5*
tomato - pomodoro *5*
tomb - tomba *11*
tomorrow - domani *2*
tongue; language - lingua *7*
too much - troppo
tooth - dente (m.) *4, 7*
topic; composition - tema (m.) *7*
touch (v.) - toccare *3*
tournament; match - torneo *10*
tower - torre (f.) *11*
town hall; city hall - comune *6*
transform (v.) - trasformare *9*
translate (v.) - tradurre *2, 9*
travel (v.) - viaggiare *3*
tree - albero *5, 8*
Tuesday - martedì *5*
turkey - tacchino *5*
turn (v.) - girare *7*
turtle - tartaruga *11*
twenty - venti *1, 2, 4*
two hundred - duecento *9*

-U-

ugly - brutto *6*

uncle - zio 7
under - sotto 8
understand (v.) - capire 3
university - università 2
unkind; rude - antipatico 6
use (v.) - usare 3, 4
usually - di solito 5

-V-

variety - varietà 6
vegetables – ortaggi; verdura 5
vegetarian - vegetariano 10
very - molto 1
visit (v.) - visitare 2
volcano - vulcano P
volleyball - pallavolo (f.) 10

-W-

wait (for) (v.) - aspettare 3
walk; stroll - passeggiata 6
wall - parete (f.) 2
want; wish; desire (v.) - volere 8
waste paper basket - cestino 2
watch (v.) - guardare 3
watch; clock - orologio 2
water - acqua 1
we - noi 3
weak - debole 6
wear (v.) - portare; indossare 3, 9
wedding; matrimony - matrimonio 9
Wednesday - mercoledì 5
weight - peso 10
welcome - benvenuto 1, 7
welcome (v.) - dare il benvenuto 1, 7
well known - ben conosciuto 6
west - ovest (m.) P
what - che cosa; che; cosa 1

when - quando 2
where - dove 1, 2
which; which one - quale 2
which; which ones - quali 2
while - mentre 6
white - bianco 6
who - chi 1, 2
why - perché 1, 2
wife - moglie (f.) 7
win (v.) - vincere 3
window - finestra 2
winter - inverno 5
with - con 1, 8
within - tra; fra 8
without - senza 1, 8
word - parola 1
work (v.) - lavorare 3
work; masterpiece; opera - lavoro; opera P, 2
wrestle (v.) - fare la lotta 10
wrestling - lotta 10
write (v.) - scrivere 3

-Y-

yellow - giallo 6
yesterday - ieri 10
you (singular, formal) - Lei 3
you (singular, informal) - tu 3
you all (formal) - Loro 3
you all (informal; formal) - voi 3
you are welcome - prego 1
young - giovane 6

-Z-

zoo - zoo 8

Italiano-Inglese

-A-

a - to; at *8*
a casa - at home *1*
a domani - see you tomorrow *1*
a dopo - see you later *1*
alla fine - at the end *1*
a più tardi - see you later *1*
a presto - see you soon *1*
a proposito - by the way *1*
a righe - striped *9*
arrivederci; arrivederLa – goodbye *1*
abbassare - to lower *7*
abbastanza bene - quite well *1*
abbracciare - to hug *2, 3*
abbraccio - hug *2*
abitare - to live *2, 3*
abito - suit; dress *9*
accettare - to accept *8*
acqua - water *1, 5*
acqua minerale - mineral water *5*
ad alta voce - aloud *2*
adesso - now *1, 4*
aereo - airplane *6*
aeroporto - airport *8*
affascinante - fascinating *10*
agosto - August *5*
agricolo - agricultural *8*
aiutare - to help *3*
albergo - hotel *8*
albero - tree *5, 8*
alcune/alcuni - some *6*
all'aperto - open air *9*
allegro - cheerful *6*
almeno - at least *3*
alpinismo - mountain climbing *10*
alto - tall; high *2, 6*
alzare - to raise; lift *7*
amare - to love *3*
amato - loved *9*
americano - American *6*
amica - female friend *2*
amico - male friend *2*
ammirare - to admire *2, 3*
anche - also; too *1*
andare - to go *2, 6*
anniversario - anniversary *10*
antico - ancient *9*
antipasto - antipasto *5*

antipatico - unkind; rude *6*
anziano - elderly; old *6*
appartenere - to belong *2*
appunti - notes *2*
aprile - April *5*
aprire - to open *3*
aragosta - lobster *5*
arancia - orange *5*
aranciata - orange soda; drink *5*
arancione - orange (color) *6*
argento - silver *6*
arrabbiato - angry; mad *6*
arrivare - to arrive *3*
arrivederci - goodbye *1*
arrivederLa - goodbye *1*
arte (f.) - art *2, 6*
ascoltare - to listen (to) *1, 3*
aspettare - to wait (for) *3*
assaggiare - to taste *3*
atletico - athletic *6*
aula - classroom *2*
aumentato- increased *7*
autobus (m.) - bus *6, 7*
automobile (f.) - car *6*
autunno - fall; autumn *5*
aver mal di ... - to have ...ache *4*
avere - to have *4*
avere...anni - to be... years old *4*
avere bisogno di... - to need... *4*
avere caldo - to be warm *4*
avere fame - to be hungry *4*
avere freddo - to be cold *4*
avere fresco - to be cool *4*
avere fretta - to be in hurry *4*
avere intenzione di ...- to intend to *4*
avere paura - to be afraid *4*
avere ragione - to be right *4*
avere sete - to be thirsty *4*
avere sonno - to be sleepy *4*
avere torto - to be wrong *4*
avere voglia di - to feel like *4*
avvocato - lawyer *8*
azzurro - blue *2, 6*

-B-

babbo - dad *7*
baciare - to kiss *3, 7*
bagno – bathroom; lavatory *1, 8*

ballare - to dance *3*

banana - banana *5*

banca - bank *8*

banco - desk *2*

bancomat (m.) - ATM machine *8*

bandiera - flag *2*

bar (m.) - bar; coffee shop *8*

barca - boat *6*

baseball (m.) - baseball *10*

basilico - basil *5*

basket; pallacanestro (f.) – basketball *10*

basso - short (height) *2, 6*

battere - to beat *7*

beige - beige *6*

bello - beautiful; handsome *2, 6*

ben conosciuto - well known *6*

bene - well; fine *1*

benissimo - extremely well; excellent *1*

benvenuto - welcome *1, 7*

bere - to drink *1*

bevanda - beverage *5*

bianco - white *6*

biblioteca - library *2, 3, 8*

bici(cletta) (f.) - bicycle *6, 7*

biondo - blond *2, 6*

biscotti - cookies *1, 5*

bisnonna - great-grandmother *7*

bisnonni - great-grandparents *7*

bisnonno - great-grandfather *7*

bistecca - steak *5*

blu - navy blue *1, 6*

bocca - mouth *7*

bocce (f. pl.) - bocce; lawn bowling *10*

borsa - purse *9*

braccio - arm *7*

bravo – good; great; well done *1, 6*

brillare - to shine (f. s.)

brioche - croissant *5*

broccoli - broccoli *5*

bruciare - to burn *3*

bruno - brunette; dark-haired *2, 6*

brutto - ugly *6*

buonanotte - good night *1*

buonasera - good evening *1*

buongiorno - good day; good morning *1*

buono - good *6*

burro - butter *5*

-C-

c'è - there is *1, 2*

cacao - chocolate *9*

caffè (m.) - coffee *5*

caffellatte - coffee with hot milk *1, 5*

calamari - squid *5*

calcio - soccer *10*

calcolatrice (f.) - calculator *2*

caldo - warm; hot *5*

calendario - calendar *2*

calze - stockings *9*

calzini - socks *9*

camera da letto - bedroom *8*

camicetta - blouse *9*

camicia - shirt *9*

campanile (m.) - belltower *11*

canadese - Canadian *6*

cancellino - board eraser *2*

cane (m.) - dog *4, 11*

cantare - to sing *3, 7*

canzone (f.) - song *1*

capelli - hair (m. pl.) *3, 7*

capire - to understand *3*

capitale (f.) - capital *P*

capo - head *7*

capolavoro - masterpiece *2, 6*

capoluogo - main city; regional capital *P*

cappello - hat *9*

cappotto - coat *9*

cappuccino - coffee with foamed milk *1, 5*

carciofo - artichoke *5*

carino - cute *6*

carne (f.) - meat *5*

caro – dear; expensive *2*

carota - carrot *5*

carta - paper *2*

carta di credito - credit card *9*

carta di debito - debit card *9*

casa - house; home *2*

catena - chain *P*

cattedra - teacher's desk *2*

cattivo - bad *5, 6*

cavallo - horse *11*

cellulare (m.) - cell phone *4*

cena - supper *5*

cenare - to eat supper *5*

cento - one hundred *4, 9*

centro - center; downtown *P, 6, 8*

cercare - to look (for) *3*

cereali - cereal *5*

cestino - waste paper basket *2*

che cosa; che; cosa - what *2*

chi - who *1*

chiaro - clear *5*

chiave (f.) - key *8*

chiedere - to ask (for) *3*

chiesa - church *2, 8*

chitarra - guitar *3*

chiudere - to close *3*

ci sono - there are *1, 2*

ci vediamo - see you later *1*

ciao - hi; goodbye *1*

ciclismo – biking *10*

ciliege - cherries *5*

cinema (tografo) (m.) - movie theater *6, 8*

cinese - Chinese *6*

cinquanta - fifty *4*

cinquecento - five hundred *9*

cintura - belt *9*

cioccolata - chocolate *5, 9*

cioccolato - chocolate *5, 9*

città - city *P*

clarinetto - clarinet *3*

classe (f.) - class *2*

cognome (m.) - last name *1*

colazione (f.) - breakfast *5*

collo - neck *7*

come - how; like; as *1, 2, 11*

come al solito - as usual

comico - funny; comical *6*

cominciare - to begin; start *3*

compiti - homework *1, 2*

compleanno - birthday *4, 6*

completare - to complete *1*

comprare - to buy *1, 3*

computer (m.) - computer *2*

comune - common *6*

comune (m.) - city hall *6*

con - with *1, 8*

confinare - to border *P, 2*

coniglio - rabbit *11*

conoscere - to know a person; place *11*

contare - to count *2*

contento - happy *2, 3, 6*

continuare - to continue *9*

contorno - side dish *5*

controllare - to check; control *6*

conversazione (f.) - conversation *2*

coraggioso - courageous *6*

cornetto - croissant *5*

corpo - body *7*

correre - to run *3*

corsa - race *10*

corto - short (length) *6*

così così - so, so *1*

costare - to cost *3*

costoso - costly *10*

costruire - to build *3*

costume da bagno (f.) - bathing suit *9*

cravatta - tie *9*

creare - to create *2*

crostata - pie *5*

cucina - kitchen *8*

cucinare - to cook *3*

cugina - female cousin *7*

cugini – cousins *7*

cugino - male cousin *7*

culturale - cultural *2*

curioso - curious *11*

-D-

da - from; by *8*

dare - to give *7*

dare il benvenuto - to welcome *7*

data - date *6*

davanti (a) - in front of *6, 8*

debole - weak *6*

decimo - tenth *10*

decisione (f.) - decision *10*

dente (m.) – tooth *4, 7*

dentro - inside *8*

derivare - to derive *2*

descrivere - to describe *6*

descrizione (f.) - description *4*

di - of; about *8*

di moda - stylish; in style *9*

di solito - usually *9*

dicembre - December *5*

diciannove - nineteen *2*

diciotto - eighteen *2*

dietro - behind; in back of *8*

difficile - difficult; hard *1, 6*

diligente - diligent *1*

dimenticare - to forget *3*

dinamico - dynamic *6*

dipingere - to paint *10*

dire - to say; tell *10*

disegnare - to draw 7
disonesto - dishonest 6
dito - finger 7
diventare - to become 11
divertente - enjoyable; fun 6, 7
diviso - divided by 2
dizionario - dictionary 1, 2
documento - document 10
dolce - sweet 5
dolci - desserts 5
domanda - question 1, 4
domandare - to ask 2
domani - tomorrow 2
domenica - Sunday 5
donna - lady; woman 6
dopo - after 2, 8
dopodomani - day after tomorrow 2
dormire - to sleep 1, 3
dotto - scholarly; learned 11
dottore (m.) - doctor 1
dottoressa - doctor 1
dove - where 1, 2
dovere - to have to; must 8
duecento - two hundred 9
duomo - large church 2
durare - to last 9

-E-

ecco - here is; here are 2
economico – inexpensive 9
edificio - building 11
emozionato - excited; thrilled 6
erba - grass 5
esame (m.) ; prova - test; exam 2
esamino - quiz 2
esercizio - exercise 1
esperienza - experience 2
espresso - strong black coffee 5
esprimere - to express 4
essere - to be 6
essere composto da - to consist of 5
est (m.) - east P
estate (f.) - summer 5
estivo - summer 5

-F-

fa - ago 10
fabbrica - factory 11

fabbricato - made; fabricated 4
faccia - face 7
facile - easy 6
fagiolini - string beans 5
famiglia - family 3, 7
famoso - famous 2
fantastico - fantastic 7
fantino - jockey; rider 6
fare - to do; make 1, 5
fare attenzione - to pay attention 9
fare colazione - to have breakfast 9
fare i compiti - to do homework 1, 9
fare il biglietto - to buy a ticket 9
fare il ciclismo - to bike ride 10
fare il nuoto - to swim 10
fare il pattinaggio - to skate 10
fare l'alpinismo – to mountain climb 10
fare la corsa - to run track 10
fare la lotta - to wrestle 10
fare la pesca - to go fishing 10
fare la spesa - to grocery shop 1, 9
fare la valigia - to pack 9
fare le spese - to shop 9
fare lo sci - to ski 10
fare lo shopping - to shop 9
fare un viaggio - to take a (long) trip 9
fare una domanda - to ask a question 9
fare una foto - to take a picture 9
fare una gita - to take a (short) trip 9
fare una passeggiata - to take a walk 9
farmacia - pharmacy 4, 8
fattoria - farm 11
febbraio - February 5
febbre (f.) - fever 4,7
felice - happy 6
festeggiare - to celebrate 3
figlia - daughter 7
figli - children 7
figlio - son 7
fine (m.) - end 10
finestra - window 2
finire - to finish 3
fiore (m.) - flower 5
fiume (m.) - river P, 6
foglio di carta - sheet of paper 2
formaggio - cheese 5
formica - ant 11
forte – strong 6
foto(grafia) (f.) - photo(graph) 7

fra - between; within; among *8*
fragola - strawberry *5*
francese - French *6*
francobollo - stamp *8*
fratelli - siblings *7*
fratello - brother *2, 7*
freddo - cold *4, 5*
frequentare - to attend *3*
fresco - cool; fresh *4, 5, 6*
frittata - omelet *5*
frutta - fruit *5*
funghi – mushrooms *5*
fuori - outside *8*
futbol americano (m.) - football *10*

-G-

galleria - mall *2*
gallina - hen; chicken *11*
gamba - leg *7*
gamberi - shrimp *5*
gassosa - soda *5*
gattino - kitten *11*
gatto - cat *4, 11*
gelateria - ice cream shop *6*
gelato - ice cream *5*
generoso - generous *6*
genitori - parents *7*
gennaio - January *5*
gente (f.s.) - people *9*
gentile - kind; nice *6*
gesso - chalk *2*
ghiaccio - ice *5*
giacca - jacket *9*
giallo - yellow *6*
giapponese - Japanese *6*
gigantesco - giant *9*
ginocchio - knee *7*
giocare (a) - to play a sport *1, 3, 10*
giocatore (m.); giocatrice (f.) - player *8, 10*
gioielleria - jewelry shop *6*
giornale (m.) - newspaper *1, 2*
giovane - young *6*
giovedì - Thursday *2, 5*
girare - to turn *7*
giugno - June *5*
gola - throat *7*
golf (m.) - golf *10*
gomma - eraser *2*
gonna - skirt *9*

grande - big *2, 6*
grasso - overweight *6*
grazie - thank you *1*
grigio - gray *6*
grillo - cricket *11*
guanti - gloves *9*
guardare - to watch *3*
gusto - taste; flavor *6*

-H-

hockey (m.) - hockey *10*

-I-

identificare - to identify *P, 1*
ieri - yesterday *10*
immagine (f.) - picture; image *4*
imparare - to learn *3*
imparare a memoria - to memorize *6*
impermeabile (m.) - raincoat *9*
in - in; inside *8*
incontrare - to meet *1*
incredibile - incredible *9*
indossare - to wear *9*
indovinare - to guess *9*
industriale - industrial *2*
infinito - infinitive *3*
inglese - English *1, 6*
insalata - salad *5*
insegnare - to teach *3*
insieme - together *5*
intelligente - intelligent *6*
interessante - interesting *6*
inverno - winter *5*
invitare - to invite *8*
io - I *3*
irlandese - Irish *6*
isola - island *P*
italiano - Italian *1, 6*

-L-

labbra - lips *7*
lago – lake *P*
lampeggiare – to be lightening *5*
lasciare - to leave behind *3*
latte (m.) - milk *5*
lattuga - lettuce *5*
lavagna - board *2*
lavorare - to work *3*

lavoro - work *1*
leggere - to read *1, 3*
leggero - light *5*
lei - she *3*
Lei - you (singular, formal) *3*
lento – slow *11*
letto - bed *7*
lezione (f.) - lesson; class *2*
libero - free (time) *7*
libro - book *1, 2*
liceo - high school *8*
limonata - lemonade; lemon soda *5*
limone (m.) – lemon *4*
lingua - tongue; language *7*
lista - list *1*
lontano (da) - far from *8*
loro - they *3*
Loro - you all (formal) *3*
lotta - wrestling *10*
luglio - July *5*
lui - he *3*
lunedì - Monday *2, 5*
lungo - long *6*
luogo; posto - place *P*

-M-

ma; però - but; however *5*
macchina; automobile - car *6*
madre (f.) - mother *7*
maggio - May *5*
maglia - sweater *9*
maglietta - t-shirt *9*
maglione (m.) - sweatshirt *9*
magro - thin; skinny; slender *6*
mai - never; ever *5*
mail (f.) - email *1*
male - bad; badly *1*
malissimo - terrible *1*
mamma - mom *7*
mandare; spedire - to send to mail *3, 4*
mangiare - to eat *1, 3*
manifestazione (f.) - manifestation *9*
mano (f.) - hand *7*
mappa - map *2*
mare (m.) - sea; beach *P, 4*
marito - husband *7*
marmellata - jelly; jam *5*
marrone - brown *6*
martedì - Tuesday *5*

marzo - March *5*
matematica - Math *2*
materia - subject *2*
materno - maternal *7*
matita - pencil *2*
matrimonio - wedding; matrimony *9*
mattina - morning *4*
mattone (m.) - brick *11*
medicina - medicine *4*
medioevale - medieval *9*
mela - apple *5*
melone (m.) - cantaloupe; melon *5*
membro - member *7*
meno - minus *2*
mentire - to lie *3*
mentre - while *6*
menù (m.) - menu *5, 8*
mercato - open air market *6, 9*
mercoledì - Wednesday *5*
merenda - snack *5*
meridionale (m.) - south *P*
messicano - Mexican *6*
metro(politana) - subway *7*
mettere - to put; place *3*
mezzanotte (f.) - midnight *4*
mezza - half; half past *4*
mezzogiorno - noon *4*
mi dispiace - I'm sorry *1*
miglior(e) - best *10, 11*
mille - one thousand *9*
milione - million *9*
miliardo - billion *9*
minestra - soup *5*
moglie (f.) - wife *7*
molto - a lot; very *1*
montagna - mountain *P*
montagnosa - mountainous *8*
morire - to die *11*
mosca - fly *11*
mostrare - to show *2*
moto(cicletta) (f.) - motorcycle *7*
mucca - cow *6, 11*
muovere - to move *7*
museo - museum *8*
musica - music *1*
muto - mute *11*

-N-

napoletano - Neopolitan *10*

naso - nose *7*

nazione (f.) - nation *P*

nebbia - fog *5*

negozio - store *8*

nero - black *6*

nevicare - to snow *5*

nido - nest *11*

nipote (m.) - nephew; grandson *7*

nipote (f.) - niece; granddaughter *7*

nipoti - grandchildren *7*

nocciola - hazelnut brown *6*

noi - we *3*

noioso – boring *6*

nome (m.) - name *1*

non vedere l'ora - can't wait to *8*

nonna - grandmother *7*

nonni - grandparents *7*

nonno - grandfather *7*

nono - ninth *10*

nord (m.) - north *10*

notte (f.) - night *4*

novanta - ninety *4*

novecento - nine hundred *9*

novembre - November *5*

nuotare - to swim *3*

nuoto - swimming *10*

nuovo - new *6*

-O-

occasione (f.) - occasion *9*

occhi - eyes *2, 7*

offrire - to offer *3*

oggi - today *1, 2*

ogni - each; every *4*

oliva - olive *5*

onesto - honest *6*

opera (f.) - work; opera

operazione - equation; operation *2*

ora - hour; time; now *4*

ordinare - to order *10*

orecchie/orecchi - ears *7*

oro - gold *6*

orologio - watch; clock *2*

orrore (m.) - horror *7*

ortaggi - vegetables *5*

ospedale (m.) - hospital *8*

osservare - to observe *6*

ottanta - eighty *4*

ottavo - eighth *10*

ottimo - excellent *2*

ottobre - October *2, 5*

ottocento – eight hundred *9*

ovest (m.) - west *P*

-P-

padre (m.) - father *7*

pagare - to pay (for) *3*

pagella - report card *2*

pagina - page *1, 2*

paio - pair *9*

palestra - gym *8*

pallavolo (f.) - volleyball *P, 1, 10*

pane (m.) - bread *5*

panino - sandwich *1, 5*

pantaloni - pants *1, 9*

papà (m.) - dad *7*

parcheggiare - to park *3*

parco - park *8*

parete (f.) - wall *2*

parlare - to speak; talk *3*

parola - word *1*

particolare - particular *10*

partire - to leave *3*

partita - game (sport) *7, 8, 10*

passaggio - ride *7*

passare - to pass; spend time *3*

passeggiata - walk; stroll *6*

pasto - meal *5*

patata - potato *5*

patatine fritte - french fries *5*

pattinaggio - skating *10*

pazzo - crazy *11*

pecora - sheep *11*

penisola - peninsula *P*

penna - pen *2*

pennarello - marker *2*

peperoni - peppers *5*

per - for; through; times (X) *2, 8*

per favore - please *1*

per fortuna - fortunately *1*

per piacere - please *1*

perché - because; why *1, 2*

perdere - to lose *3*

perfetto - perfect *6, 8*

pericoloso - dangerous *6*

permesso - excuse me *1*

però - but; however

pesca - fishing *10*

pesca - peach *5*
pesce (m.) - fish *5*
peso - weight *10*
Piacere! - Glad to meet you! *1*
piacere - to like; be pleasing to *1*
piacevole - pleasant *9*
piano - floor *10*
piazza - square *8*
piccolo - small *6*
piede (m.) - foot *7*
piegare - to bend *7*
pigro - lazy *7*
piovere - to rain *5*
piselli - peas *5*
più - more; plus (+) *2*
poco - a little; a bit *6*
polenta - cornmeal porridge *5*
pollo - chicken *5*
pomeriggio - afternoon *4*
pomodoro - tomato *5*
porta - door *2*
portare - to bring; wear *3, 9*
portatile (m.) - laptop *2*
portoghese - Portuguese *6*
porzione (f.) - portion *10*
posto; luogo - place *8*
potere - to be able; can *6*
potabile - drinkable; potable *8*
pranzo - lunch; dinner *5*
preferire - to prefer *3*
preferito - favorite *2*
pregare - to pray; beg *3*
prego - you are welcome *1*
prendere - to get; take; take in *3*
presentare - to present *1, 3*
presente - present *1, 3*
presto - early *4*
prezzo - price *9*
prima (di) - before *8*
primavera - spring *5*
primo - first *6, 10*
problema (m.) - problem *3,7*
prodotto - product *6*
produrre - to produce *11*
professore (m.) - male teacher *1, 2*
professoressa - female teacher *1, 2*
pronome (m.) - pronoun *3*
pronunciare - to pronounce *P, 1*
prosciutto - ham *5*

prova - test; exam *2*
provincia - province *P*
pulire - to clean *3*

-Q-

quaderno - notebook *2*
quale - which; which one *2*
quali - which; which ones *2*
quando - when *2*
quanto; quanta - how much *2*
quanti; quante - how many *2*
quaranta - forty *4*
quarto - fourth; quarter hour *4*
quasi - almost *3*
quattrocento – four hundred *9*
quello - that *8*
questo - this *2, 8*
qui - here *5*
quindici - fifteen *2*
quinto - fifth *10*

-R-

racchetta - racket *10*
radice (f.) - root *3*
radio (f.) - radio *7*
ragno - spider *11*
regalo - gift *7*
regione (f.) - region *P*
ricetta - recipe; prescription *8*
ricevere - to receive; to get *3*
ridere - to laugh *3*
riga – ruler *2*
rimanere a bocca aperta - to be surprised *9*
ripetere - to repeat *1*
riscrivere - to rewrite *7*
risotto - rice dish *5*
risparmiare - to save (money) *9*
rispondere - to respond; answer *1, 3*
ristorante (m.) - restaurant *8*
ritornare - to return *2, 3*
riuscire - to succeed *11*
rivista - magazine *1, 2*
rosa - pink *6*
rosso - red *6*
russo – Russian *6*

-S-

sabato - Saturday *5*

sala da pranzo - dining room *8*
salame (m.) - salami *5*
salire - to climb *11*
salotto - living room *8*
salsiccia - sausage *5, 8*
saluto - greeting *1*
salve - hi (formal) *1*
sapere - to know a fact; information *10, 11*
sapore (m.) - flavor; taste *5*
scaffale (m.) - bookcase *2*
scarpe - shoes *9*
scarpe da tennis - sneakers *9*
scatola - box *8*
scelta - selection; choice *10*
schermo - screen *2*
schiena - back *7*
sci - skiing; skis *10*
sciare - to ski *10*
sciarpa - scarf *9*
scimmia - monkey *11*
scrivere - to write *1, 3*
scuola - school *2*
scusa; scusi - excuse me *1*
secondo - second *1, 10*
secondo me - in my opinion *1, 9*
sede (f.) - seat (site) *2, 11*
segnare - to score *10*
seguire - to follow *3*
sei - six *2*
seicento - six hundred *9*
senso - sense *10*
sentire - to hear *3*
senza - without *1, 5, 8*
sera - evening *1, 4*
serata - evening (duration) *10*
serpente (m.) - snake *11*
servire - to serve *3*
sessanta - sixty *4*
sesto - sixth *10*
settanta - seventy *4*
sette - seven *2*
settecento – seven hundred *9*
settembre - September *5*
settentrionale (m.) - north *P*
settimo - seventh *10*
signora - Mrs.; lady; madam *1*
signore (m.) - Mr.; mister; sir *1*
signorina - Miss; young lady *1*
simpatico - nice; kind *6*

sincero - sincere *6*
soggetto - subject *3*
soldi - money *9*
sole (m.) - sun *5*
sollevare i pesi - to lift weights *10*
solo - alone *11*
soltanto - only *11*
sopportare - to support *8*
sopra - on; above *8*
soprannome - nickname *11*
sorella - sister *2, 7*
sorridere - to smile *3*
sotto - under *8*
spagnolo - Spanish *6*
spalla - shoulder *7*
spedire - to mail; to send *3*
spesso - often *3*
spinaci - spinach *5*
sport (m.) - sport *3, 10*
sportivo - athletic *6*
spuntino - snack *5*
squisito - exquisite *5*
stadio - stadium *6, 8*
stamattina - this morning *10*
starnutire - to sneeze *3*
stare - to be; to stay *1*
stato - state *P, 4*
stazione (f.) - station *2*
stesso - same
storia - history; story *2*
stivali - boots *9*
stomaco - stomach *4, 7*
storia - history; story *2*
studente (m.) - male student *1, 2*
studentessa (f.) - student (female) *2*
studiare - to study *1, 3*
studioso - studious *6*
su - on; above *8*
subito - immediately *6*
succo di frutta - fruit juice *5*
sud (m.) - south *P*
suggerire - to suggest *3, 6*
sugo - sauce *10*
suonare - to play an instrument *3*
supermercato - supermarket *8*

-T-
....
tacchino - turkey *5*
tanti auguri - best wishes *11*

tartaruga - turtle *11*
tavola - table *2, 5*
tè (m.) - tea *1, 5*
teatro - theater *6*
tedesco - German *6*
telefonare (a) - to telephone *3*
telefono - telephone *1*
televisione (f.) - television *3*
tema - topic; composition (m.) *7*
tempo - tense; time; weather *3, 5*
tennis (m.pl.) - tennis *1*
tennista (m./f.) - tennis player *10*
terzo - third *10*
testa - head *7*
toccare - to touch *3, 7*
tomba - tomb *11*
topo - mouse *11*
torneo - tournament; match *10*
torre (f.) - tower *10*
torta - cake *5*
tostato - toast *5*
tra - between; within; among *8*
tradurre - to translate *2, 9*
trasformare - to transform *9*
trecento - three hundred *9*
trenta - thirty *2, 4*
triste - sad *6*
troppo - too much *6*
trovare - to find *3, 4*
tu - you (singular, informal) *3*
tuonare - to thunder *5*
tutto - all; everything

-U-

uccello - bird *11*
ufficio - office *8*
ufficio postale - post office *8*
umano - human *7*
undici - eleven *2*
università - university *2*
uovo - egg *5*
usare - to use *3, 4*
uscire - to go out *7, 11*
uva (f.s.) - grapes *5*

-V-

vacca - cow *11*

varietà - variety *6*
vecchio - old *6*
vedere - to see *3*
vegetariano - vegetarian *10*
velenoso - poisonous *11*
veloce - fast *7*
vendere - to sell *3*
venerdì - Friday *5*
venire - to come *8*
venti - twenty *1, 2, 4*
vento - wind *5*
verde - green *6*
verdura - vegetables *5*
vestito - suit; dress *9*
vetrina - store window *6*
via - street *8*
viaggiare - to travel *3*
vicino a - near *8*
vincere - to win *3*
viola - purple *6*
visitare - to visit *2, 3*
viso - face *7*
vivace - lively; vivacious *6*
voi - you all (informal/formal) *3*
volere - to want; wish; desire *8*
volpe (f.) - fox *8*
vongole - clams *2, 5*
vorrei - I would like *8*
voto - grade *2*
vulcano - volcano *P*

-Z-

zaino - backpack *2*
zanzara - mosquito *11*
zero - zero *2*
zia - aunt *7*
zii - aunts and uncles *7*
zio - uncle *7*
zoo - zoo *8*

Abbigliamento/Clothing

l'abito – suit; dress
la borsa - purse; bag
le calze - stockings
i calzini - socks
la camicetta - blouse
la camicia - shirt
il cappello - hat
il cappotto - coat
la cintura - belt
il completo - suit
il costume da bagno - bathing suit
la cravatta - tie
la giacca - jacket
la gonna - skirt
i guanti - gloves

l'impermeabile - raincoat
i jeans - jeans
la maglia – sweater
la maglietta – t-shirt
il maglione - sweatshirt
i pantaloncini - shorts
i pantaloni - pants
il portafoglio - wallet
le scarpe - shoes
le scarpe da tennis - sneakers
la sciarpa - scarf
gli stivali - boots
il vestito – suit; dress

Aggettivi/Adjectives

Caratteristiche fisiche:

alto/a - tall
anziano/a - elderly; old
basso/a - short (height)
bello/a - beautiful; handsome
biondo/a - blond
bruno/a - dark-haired; brunette
brutto/a - ugly
carino/a - cute
corto/a - short (length)
debole - weak
dinamico/a - dynamic
forte - strong
giovane - young
grande - big
grasso/a - overweight
lungo/a - long
magro/a - thin
nuovo/a - new
piccolo/a - small
pigro/a - lazy
sportivo/a - athletic; active
vecchio/a - old

Caratteristiche psicologiche:

allegro/a - cheerful
antipatico/a - unkind
arrabbiato/a - angry; mad
bravo/a - great
buono/a - good
cattivo/a - bad
contento/a - happy
coraggioso/a - couragious
disonesto/a - dishonest
divertente - fun; enjoyable
emozionato/a - excited; thrilled
generoso/a - generous
gentile - kind; nice
intelligente - smart
interessante - interesting
noioso/a - boring
onesto/a - honest
perfetto/a - perfect
pericoloso/a - dangerous
simpatico/a - nice; kind
sincero/a - sincere
studioso/a - studious
triste - sad

Animali/Animals

il cane - dog
il cavallo – horse
il coniglio - rabbit
l'elefante - elephant
la formica - ant
la gallina – hen; chicken
il gallo – rooster
il gatto - cat
il gattino - kitten
la giraffa - giraffe
il grillo - cricket
il leone - lion

la mosca - fly
la mucca; la vacca - cow
la pecora - sheep
il pesce - fish
il ragno - spider
la scimmia - monkey
il serpente - snake
la tartaruga - turtle
la tigre - tiger
il topo - mouse
l'uccello - bird
la zanzara – mosquito

Aula/Classroom

l'aula - classroom
gli appunti - notes
il banco - desk
la bandiera - flag
la calcolatrice - calculator
il calendario - calendar
il cancellino - board eraser
la carta - paper
la cattedra - teacher's desk
il cestino - waste paper basket
la classe - class
i compiti - homework
il computer - computer
il dizionario - dictionary
l'esame/la prova - test
l'esamino - quiz
la finestra - window
il foglio di carta - sheet of paper
il gesso - chalk
la gomma - pen/pencil eraser
la lavagna - blackboard
la lezione - lesson
il libro - book

la mappa - map
la matita - pencil
l'orologio - watch; clock
la pagella - report card
la pagina - page
la parete - wall
la penna - pen
la porta - door
il portatile - laptop
il professore - teacher (m.)
la professoressa - teacher (f.)
il quaderno - notebook
la riga - ruler
la rivista - magazine
lo scaffale – bookcase
la scuola - school
lo schermo - screen
la sedia - chair
lo studente - student (m.)
la studentessa - student (f.)
la tavola - table
il voto - grade
lo zaino - backpack

Avere (Espressioni)/"To have" expressions

avere caldo - to be warm
avere fresco - to be cool
avere freddo - to be cold
avere fame - to be hungry
avere sete - to be thirsty
avere bisogno di … - to need
avere … anni - to be … years old
avere intenzione di… - to intend to…

avere paura - to be afraid
avere torto - to be wrong
avere ragione - to be right
avere fretta - to be in a hurry
avere sonno - to be sleepy
avere voglia di… - to feel like
avere mal di --- + body parts - to have a … ache

Cibo-Bevande/Food-Beverages

l'acqua frizzante - sparkling water
l'acqua naturale - natural mineral water
l'antipasto - antipasto
l'aragosta - lobster
l'arancia - orange
l'aranciata - orange drink
la banana - banana
il basilico - basil
la bistecca - steak
i biscotti - cookies
la brioche - croissant
i broccoli - broccoli
il burro - butter
il caffè - coffee
il caffellatte - hot coffee with hot milk
i calamari - squid
i carciofi - artichokes
la carne - meat
le carote - carrots
i cereali - cereal
la cioccolata calda - hot chocolate
il cornetto - croissant
la crostata - pie
il dolce - dessert; sweets
i fagiolini - string beans
il formaggio - cheese
la fragola - strawberries
la frittata - omelet
la frutta - fruit
i funghi - mushrooms
i gamberi - shrimp
la gassosa - soda
il gelato - ice cream

il ghiaccio - ice
l'insalata (mista) – salad (mixed)
il latte - milk
la limonata - lemonade; lemon soda
la marmellata - jelly; jam
la mela - apple
il melone - cantaloupe; melon
la minestra - soup
il minestrone - soup
le olive - olives
gli ortaggi - vegetables
il pane - bread
il pane tostato - toast
le patate - potatoes
le patatine fritte - french fries
i peperoni - peppers
la pesca - peach
il pesce - fish
i piselli - peas
il pollo - chicken
il pomodoro - tomato
il prosciutto - ham
il risotto - rice dish
il salame - salami
la salsiccia - sausage
il succo di frutta - fruit juice
il tacchino - turkey
il tè - tea
la torta - cake
l'uva - grapes
la verdura - vegetable(s)
le vongole - clams

Colori/Colors

arancione - orange
azzurro/a - blue
beige - beige
bianco/a - white
blu - navy blue
giallo/a - yellow
grigio/a - gray

marrone - brown
nero/a - black
nocciola - hazelnut
rosa - pink
rosso/a - red
verde - green
viola - purple

Corpo umano/Human body

la bocca - mouth
il braccio (le braccia) - arm(s)
i capelli - hair
il collo - neck
i denti - teeth
il dito (le dita) - finger(s)
la faccia/il viso - face
la gamba - leg
il ginocchio (le ginocchia) - knee(s)
la gola - throat
il labbro (le labbra) - lip(s)

la lingua - tongue
la mano (le mani) - hand(s)
il naso - nose
gli occhi - eyes
gli orecchi/le orecchie - ears
il piede - foot
la schiena - back
la spalla - shoulder
lo stomaco - stomach
la testa - head

Famiglia/Family

i bisnonni - great grandparents
il bisnonno - great grandfather
la bisnonna - great grandmother

i cugini - cousins
il cugino - male cousin
la cugina - female cousin

i figli - children
il figlio - son
la figlia - daughter

i fratelli - siblings; brothers and sisters
il fratello - brother
la sorella - sister

i genitori - parents
il padre (il papà/il babbo) - father (dad)
la madre (la mamma) - mother (mom)

il marito - husband
la moglie - wife

i nipoti - grandchildren/nieces and nephews
il nipote - nephew/grandson
la nipote - niece/granddaughter

i nonni - grandparents
il nonno - grandfather
la nonna - grandmother

gli zii - aunts and uncles
lo zio - uncle
la zia - aunt

i parenti - relatives

Fare (Espressioni)/Expressions with "to do; to make"

fare attenzione - to pay attention
fare il biglietto - to buy a ticket
fare colazione - to have breakfast
fare una domanda - to ask a question
fare una foto - to take a picture
fare una gita - to take a (short) trip

fare una passeggiata - to take a walk
fare la spesa - to grocery shop
fare le spese/fare lo shopping – to shop
fare la valigia - to pack the suitcase
fare un viaggio - to take a (long) trip

Geografia/Geography

due catene di montagne principali
le Alpi
gli Appennini

i fiumi principali
l'Arno
l'Adige
il Po
il Tevere

i laghi principali
il Lago di Garda
il Lago di Como
il Lago Maggiore
il Lago Trasimeno

I mari che confinano con l'Italia
Mar Mediterraneo
Mar Ligure (nord-ovest)
Mar Tirreno (ovest)
Mar Ionio (sud-est)
Mar Adriatico (est)

I paesi/Le nazioni che confinano con l'Italia
la Francia
la Svizzera
l'Austria
la Slovenia

i vulcani principali
l'Etna
il Vesuvio
lo Stromboli

Le venti regioni d'Italia e i capoluoghi/ The 20 regions of Italy and their capitals

le 8 regioni del nord
la Valle d'Aosta (Aosta)
il Piemonte (Torino)
la Lombardia (Milano)
la Liguria (Genova)
il Veneto (Venezia)
l'Emilia-Romagna (Bologna)
il Trentino-Alto Adige (Trento)
il Friuli-Venezia Giulia (Trieste)

le 6 regioni del centro
la Toscana (Firenze)
le Marche (Ancona)
l'Umbria (Perugia)
il Lazio (Roma)
l'Abruzzo (l'Aquila)
il Molise (Campobasso)

le 4 regioni del sud
la Campania (Napoli)
la Puglia (Bari)
la Basilicata (Potenza)
la Calabria (Catanzaro)

Le due regioni insulari
la Sicilia (Palermo)
la Sardegna (Cagliari)

Giorni della settimana/Days of the week

lunedì - Monday
martedì - Tuesday
mercoledì -Wednesday
giovedì - Thursday
venerdì - Friday
sabato - Saturday
domenica - Sunday

Interrogativi/Interrogatives

Che? – What?
Che cosa? – What?
Cosa? – What?
Chi? - Who?
Come? – How?
Dove? – Where?
Perché? – Why?

Quale? – Which? Which one?
Quali? – Which? Which ones?
Quando? – When?
Quanto? – How much? (singular)
Quanta? – How much? (singular)
Quanti? – How many? (plural)
Quante? – How many? (plural)

Mesi dell'anno/Months of the year

gennaio - January
febbraio - February
marzo - March
aprile - April
maggio - May
giugno - June

luglio - July
agosto - August
settembre - September
ottobre - October
novembre - November
dicembre - December

Nazionalità/Nationalities

americano/a - American
canadese - Canadian
cinese - Chinese
francese - French
giapponese - Japanese
inglese - English
irlandese - Irish

italiano/a - Italian
messicano/a - Mexican
portoghese - Portuguese
russo/a - Russian
spagnolo/a - Spanish
tedesco/a - German

Numeri cardinali/Cardinal numbers

0 zero	**11** undici	**30** trenta	**400** quattrocento
1 uno	**12** dodici	**40** quaranta	**500** cinquecento
2 due	**13** tredici	**50** cinquanta	**600** seicento
3 tre	**14** quat**tor**dici	**60** sessanta	**700** settecento
4 quattro	**15** quindici	**70** settanta	**800** ottocento
5 cinque	**16** **sed**ici	**80** ottanta	**900** novecento
6 sei	**17** dicia**ss**ette	**90** novanta	**1,000** mille
7 sette	**18** diciotto	**100** cento	**1 million** un milione
8 otto	**19** dicia**nn**ove	**200** duecento	**1 billion** un miliardo
9 nove	**20** venti	**300** trecento	
10 dieci			

Numeri ordinali/Ordinal numbers

primo - first
secondo - second
terzo - third
quarto - fourth
quinto - fifth

sesto - sixth
settimo - seventh
ottavo - eighth
nono - ninth
decimo - tenth

Parole utili (intercalari)/Useful words (transitional elements)

1. **adesso/ora** - *now*
2. **allora** - *then; in that case*
3. **anzi** - *on the contrary*
4. **comunque** - *however*
5. **di solito** - *as usual; usually*
6. **dopo** - *after; afterwards; later*
7. **dunque** - *then; so; consequently*
8. **infatti** - *in fact*
9. **in realtà** - *in reality; actually*
10. **insomma** - *in short; in conclusion*
11. **mentre** - *while*
12. **non vedo l'ora** - *I can't wait*
13. **per concludere** - *in conclusion*
14. **per fortuna** - *fortunately*
15. **però/ma** - *but; however*
16. **poi** - *then; after; later*
17. **prima di tutto** - *first of all*
18. **purtroppo** - *unfortunately*
19. **quindi** - *therefore; then; hence*
20. **secondo me** - *in my opinion*
21. **soprattutto** - *above all*
22. **tutto sommato** - *in conclusion*

Posti - Luoghi/Places

l'aeroporto - airport
l'albergo - hotel
la banca - bank
il bancomat - ATM machine
il bar - coffee shop
il cinema - movie theater
la farmacia - pharmacy
il liceo - high school
il museo - museum

il negozio - store
l'ospedale - hospital
la palestra - gym
il parco - park
il ristorante - restaurant
la scuola - school
lo stadio - stadium
l'ufficio postale - post office
lo zoo - zoo

Preposizioni/Prepositions

a - to; at
con - with
da - from; by
di - of; about
davanti (a) - in front of
dentro - inside
dietro - behind; in back of
dopo (di) - after
fuori - outside
in - in; inside

lontano (da) - far from
per - for
prima (di) - before
senza (di) - without
sotto (di) - under
su/sopra - on; above
tra/fra - between; within; among
vicino (a) - near to

Saluti ed espressioni in classe/Greetings and classroom expressions

a domani - see you tomorrow

a dopo - see you later

a più tardi - see you later

a presto - see you soon

arrivederci - goodbye/bye

arrivederLa - goodbye

benvenuti - welcome

buongiorno - good morning/good day

buonasera - good afternoon/good evening

buonanotte - good night

ciao - hi/hello/goodbye/bye

ci vediamo - see you later

Le presento ... - I'd like you to meet ...

permesso - excuse me; please let me by

Piacere ! Glad to meet you! A pleasure to meet you!

Piacere mio! – The pleasure is mine!

Il piacere è mio! The pleasure is mine!

salve - hi

scusi – excuse me

scusa – excuse me

Ti presento ... - I'd like you to meet ...

Alzate la mano! - Raise your hand!

Aprite i libri! - Open your books!

Ascoltate con attenzione! - Listen carefully!

Capisci ...? - Do you understand...? (informal)

Che significa ...? – What does ... mean?

Che vuol dire...? – What does ... mean?

Chiudete i libri! - Close your books!

Come si dice...? – How do you say ...?

Come si scrive...? - How do you write ...?

Completate esercizio ...! - Complete exercise ...!

Fate i compiti! – Do your homework!

Finite i compiti! – Finish the homework!

grazie – thank you

Leggete e rispondete in italiano! - Read and answer in Italian!

mi dispiace – I am sorry

per favore/per piacere – please

Posso andare in bagno per favore? - May I go to the lavatory, please?

prego – you are welcome

Ripetete numero...! - Repeat number...!

Scrivete il nome e il cognome! - Write your first name and last name!

Sport/Sports

l'alpinismo - mountain climbing

il baseball - baseball

le bocce - bocce; lawn bowling

il calcio/il pallone - soccer

il ciclismo - biking

la corsa - running

il futbol americano - football

il golf - golf

l'hockey - hockey

la lotta libera - wrestling

il nuoto - swimming

la pallacanestro/il basket - basketball

la pallavolo - volleyball

il pattinaggio - skating

la pesca - fishing

lo sci - skiing

il sollevamento pesi - weight lifting

il tennis - tennis

Stagioni/Seasons

la primavera - spring

l'estate - summer

l'autunno - fall; autumn

l'inverno – winter

Tempo/Weather

C'è il sole - It's sunny.
C'è la nebbia. - It's foggy.
È nuvoloso. - It's cloudy.
È sereno. - It's clear/serene.
Fa bel tempo. - It's nice weather.
Fa bello. - It's nice weather.
Fa caldo. - It's warm.
Fa freddo. - It's cold.
Fa fresco. - It's cool.

Fa brutto tempo. - It's bad weather.
Fa brutto. - It's bad weather.
Fa cattivo tempo. - It's bad weather.
Lampeggia. – It's lightening.
Nevica. - It's snowing. It snows.
Piove. - It's raining. It rains.
Il sole brilla. - The sun shines. The sun is shining.
Tira vento. - It's windy.
Tuona. – It's thundering.

Verbi irregolari/Irregular verbs

andare – to go

io **vado**
tu **vai**
lui/lei/Lei **va**
noi **andiamo**
voi **andate**
loro **vanno**

avere – to have

io **ho**
tu **hai**
lui/lei/Lei **ha**
noi **abbiamo**
voi **avete**
loro **hanno**

dare - to give

io **do**
tu **dai**
lui/lei/Lei **dà**
noi **diamo**
voi **date**
loro **danno**

dire – to say; to tell

io **dico**
tu **dici**
lui/lei/Lei **dice**
noi **diciamo**
voi **dite**
loro **dicono**

dovere – to have to; must

io **devo**
tu **devi**
lui/lei/Lei **deve**
noi **dobbiamo**
voi **dovete**
loro **devono**

essere – to be

io **sono**
tu **sei**
lui/lei/Lei **è**
noi **siamo**
voi **siete**
loro **sono**

fare – to do; to make

io **faccio**
tu **fai**
lui/lei/Lei **fa**
noi **facciamo**
voi **fate**
loro **fanno**

potere – to be able; can

io **posso**
tu **puoi**
lui /lei/Lei **può**
noi **possiamo**
voi **potete**
loro **possono**

sapere – to know facts; know how

io **so**
tu **sai**
lui/lei/Lei **sa**
noi **sappiamo**
voi **sapete**
loro **sanno**

stare – to be; to stay

io **sto**
tu **stai**
lui/lei/Lei **sta**
noi **stiamo**
voi **state**
loro **stanno**

uscire - to go out

io **esco**
tu **esci**
lui/lei/Lei **esce**
noi **usciamo**
voi **uscite**
loro **escono**

venire - to come

io **vengo**
tu **vieni**
lui/lei/Lei **viene**
noi **veniamo**
voi **venite**
loro **vengono**

volere - to want; to wish; to desire

io **voglio**
tu **vuoi**
lui/lei/Lei **vuole**

noi **vogliamo**
voi **volete**
loro **vogliono**

Verbi/Verbs

abbaiare	to bark	**dare**	to give
abbassare	to lower	**derivare**	to derive
abbracciare	to hug; embrace	**descrivere**	to describe
abbinare	to match	**desiderare**	to desire; wish
abitare	to live	**dimenticare**	to forget
accerchiare	to circle	**dipingere**	to paint
accettare	to accept	**dire**	to say; tell
accoppiare	to match	**discutere**	to discuss
aiutare	to help	**disegnare**	to draw; design
alzare	to lift; rasie	**diventare**	to become
amare	to love	**domandare**	to ask
ammirare	to admire	**dormire**	to sleep
andare	to go	**dovere**	to have to; must
andare a trovare	to visit	**durare**	to last; endure
appartenere	to belong	**entrare**	to enter
aprire	to open	**esprimere**	to express
arrivare	to arrive	**essere**	to be
ascoltare	to listen (to)	**fare**	to do; to make
aspettare	to wait (for)	**festeggiare**	to celebrate
assaggiare	to taste	**finire (di)**	to finish; to end
baciare	to kiss	**frequentare**	to attend
ballare	to dance	**giocare (a)**	to play
bere	to drink	**girare**	to turn
brillare	to shine	**guardare**	to look (at); watch
bruciare	to burn	**identificare**	to identify
camminare	to walk	**imparare**	to learn
cantare	to sing	**imparare a memoria**	to memorize
capire	to understand	**incontrare**	to meet; encounter
cenare	to eat supper	**indovinare**	to guess
cercare	to look (for)	**insegnare**	to teach
chiedere	to ask for	**invitare**	to invite
chiudere	to close	**lasciare**	to leave behind
cominciare	to begin; start	**lavorare**	to work
completare	to complete	**leggere**	to read
comprare	to buy	**mandare**	to send; to mail
confinare	to border	**mangiare**	to eat
conoscere	to know a person	**mentire**	to lie
contare	to count	**mettere**	to put; place
continuare	to continue	**miagolare**	to meow
controllare	to control; check	**mordere**	to bite
coprire	to cover	**morire**	to die
correggere	to correct	**mostrare**	to show; to demonstrate
correre	to run	**muovere**	to move
costare	to cost	**nascere**	to be born
costruire	to construct; build	**nevicare**	to snow
creare	to create	**noleggiare**	to rent a car
crescere	to grow (up)	**nuotare**	to swim
cucinare	to cook		
credere	to believe		

offrire	to offer	**scegliere**	to select; choose
ordinare	to order	**scendere**	to descend
osservare	to observe	**sciare**	to ski
pagare	to pay (for)	**scrivere**	to write
parcheggiare	to park	**segnare**	to signal
parlare	to speak; to talk	**seguire**	to follow; to take a course
partire	to leave	**sentire**	to hear
passare	to pass; to spend time	**servire**	to serve
pensare	to think	**significare**	to mean; to signify
perdere	to lose	**sognare**	to dream
piacere	to like	**sollevare**	to lift
piangere	to cry	**sopportare**	to endure; to support
piegare	to fold	**sorridere**	to smile
piovere	to rain	**spedire**	to send; to mail
portare	to bring; wear	**spiegare**	to explain
potere	to be able; can	**stare**	to stay; to be
preferire	to prefer	**starnutire**	to sneeze
pregare	to pray; to beg	**studiare**	to study
prendere	to take (in)	**suggerire**	to suggest
preparare	to prepare	**suonare**	to play an instrument
presentare	to present; to introduce	**telefonare (a)**	to telephone
prestare	to lend	**tirare**	to pull
produrre	to produce	**toccare**	to touch
pronunciare	to pronounce	**tornare**	to return
pulire	to clean	**tradurre**	to translate
restituire	to return something	**trasformare**	to transform
ricevere	to receive	**trovare**	to find
ridere	to laugh	**usare**	to use
rimanere	to stay; remain	**uscire**	to go out
ripetere	to repeat	**vedere**	to see
riscrivere	to rewrite	**vendere**	to sell
risparmiare	to save (money)	**venire**	to come
rispondere	to answer; respond; reply	**viaggiare**	to travel
ritornare	to return	**vincere**	to win
riuscire	to succeed	**visitare**	to visit
salire	to climb	**vivere**	to live
salutare	to greet	**volere**	to want; wish
sapere	to know a fact; how	**volere bene**	to love

Index